JN440274

그들의
9회 말

그들의 9회 말

황유성 에세이

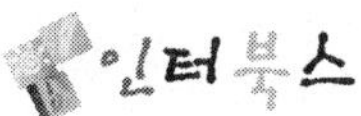

책머리에

올봄, 오갈피나무를 마당 수돗가 옆으로 옮겨 심었다.

감, 산 앵두, 뽕나무가 들어서 있는 왼쪽 담 옆의 화단은 여간 비좁지 않은데다 작년에 심은 산수유 묘목조차 끼어들어 자리가 아주 옹색해졌기 때문이다. 아내가 묻는다. “왜 하필이면 오갈피나무냐?”고.

이유가 있다. 오갈피나무는 다른 어느 나무에 비해 건강히 잘 자란다. 이식을 한 대도 큰 걱정이 없을뿐더러, 바로 옆자리의 산수유와 매실나무 묘목이 햇빛을 넉넉히 받고 시원한 바람을 맞도록 하기 위해서도 녀석을 옮기는 것이 바람직하다는 판단을 내린 것이다.

지난해에는 뽕과 산수유를 비롯해서 흰 라일락, 대추나무, 블루베리 등의 묘목을 구입해 화단의 성깃한 자리에 심었는데, 올해는 아무 것도 심지 않았다. 그동안 연례행사같이 벌여온 묘목심기로 이미 정원은 포화상태를 이루고 있기 때문이다. 34년 전, 지금 살고 있는 집에 이사 왔을 때 심은 살구, 모과, 후박 등은 어느새 거목이 되어 가지치기에 바쁠 지경이 됐다.

정원을, 화목을 가꾼다는 것은 한 권의 책을 엮어내는 작업과 비슷하다는 생각이 들 때가 있다. 특히 어린 나무를 애써 키우며 탐스런 열매까지 맺게 한다는 점이 그렇다.

지난해 말 에세이집 제4권을 내려던 계획이 우물쭈물하다가 시기를 놓친 채 어느새 봄도 아닌 여름의 중턱을 맞는다. 작년에는 딸을 시집보낸 것 말고 특별히 바쁜 일도 없었던 것 같은데 일상은 왜 그리 복잡하고 어수선하던지. 해서, "1년마다 에세이집 한 권을 내겠다"는 희떠운 약속도 덩달아 깨지고 만 것이다. 고작 3년을 버틴 끝에….

햇수야 좀 뜨막한들 어떠랴만, 정작 염려되는 게 하나 있다. 왠지 에세이 쓰기가 점점 어려워진다는 점이다. '붓 가는 대로 쓰는 것이 수필'이란 말도 있지만 나에게 해당되는 말은 아닌 것 같다. 단 몇 줄을 쓰려는 데도 머리가 지끈거리고 진땀이 난다. 주옥같은 글, 그리하여 만인의 가슴에 감동을 안겨줄 수 있는 '작품'때문이라면 이해가 될 수도 있으련만. 그도 아닌듯하니 스스로 딱할 뿐이다.

허나, 나는 안다. 쉬지 않고 열심히 쓰는 것 외에 다른 방법이 없다는 걸.

이제, 51편의 에세이를 책으로 엮어 세상에 내놓는다. 좀처럼 풀리지 않는 숙제를 마친 기분이어서 홀가분하다. 숙제에 대한 평가야 당연히 독자들께서 내릴 것이다. 호평이든 혹평이든…. 단지, 내가 바라는 것은 읽는 이들과의 끊임없는 교감이다. 글을 통해 접촉하다 보면 이해와 공감의 폭도 그만큼 넓어질 것이 아니겠는가. 그리고 뉘 알랴. 박수를 쳐주고 싶은 마음까지 들어 버릴지.

인터북스의 김미화 사장님과 좋은 책을 만드느라 수고한 조영주 편집장께 감사의 말씀을 드린다.

절후는 벌써 대서. 짱뚱어가 제 맛을 내는 철이다. 마음 맞는 친구와 서해안의 어느 호젓한 포구를 찾아 소주잔이라도 기울였으면 좋겠다.

2012. 7

저자 황유성

차 례

제2부 아내의 생일

제3부 그들의 9회 말

제4부 시(詩)를 만지작거리다

제5부 까치를 그리는 사람

제6부 더불어 산다는 건…

제7부 징더전(景德鎭) 도자기

제1부

서리태 이야기

맹그로브를 닮아라

종로 6가 양사길이라 하던가. 작년 봄부터 이 길 한쪽에는 화훼·묘목거리 가게들이 새로 들어섰다. 이 양사길 꽃시장은 그동안 종로 5가의 광장시장 앞에서부터 6가까지 늘어선 화훼노점 150여 군데를 옮김에 따라 이루어진 것이다. 종로구가 추진하고 있는 '걷기 편한 종로거리 만들기'라는 이름의 하나로.

엊그제야 이곳을 방문한 나는 몇 그루 어린 나무를 사서 뜰 안에 심었다. 산수유, 대추나무, 그리고 블루베리가 그것이다. 산수유는 두 그루 중 하나를 살구나무 곁의 빈 공간에 심고, 다른 하나는 지난해 뜰을 정리하면서 베어낸 땡감나무 자리에 터를 잡아 주었다.

대추나무는 어디에 심을까? 좁은 공간에 이것저것이 들어선 터라 마땅히 고를 만한 자리가 없었다. 게다가 대추나무는 옛날부터 집 안에 심지 않는다는 얘기도 있잖은가. 날카로운 가시가 있는데다 병충해에 약한 점을 고려한 데서 나온 말이겠으나 굳이 아니라 할 이유도 없을 듯해서 대문 가까운 산당화 옆에 심었다. 또 그 곳은 몇 해 전에 속아 샀던 '경산 대추나무'를 작년에 베어 버린 자리여서 안성맞춤이었다.

이제 남아 있는 묘목은 블루베리. 처음 대하는 나무이고 모양새도 다른 것과는 달리 가냘프다. 그런데도 왜 값은 다른 과실수보다 몇 배가 되는지…. 대충 심어서는 안 될 것 같다는 생각이 들었다. 하지만, 아무리 찾아도 좋은 장소가 보이지 않는다.

"이 방법은 어떨까?"

"그래, 그러면 되겠네."

자문자답해 얻은 결론은 옥향나무를 다른 데로 옮기는 것이었다. 대문을 들어서서 현관에 이르기까지 7~8m의 보도 양 옆에는 옥향나무가 예닐곱 그루 서 있다. 34년 전 처음 이 집에 이사 올 당시에는 그 숫자가 지금의 3배나 되었다. 보도 양쪽에 늘어선 버섯모양의 옥향은 정갈한 잔디와 어울려 꽃보다도 아름답게 보이기도 했다. 집을 살 때 제일 먼저 눈에 띄었던 것이 우아한 모습의 옥향나무였다. 그랬던 나무가 해를 거듭하면서 주체하기 어려울 만큼 덩저리가 커지는 것이었다. 어쩔 수 없이 가위질을 깊게 했다. 몸통을 줄이기 위해서였다. 그래도 몇 년 지나면 마찬가지, 과감히 솎아 낼 수밖에 없었다. 지금의 옥향나무는 그 때 살아남은 것들이다. 그런데 블루베리라는 엉뚱한 녀석을 위해 또 한 그루가 자리를 옮겨야 할 입장이 된 것이다. 옥향나무로서는 그야말로 "굴러온 돌에 박힌 돌이 뽑혀지는 격"이 아니겠나.

어쨌든 사온 묘목들은 이러저런 식으로 뜰 안에 모두 심어졌다.

'묘목을 심을 때 돈을 함께 묻어주면 돈 열매가 달린다'는 게 쿠바의 속설이지만, 깜빡 잊고(?) 그렇게는 못 했다. 다만, 젓가락같이 어린 묘목들에게 간절히 바라는 건 있었다. 건강히 잘 자라 아름답고 향기 높은 꽃을 피워 달라는, 그리하여 탐스런 열매까지 달아 달라는 것이었다.

문득, 전에 심었던 두충과 매화 묘목이 생각난다. 7~8년 전에 심은 두충은 벌써 저렇게 자라 요즘엔 그 껍질과 잎으로 차를 끓여 마시고 있다. 움조차 제 때에 트지 않아 걱정하던 매화도 마찬가지다. 어린 티는 간 곳 없고 이른 봄엔 찬란한 꽃으로 겨우내 움츠렸던 영혼을 흔들어 깨울 뿐 아니라, 망종(芒種) 무렵엔 송알송알 달린 열매를 따는 즐거움을 안겨주고 있다. 그러니 엊그제 심은 묘목이라 해서 너무 성마른 조바심은 갖지 말도록 할 일이다.

갓 심은 묘목들도 알고 있을 것이다. 맹그로브라는 나무가 존재한다는 사실을…. 그리고 살아남으려면 맹그로브 같은 자세가 반드시 필요하다는 점도 잘 알고 있으리라 본다.

맹그로브(mangrove).

동남아시아가 원산지인 이 나무는 열대지방의 습지에서 잘 자란다. 물론 어떤 녀석은 온대기후에 거뜬히 적응하기도 한다. 사는 곳은 저마다 달라도 적응력만큼은 어느 나무에 못지않은 것이 맹그로브이다. 관목(灌木)같이 키가 낮은 것이 있는가 하면 60m에 이르는 교목(喬木)도 있다.

이 나무는 한 가지 묘한 특징을 지니고 있는데, 그게 바로 4종류의 뿌리를 지니고 있다는 점이다. 한 나무에 4종류의 뿌리가 있다니 무슨 얘기인가. 하나는 뿌리를 깊게 내려 몸을 지탱하고, 다른 하나는 물 밖 또는 개펄 위로 뿌리를 뻗어 산소를 호흡한다. 그런가 하면 다른 뿌리로는 소금기를 걸러내고, 또 다른 뿌리는 문어발같이 다리를 넓게 벌려 나무가 앞뒤 좌우로 쓰러지지 않도록 유지시키는 역할을 담당한다. 바뀐 환경에서 어떻게 처신하는 것이 올바른지를 맹그로브는 잘 알고 있는 것이다.

맹그로브는 이산화탄소(CO_2) 흡수 능력이 뛰어나서 이들 나무들이 이루는 숲은 지구 온난화를 막는데 도움이 되고, 쓰나미 등 해일로 입는 피해도 줄여 주기도 한다. 가히 '바다의 삼림'이라 부를 만하다.

얼마 전 인터넷 신문은 우리나라 어느 기업체의 여사원들이 봉사단을 구성하여 타일랜드에 있는 개펄에서 맹그로브 묘목을 심는 모습을 보도했었다. 그날 봉사단원들은 허리까지 빠지는 진흙 속에서 2500그루의 맹그로브 묘목을 심고 또 심었다고 한다. 이 묘목들은 몇 년 뒤 거목으로 자라 공기를 깨끗하게 하고 집채만 한 해일도 막아줄 것이다. 내가 우리 집에 심은 묘목들도 맹그로브의 그 의지, 그 기상을 닮으면 좋겠다.

종로 6가의 양사길에서 묘목을 사오는 날, 지하철에서 내려 집으로 들어오는 길목에서 동네 친구를 만났다. 산수유와 대추, 블루베리가 담긴 비닐봉투를 보면서 그가 말한다.

"묘목을 보니 봄은 봄이군."

"응. 그래서 어린 나무 몇 그루를 샀다네."

"그런데, 우리 동네가 곧 재개발이 된다잖아? 애써 심은 뒤 이사하게 되면 아까울 텐데…."

동네 친구는 조금 의아하다는 표정이었다.

"내일 지구의 종말이 온다 해도 한 그루의 사과나무를 심겠다는 말을 자네도 기억하지?"

스피노자가 했던 이 말이 목젖까지 올라왔으나 꿀떡 참아냈다. 입 밖으로 튀어나온 말은 단지 "그러게 말야"일 뿐이었다.

그러나 정말 내일 지구에 종말이 온다 해도, 아니, 내일 당장 재개발이 시작되어 포클레인이 내 집을 부숴낸다 해도 정말 나는 산수유, 대추나무, 블루베리를 심을 수 있을까? 태연자약, 흔들리지 않는 마음으로…?

맹그로브와 같이 역경에 굴하지 않고 꿋꿋이 살아남는 지혜와 자세, 그것은 새로 사온 묘목보다 나에게 더 필요한 에스프리일지 모른다.

2001. 3

상사화(相思花)

우리 집 뜰은 지금 능소화(凌霄花)와 상사화(相思花)가 한창이다. 주황색의 능소화는 길가의 담장 위에서, 연분홍 빛깔의 상사화는 대문 옆의 미니 화단에서 각기 화려하고 품격 높은 꽃을 피워내고 있다. 능소화는 낙엽성 덩굴 관목으로 여러해살이 식물이다. 줄기 끝에 달린 붓 모양의 봉오리가 여남은 개 씩 달리면서 꽃들이 핀다. 상사화는 '낙엽성'이나 '덩굴'과는 아무 상관이 없는 수선화과 식물로, 잎과 꽃이 제각기 피고 지는 괴짜이다.

능소화의 꽃잎은 5장, 상사화는 6장이다. 하지만 이들 꽃잎들은 갈라지지 않은 채로 살짝 겹쳐 있어 얼핏 통꽃으로 보이기도 한다. 꽃의 크기는 둘 다 나팔꽃만 하다. 향이 짙지 않은 것도 이들 꽃의 특징이라면 특징일까.

상사화는 나와 오랜 인연을 맺어 왔다. 인연(因緣)이란 말을 '서로 맺어지는 어쩔 수 없는 관계'로 풀이할 경우, 상사화와의 연분은 더욱 깊고 두드러진다.

꽤 오래 전의 일이다. 지금 살고 있는 집으로 이사했을 때의 얘기이니 30년도 더 된다. 새 집에서 첫 봄을 맞이하다가 낯선 풀 하나를 발견했다. 아래 층 안방의 바깥벽을 따라 좁고 길게 마련한 작은 화단 위에서였다. 좌우로 가지런하게 잎이 나 있는데 끝이 뾰족하지 않고 둥글었다. 군자란 잎을 닮았지만 그보다는 잎의 폭이 좁고 빛깔도 옅었다. 햇빛이 잘 드는 양지라 그런가, 제대로 물도 안 주었는데도 탐스럽게 잘 자랐다.

그렇게 얼마를 지낸 어느 날이었다. 갑자기 잎줄기가 마르는 것이었다. '그 옆의 원추리나 도라지는 싱싱하게 자라는데 대체 무슨 일인가'를 더듬어 볼 사이도 없이 그 낯선 풀은 얼마 후 슬며시 자취를 감추고 말았다.

그리고 맞은 8월 초, 사라지고 없어진 풀 바로 그 자리에서 홀연 민둥한 꽃대 하나가 솟아났다. 키는 60cm 정도, 빛깔은 흐린 핑크였다. 그리고 꽃대 위에는 붓끝 같은 봉오리가 몇 개 달려 있었다. "이상키도 해라. 잎이라고는 전혀 없는데 꽃대라니?" 점점 그 식물에 관심이 갔다. 마치 매직 쇼를 바라보는 심정이 된 것이다.

다시 3~4일이 지났다. 그 며칠이 왜 그렇게 길게만 느껴지던지. 그러던 어느 날 아침, 끌리듯 화단에 가 꽃대를 살펴봤다. 아, 그런데 꽃대 위에 꽃이 달려 있는 게 아닌가. 한 송이도 아닌 두 송이가. 빛깔은 핑크, 청초하고도 우아한 자태였다. 향은 어떨까 싶어 가까이 코를 대고 맡아봤다. 은은한 향, 딱히 무어라 표현키 어려운 냄새가 코끝을 스쳤다.

꽃은 그해 여름 장마와 태풍으로 볼품없이 돼버린 뜰 안을 생기

있게 만들면서 보는 이들을 즐겁게 했다. 이듬해에도 그 이상한 풀은 싹을 틔우고 꽃을 피워냈지만 그 과정은 작년과 똑같았다. 틀린 게 있다면 잎이든 꽃이든 그 수가 점점 늘어났다는 점일 것이다.

하나의 대궁에 6개의 꽃봉오리가 맺히고 그 꽃봉오리를 차례대로 꽃피우는 이 꽃의 정체는 무엇일까. 꽃철에는 궁금증이 더했다. 그러다가 우연한 기회에 그 꽃 이름을 알게 된 것이다. '이별초(離別草)'라는.

"이별초? '서로 헤어진다'는 뜻의 그 이별?"

듣고 나니 기분이 영 찜찜했다. 아내의 마음도 비슷했는지 몇 번이나 "그 이름이 정말이냐?"고 묻는다.

"어쩐지 잎이 있을 땐 꽃이 없고, 꽃이 있을 땐 잎이 없더라."

더 이상 확인할 필요도 없겠다는 판단이 들었다. 그리고는 중국인들이 왜 배를 손님에게 권하지 않는지, 또 선물로도 사용하지 않는지가 생각났다.

배는 한자로 梨(이)이고 발음은 리(li)이다. 그런데 이 리(li)는 헤어진다, 떨어진다는 뜻을 가진 리(離)와 발음이 같다. 그들로서는 당연히 꺼려할만한 글자인 것이다. 멀리서 예를 찾을 게 뭐 있는가. 우리도 넉 사(四)자 사용을 싫어하잖는가. 죽을 사(死)자와 발음이 같다는 이유로….

어쨌든 내가 알고 있는 단독 어느 주택도 '이별초'가 없었다는 점 역시 내 믿음을 단단히 뒷받침해 주었다. 우물쭈물할 필요도 없이 그날로 몽땅 뽑아 버렸다.

그런데 이 무슨 실수요, 망발이란 말인가. 뽑아버린 것은 '이별초' 또는 '개난초'로도 불리지만 '상사화'가 바른 명칭이란 점을 뒤늦게 알아낸 것이다. 이런 경우에 쓰라고 '허망'이란 말이 존재할까. 멍텅구리 같은 짓을 한 것이 부끄럽고 속상했다. 그러나 그게 전부였다. 가끔은 "화훼시장에 가서 새 상사화를 사올까?" 하는 마음이 들기도 했지만 실천에 옮기지는 않았다. 상사화에 관한 나쁜 기억이 아직도 머릿속에서 스멀거리고, 이미 뜰 안은 다른 초목들로 포화상태를 이루고 있었기 때문이다.

"그냥 그대로 가지. 상사화는 무슨…?" 하고 지낸지도 벌써 서른다섯 해, 거의 잊었다고 생각했는데 홀연 상사화를 만난 것이다. 집 안 뜰에서.

이전의 상사화는 위치가 아래층 안방 앞의 작은 화단이었는데, 이번의 것은 대문 옆의 미니 화단에서였다. 위치야 어쨌든, 철저히 배척돼 버린 상사화가 아무 근거나 이유도 없이 나타난 게 놀랍고 기묘하지 않은가. 어쩔 수 없는 '인연'으로 여기고 싶은 이유일 것이다.

'인연'이란 말이 나온 김에 상사화에 관한 전설 하나를 소개한다.

> 중국 춘추전국시대의 송나라 폭군 강왕(康王)은 신하의 아내 하씨를 후궁으로 삼는다. 아내를 빼앗긴 한빙은 왕의 횡포를 원망했고, 심기가 불편해진 왕은 그에게 누명을 뒤집어 씌워 멀리 국경지대로 쫓아버린다.
>
> 후궁이 된 하씨는 남편에게 몰래 편지를 보낸다. 그러나 그 편지

는 왕의 손에 들어가고 만다. 그 소식을 들은 한빙은 얼마 뒤 스스로 목숨을 끊었고, 하씨도 성벽 아래로 몸을 날렸다. 그녀의 소맷자락에는 자신들을 합장해 달라는 유언이 적혀 있었다. 왕은 크게 노하고 일부러 두 무덤을 서로 떨어지게 만든다.

이후 기이한 일이 연달아 일어난다. 두 무덤 위에 나무가 자라는가 하면 뿌리는 뿌리대로, 가지는 가지대로 맞닿아 연리지(連理枝)를 만든 것이다. 또 두 나무 위에 한 쌍의 원앙이 날아오더니 서로 목을 비비며 서럽게 울더란다.

송나라 사람들은 그토록 애절한 광경에 감동하여 두 그루 나무를 상사수(相思樹)로 부르고, 상사수 밑에 피어 오른 아름다운 꽃은 상사화라 이름 지었다. 여기에서 상사병(相思病)이란 말도 생겨났다.

- ≪스포츠조선≫, 2005. 11. 01

이 전설의 진위 여부는 모른다. 다만 우리는 이 전설을 통해 만나려 해도 만나볼 수 없는 사람들의 가슴 아픔과, 죽어서도 꼭 만나야겠다는 의지가 얼마나 결연한 것인가를 가늠할 수 있을 뿐이다. 이재성은 그의 시 '상사화'에서 잎 떠난 자리에 핀 꽃의 애절한 모습을 이렇게 표현한다.

(전략)
이룰 수 없는 사랑 애처로움에
흐느낀다 흐느낀다
너의 고운 몸매 가련한 몸부림은
기다림인가 외로움인가 두려움인가
아- 무심한 세월 애타는 그리움으로

지고 피는 상사화여
오늘도 선운사 산새는
너를 두고 슬피 울며 나는구나

듣건대 선운사는 상사화의 군락지로 많은 사람들이 즐겨 찾고 있다고 한다. 그래, 내년 여름 상사화가 필 무렵에는 나도 선운사로 발길을 잡아 볼까 싶다. 하여, 달빛 고요한 가운데 상사화의 가슴 아픈 사연을 들어보는 것도 괜찮지 않을는지.

2011. 8

튤 립

오늘은 개구리가 잠에서 깨어난다는 경칩이다. 그런데도 날씨는 여전히 추워서 서울지방의 아침 최저기온은 영하 2도를 기록했다. 깜빡 절기를 잊은 것일까. 봄은 아직 먼발치에 있는 것 같다. 집에서 구독하는 ≪동아일보≫조차 "경기 과천시 서울동물원을 찾은 관람객들이 흥겨운 표정으로 홍학들의 군무를 지켜보고 있다"면서 경칩의 표정을 밋밋하게 전할 뿐이었다. 종전 같으면 으레 냇가의 버들강아지나 제주의 유채꽃 사진 등을 곁들여 봄소식을 알렸을 텐데….

우리 집의 봄소식은 앞마당의 풀들이 먼저 전한다. 우수를 지나 경칩이 되면 냉이, 민들레, 제비꽃, 괭이밥, 토끼풀, 씀바귀, 질경이들의 파릇한 새싹이 돋아나 봄이 왔음을 알리는 것이다. 녀석들은 어둡고 딱딱한 땅속 환경을 마다하거나, 맵고 차가운 바깥 추위도 아랑곳하지 않는 듯하다. 저렇듯 부드럽고 앙증스러운 새싹을 무더기로 돋게 하는 걸 보면.

며칠 전이었다. 철쭉화분을 옮기다가 마당 한 구석에서 낯선 싹을 발견했다. 갓 나왔는데도 잎사귀가 넓고 두툼한 것을 보니 예사의 잡풀은 아닌 듯했다. 그런 싹이 여섯 군데나 나 있었다. 저게 뭘까? 간혹 뜰 안에는 눈에 익지 않은 새싹이 돋는 경우도 있으므로 그러려니 하고 지나치다가 갑자기 생각이 떠올랐다. 바로 튤립이었다.

지난해 5월 말이었던가. 경기도에 있는 화전 꽃시장을 찾아갔다가 튤립 화분 몇 개를 사온 적이 있다. 늦철에 떨이로 산 튤립은 값이 헐한 대신에 상태는 부실했다. 화분을 사온 뒤 꽃구경은 이틀이나 했을까. 너무 아쉬워서 구근을 땅에 심었다. 제대로 된 꽃은 내년에나 구경할 심산으로…. 그것이 바로 내가 며칠 전에 본 '낯선 싹'이었던 것이다.

튤립.

내가 이 꽃을 처음 본 것은 1981년 봄 네덜란드의 암스테르담 언저리에서였다. 당시 나는 KBS에서 근무하고 있었는데, 네덜란드정부가 초청하는 방송연수생으로 선발되어 그 나라를 방문하게 된 것이다. 5공 때의 언론 통폐합 조치로 DBS(동아방송)에서 KBS(한국방송공사)로 직장을 옮긴지 한 달 보름만인 1980년 1월의 일이었다.

RN(라디오 네덜란드)에서의 방송 제작연수는 초심자들 위주로 프로그램이 짜여 있기 때문에 배우는데 큰 어려움은 없었다. 해서, 강의가 없는 토·일요일에는 혼자 또는 동료들과 함께 여행길에 오르고는 했다.

4월 초로 기억된다. 머물러 있던 힐버숨을 출발해 암스테르담에서 기차를 타고 이웃나라 벨기에로 가다가 우연히 튤립농장을 보게 된 것이다. 그때의 숨 막힐 듯한 기분을 어떻게 표현해야 할까. 한 마디로 경탄(驚歎) 그 자체였다. 평원같이 드넓은 규모의 엄청난 농원도 혀를 내두를 지경이지만, 빨강, 노랑, 보라 등 갖가지 빛깔로 핀 튤립은 하늘이 펼쳐놓은 색동천이나 무지개 같다고나 할까, 그런 장관이 없을 정도였다. 네덜란드가 튤립으로 유명하다는 얘기는 들었지만 이렇게 어마어마할 줄이야. 그 대단한 규모에, 그 현란한 아름다움에 할 말을 잊게 한 것이다.

네덜란드는 꽃의 나라이다. 3월에서 5월까지는 크로커스, 수선화, 히아신스, 튤립, 장미 등이 온 나라를 뒤덮는다. 전 세계의 화훼류 시장에서 네덜란드가 차지하는 몫은 60%. 특히, 튤립은 해외수출의 많은 양을 차지할뿐더러 국화로도 지정돼 있어 네덜란드 사람들로부터 각별한 관심과 사랑을 받고 있다.

튤립을 보면 코이켄호프(Keukenhof)가 생각난다. '유럽 최대의 정원'이라 불리는 코이켄호프는 암스테르담 남쪽인 라이스덴 부근에 자리 잡고 있다. 면적 35만㎡. 숲과 호수가 드리워진 공원에는 튤립을 비롯해서 히아신스, 수선화 등이 무더기로 또는 기하학적으로 가지런히 피어 있어 관광객의 눈길을 사로잡는다. 숲과 언덕으로 이루어진 이 땅이 공원으로 개발된 것은 1840년부터라고 한다. 지금은 산책로와 휴식처, 그리고 테마공원 등 완벽한 시설을 갖추고 있다. 코이켄호프는 보트를 타고도 관광이 가능한데, 매년 100만이 넘는 관광객들이 이곳을 찾고 있다.

돌이켜 보니 내가 네덜란드를 다녀온 지도 어느새 30년이 넘은 것 같다. 현지에 있을 때는 언제라도 다시 방문할 수 있을 것 같더니, 막상 귀국한 뒤로는 마음만 간절했을 뿐 다시 찾아가 본 적은 없다. 지금도 나서기만 하면 힐버숨, 암스테르담, 헤이그, 로테르담 정도야 눈을 감고도 찾아낼 것 같은데…. 뒤늦게 튤립 몇 포기를 구해 가까이서 감상하고, 그 구근을 노지에 심었던 것도 30년 전 그때의 추억이 생각나서인지 모르겠다.

사실, 당시의 나는 얼마나 외롭고 불안했던가. 초등학교 3학년짜리 세헌과 아직 학교에도 안 들어간 쌍둥이 윤정・윤주를 아내에게 맡긴데다, 사는 집도 방범에 취약한 단독주택이므로 근심 걱정이 많았던 게 사실이다. 때로는 방송연수고 뭐고 다 집어치운 채 귀국비행기에 오르고 싶기도 했다. 그 정신적인 우려와 공황을 달래주고 채워준 것 중의 하나가 튤립이었다면 거짓으로 들릴까?

송재학은 '튤립에게 물어 보라'며 이런 시를 남기고 있다.

> 지금도 모차르트 때문에
> 튤립을 사는 사람이 있다
> 튤립, 어린 날 미술 시간에 처음 알았던 꽃
> 두근거림 대신 피어나던 꽃
> 튤립이 악보를 가진다면 모차르트이다
> 리아스식 해안 같은
> 내 사춘기는 그 꽃을 받았다
> 튤립은 등대처럼 직진하는 불을 켠다
> (중략)

모차르트 더불어 구석구석 죄다 환했던 기억
……튤립에 물어 보라

시인은 어린 날 미술 시간에 처음 튤립을 알았으나, 나는 장가들어 새 살림을 차리고 3남매를 두었을 때 멀고 먼 이국 하늘 밑에서 튤립을 알게 되었다. 또 시인은 여러 모로 혼란한 사춘기 때 튤립을 받았다지만, 나는 유능한 방송인을 목표로 해외 연수를 받는 과정에서 튤립의 사랑을 체험하게 된 것이다. 튤립을 알았든 사랑했든, 튤립이 모든 사실을 환하게 기억하고 있다는 말은 사실인지 모른다.

식물학자 페이너(Gustav T. Fechner)도 말하지 않았나. "식물에게 영혼이 있음에도 불구하고 그렇지 않은 것으로 알려지게 된 것은 식물이 무능해서가 아니라 인간이 무지하기 때문"이라고.

지금 뜰 안의 튤립은 매일같이 싹의 키를 높이고 있는 중이다. 앞으로 잎은 더 튼실해지고 꽃대도 올라오게 될 것이다. 그리고 마침내는 우아한 꽃도 피워 내겠지. 그래, 어서 빨리 자라 꽃을 피우렴. 처음 심었던 그대로 빨강, 노랑, 보랏빛의 아름다운 꽃을….

2011. 3

봉숭아 꽃물

봉숭아는 울밑에 심어야 제 격이라고들 말한다. 그래야 꽃과 울타리가 어울려 제 모습 제 값을 한다는 얘기일 것이다. 하지만, 요즘에 싸릿대나 흙 또는 돌만으로 운치 있게 울을 만든 집이 어디 흔하겠나. 콘크리트 담장 안일망정 여기저기에 피어 있는 그 화려하고 야들한 꽃을 보면 그저 고마움을 느끼고, 덩달아 기분까지 밝아지곤 한다.

지루한 장마와 호된 태풍 속에 웬만한 꽃들은 떨어져 나가거나 제 모습을 잃어도 의연히 늦여름 뜰을 지키고 있는 존재가 봉숭아이다. 그래서 나는 '울밑에 선 봉선화야 네 모양이 처량하다'라는 노래 가사를 탐탁하게 여기지 않는 입장이다. 처량하니 어쩌니 하는 표현은 아마도 반투명한 꽃대나 하늘거리는 꽃잎의 겉모습만을 두고 얘기한 게 아닐까 싶다. 그러나 그건 잘못된 생각이다.

봉숭아는 뿌리가 얕다. 그래서 작은 충격에도 쉽게 몸을 누이거나 송두리째 뽑혀나간다. 그렇다고 봉숭아가 제풀에 죽는 것은 아니다. 몸이 삐딱해지면 그런 자세대로, 또 뽑힌 뿌리는 그것대로 새 흙을 찾아 생명을 이어가는 것이 봉숭아이다. '지나치게 굳세면 부러진다'는 태강즉절(太剛則折)의 교훈을 봉숭아는 아주 의미 있게 실천하는 셈이니 '가련하다'거나 '처량하다'고 말할 수는 없다. 이런 봉숭아의 꽃이 우리 집 앞마당에 잔뜩 피어 있는 것이다. 씨를 뿌리거나 모종을 내 심은 것도 아닌데….

올봄 어느 날. 화단 한 구석의 플라스틱 긴 화분에서 여린 새싹 여남은 개를 발견했다. 비좁은 곳에 촘촘히 돋아 있는 모습을 보니 자생한 것 같지는 않았다. 그렇다면 누가, 언제 뿌려놓은 걸까? 그보다, 무슨 싹인지가 궁금했다. 얼핏 봐도 잡풀은 아닌 듯싶은데, 꽃대가 매끈하고 잎이 길쭉한데다 톱니가 나 있으니 혹 봉숭아는 아닐까?

며칠을 더 두고 살피니 예상한 그대로였다. 상처가 안 나도록 하나하나를 정성껏 모종했다. '연약한 녀석들을 너무 일찍 옮겨 심은 건 아닐까?' 하고 지레 걱정한 것과는 달리 봉숭아는 새 자리에서 무럭무럭 신나게 자라 오늘에 이른 것이다. 줄기마다 야들야들 귀여운 꽃을 함초롬히 달고.

봉숭아를 보면 문득 고향 집의 장독대와 마루가 생각난다. 우물가 장독대 옆에는 여름철에 늘 봉숭아가 흐드러지게 피었었다. 그리고 마루에서는 어머니와 형수 그리고 조카들이 모여 앉아 손톱 발톱에 봉숭아물을 들이는 모습을 볼 수 있었다. 어머니는 "장작개비 같은 손에 봉숭아가 가당키나 하냐?"고 한사코 거절하시면서도 당신의 귀여운 손녀들이 엄지발톱에 봉숭아물을 들여 드릴 때는 잠자코 계셨던 기억이 난다.

어느 때던가. 6·25동란이 휴전을 맞을 때였으니까 내 나이 열두 살 때였던 것 같다, "잡귀가 물러가고 공부도 더 잘 할 수 있다"는 작은누이의 말에 솔깃하여 봉숭아물을 왼손가락에 들인 적이 있다. 이튿날 아침, 빨갛게 물든 손톱을 보고 얼마나 소스라쳐 놀랐던가. 친구들이 보면 놀려댈까봐 꽃물 든 손톱을 칼과 가위 끝으로 연신 긁어댔다. 잔뜩 울상을 하고….

그 봉숭아가 정원 구석구석에 잔뜩 피어 있는 것이다. 헌데 이 봉숭아꽃들을 어찌하면 좋을까. 눈으로만 즐기기에는 너무 아깝지 않은가. 누군가 따다가 봉숭아물을 들이면 좋으련만…. 대문에 쪽지라도 붙여볼까? "봉숭아꽃 필요하세요? 서슴지 마시고 벨을 누르세요!"라는 글을 담아서. 그러면 사람들이 얼마나 좋아하겠나. 빨갛게 물들여진 손톱을 보면 마음도 훈훈해지지 않을까?

하지만 나는 그 쪽지를 대문에 붙이지 않았다. 아니, 붙이지 않기로 했다. 무엇보다 시도 때도 없이 봉숭아꽃 달라고 벨을 눌러댈 것이 걱정이고, 한 움큼이면 될 것을 마구잡이로 훑어내지나 않을까가 두려웠기 때문이다. 게다가 봉숭아의 줄기와 뿌리는 약으로 쓴다는데, 한 그루 얻을 수 없는지를 물어오는 사람도 있을 수 있잖은가. 그럴 경우, 답변이 궁해지는 것은 둘째 치고 그 뻔뻔스러운 무례를 어찌 감당할지가 골치 아플 것 같아서였다.

만약 봉숭아 꽃물을 들일 사람이 귀엽고 사랑스러운 내 손녀라면 어떨까? 사실 나는 봉숭아의 꽃과 잎을 따서 외손녀인 지윤(知潤)에게 물들여주고 싶었다. 내 어릴 적 듣고 본 방식 그대로 꽃과 잎 그리고 백반을 넣어 찧어낸 뒤, 그것을 손톱 위에 얹고 봉숭아 잎으로 덮어서 무명실로 싸매주려 했던 것이다.

허나, 나는 이마저도 그만 뒀다. 바쁜 딸에게 전화를 걸어 오라 가라 말하기도 그렇고, 반대로 시답지 않게 보일 수도 있는 봉숭아 꽃과 잎을 들고 찾아가기도 겸연쩍기 때문이었다. 게다가 간편하고 다양한 빛깔의 매니큐어가 널려 있는데, 번거롭고 시간도 오래 걸리는 봉숭아꽃물은 그야말로 '개밥에 도토리' 같은 존재로 홀대를 받을 것 같아서였다. 그래서 정원의 봉숭아는 꽃잎 하나 다치지 않고 저렇게 온전히 유지되어 있지만, 유용하게 쓰이지 못했으므로 마음은 개운치 않다.

봉숭아의 꽃말은 '나를 건드리지 마세요(Touch Me Not)'이다. 그리스신화는 이 꽃말의 유래를 이렇게 설명한다.

아주 먼 옛날 올림포스 궁전에서 연회가 열렸다. 그런데 초청 받은 신들에게 대접하려고 준비한 황금사과 한 개가 없어진 것이다. 신들은 그날 음식을 나르던 한 여인을 의심했다. 실은 심술궂은 어느 신의 장난임에 불과했는데도….

그 신은 계속해서 시치미를 떼었고, 여인은 결국 억울한 누명을 쓰고 궁전에서 쫓겨나고 말았다.

"세상에 이럴 수도 있단 말인가?"

여인은 줄기차게 자신의 결백을 호소했지만, 그 여인의 편이 되려는 사람은 아무도 없었다. 결국 여인은 죽음의 길을 택한다. 황금사과를 훔치지 않았다는 걸 증명하기 위해…. 그런데 신기하게도 그 여인이 죽은 자리에서 어여쁜 꽃 하나가 피어난 것이다.

아름다운 꽃에 매료된 사람들이 그 꽃을 만져볼 때였다. 그 꽃은 씨 주머니를 터뜨리더니 속을 뒤집어 버리는 게 아닌가. 마치 결백이라도 주장하려는 듯이….

이때부터 봉숭아는 'Touch Me Not'으로 불렸다는 것이다.

봉숭아는 흔히 봉선화라고도 부른다. 꽃의 모양새가 마치 펄떡이며 비상(飛翔)하는 봉황을 닮았다 해서 붙여진 이름이라 한다.

여름철 손톱에 물들인 붉은 색이 서리가 내리는 늦가을까지 지워지지 않으면 첫사랑이 이루어진다는 꽃 봉숭아. 그러기에 시인 도종환도 사랑의 결실을 간구한 나머지 이런 시를 지었을까.

우리가 저문 뜨락에
엷은 꽃잎으로 만났다가
네가 내 살 속에, 내가 네 꽃잎 속에
서로 붉게 몸을 섞었다는 이유만으로
열에 열 손가락 핏물이 들어
네가 만지고 간 가슴마다
열에 열 손가락 핏물 자국이 박혀
사랑아 너는 이리 오래 지워지지 않는 것이냐
그리움도 손끝마다 핏물이 배어
사랑아 너는 아리고 아린 상처로 남아 있는 것이냐
(시 '봉숭아'의 전문)

2011. 10

보랏빛 라일락꽃

몇 해 전까지만 해도 우리 집 뜰 안에는 두 그루의 라일락이 있었다. 한 그루에서는 흰색이, 다른 한 그루에서는 보랏빛 꽃이 피었다. 4월에 떨어져 나간 매화와 살구꽃의 빈 자리를 채우기라도 하듯, 라일락은 5월부터 수수 알 같이 맺힌 봉오리를 차례로 터뜨려 마당 분위기를 화사하게 치장하곤 했다.

라일락은 꽃의 아름다운 겉모습보다 그가 내뿜는 독특한 향기로 해서 매력을 느끼게 하고 사랑도 받는 것이 아닌가 싶다.

진하되 야단스럽지 않고 상큼하여 신선한 것이 라일락의 향기이다. 건듯 바람이라도 불라치면 고상하고 품위 있는 향기가 멀리멀리 퍼져 간다. '향내가 10리에 이른다'는 찔레꽃도 있고, 그 열 배의 '백리향'이라는 화초가 있다는 것도 알지만 그건 허풍에 불과하다. 내가 아는 찔레꽃이나 백리향은 몇 걸음만 벗어나도 향을 찾기 어려운 허명무실의 존재일 뿐이었다. 라일락꽃의 이러한 매력에 끌려 나는 봄만 되면 어서어서 꽃망울이 터지기를 기다려 왔던 것이다.

헌데, 언제부터인가 흰색 꽃을 피워내던 라일락이 이상 현상을 보이기 시작했다. 꽃이 실하지 않을뿐더러 잎이 쉬 말라 버리는 것이었다. 나무 밑동부터 저 위쪽 가지까지 아무리 주의 깊게 살펴도 이유를 알 수 없었다. 물이 부족한 것은 아닐까? 아침저녁으로 물을 충분히 줘 봤다. 그래도 결과는 매한가지였다. 다음 해, 또 그 다음해도 라일락의 상태는 호전되지 않았다. 그리고 결국에는 말라 죽고 말았다. 흰색 라일락꽃은 꽃말이 '아름다운 맹세'라 한다. 비록 나와는 아무런 맹세도 가진 바 없지만, 무슨 섭섭한 일이 있기에 우리 집 뜰 안의 흰색 라일락은 시들시들 혼자 떠나야 했을까.

라일락의 불상사는 거기에서 그치지 않았다. 이번에는 보랏빛 라일락이 말썽을 피웠다. 잎만 무성하고 꽃은 몇 송이에 지나지 않는 이상 현상을 보인 것이다. 전에는 꽃이 무성하여 그 향내를 집밖 먼 곳에서도 맡을 수 있었는데…. 혹시 흰색 라일락이 사라진데 대한 아쉬움의 표시이거나, 제 동료를 제대로 가꾸어 내지 못한 질책의 의미일까. 식물에게도 동물 못지않은 감정이 있다는데 정말 그럴지도 모르겠다는 생각이 들었다. 그렇다면 잎은 무엇 때문에 저리 무성할까. 꽃이 성깃한 만큼 잎도 시원찮아야 될 텐데….

원인은 그것도 저것도 아니었다. 바로 곁에 감나무와 자두나무를 심고, 집 건너에도 다세대 주택 등 높은 건물이 들어섬으로써 햇빛을 제대로 받아들이지 못한 때문이었다. 보랏빛 라일락은 점점 꽃송이의 수를 줄이더니 얼마 전부터는 아예 꽃을 피우지 않는 것이었다. 그렇다고 유실수인 감나무와 자두나무를 옮기거나 베어 버릴 수는 없잖은가. 고심 끝에 녀석을 제거하기로 마음먹었다.

나무 밑동을 톱질하던 날, 기분이 여간 무겁지 않았다. 적자생존이라지만 이 보랏빛 라일락에 무슨 잘못이 있는가. 구름과 같이 꽃을 피운 옛날이든, 잎만 무성하게 달고 있을 뿐인 지금이든 라일락에게는 아무 잘못이 없잖은가. 더욱이 주인인 나와는 얼마나 인연이 깊었나? 경기 고양의 신도읍 어느 산 밑 자락에 있던 녀석을 서울 북가좌동 옛집으로 옮겨 심은 것이 30년 전이었다. 그 뒤 지금의 이 집으로 이사할 때도 보랏빛 라일락은 그림같이 따라다녔다. 그런데 이렇게 삶을 마감시켜야 되다니! 마치나 소태를 입에 넣어 씹는 기분이었다.

보랏빛 라일락을 제거한지도 그럭저럭 이태가 지난 작년 늦봄, 자두나무가 서 있는 자리 부근에서 눈에 익은 새싹 하나가 올라왔다. 언뜻 봐도 라일락의 싹이 분명했다. 그것도 이미 없애버린 보랏빛 라일락의 싹 같았다.

“어떻게 된 일이지?”

하기야 라일락은 번식력이 좋아서 웬만큼 자란 뒤에는 주변에 다른 새싹을 마구 돋게 한다. 그러나 톱으로 잘라버린 라일락은 자두나무에서도 2미터가 넘는 거리에 있지 않았는가. 그 싹이 예까지 와서 움튼 것이라고는 생각되지 않았다. 또 움이 튼대도 자두나무와는 거리가 밭아서 함께 자랄 수는 없을 것이다.

해서, 서슴없이 그 싹을 손으로 제거했다. 그 다음 해에도 싹은 같은 자리에서 움터 올랐다. 또 없애 버렸다. 그래도 싹은 그 다음

해에도 어김없이 솟았다. 이번엔 그냥 내버려 뒀다. 심지도 않은 저 싹이 어떻게 생겨났는지 그 이유를 알고 싶어서였다. 이제 더 이상은 자신을 해치지 않는다고 믿어서인가. 싹은 날마다 쑥쑥 자라, 이제는 거의 담장을 넘실거릴 정도가 되었다.

그나저나 라일락이 싹튼 이유는 어떻게 알아내야 할까. 이번에는 화단 위로 올라가 받침목으로 쌓아 둔 나뭇단과 거름용 나뭇잎을 젖히기 시작했다. 모르기는 해도 새싹은 몇 년 전에 제거한 보랏빛 라일락과 관련이 있을 것이다. 그렇지 않고서야 심지도 않은 보랏빛 라일락 싹이 어떻게 돋아날 수 있겠는가.

예상했던 그대로였다. 나뭇단과 나뭇잎을 들어내자 금방 새싹의 정체가 드러난 것이다. 싹은 바로 보라색 라일락의 밑동 언저리에서 나온 것이었다. 그것이 햇빛 따라 조금씩 이동하여 2m 거리의 자두나무쪽에서 새로운 터를 잡은 것이다. 곰곰 생각해 보니 경이롭기도 하고 측은하게도 느껴졌다.

생명이 얼마나 소중했기에 저 라일락은 박해를 마다 않고 줄기차게 싹을 돋우려 했을까? 생명을 부지하기에 천신만고를 다했다는 사실은 새싹을 지탱하고 있는 뿌리의 그로테스크한 형상이 잘 말해준다. 곧게 옆으로 뻗은 게 아니라 구불구불 묘하게 생겼으므로.

키가 담장을 넘어가면서 라일락은 여기저기 곁가지를 달기 시작했다. 그런 어느 날, 보랏빛 라일락은 또 다른 변화를 주어 나를 놀라게 했다. 삐죽하니 꽃대를 내민 것이다. 그리고 며칠 뒤, 라일락은 마침내 수수알갱이 같은 꽃망울을 터뜨려 향기롭고 우아한 꽃을 피워내고 말았다. 정말 탄복하지 않을 수 없는 용기와 집념이 아니고 무엇인가.

황대권의 ≪야생초 편지≫에는 이런 얘기가 나온다.

> 식물의 덩굴손은 곤충의 더듬이와 같은 역할을 하는 것 같다. 덩굴손의 감지능력이 어느 정도인지 말해 볼까? 한번은 덩굴이 뻗어 나가는 길에서 약간 빗나간 곳에 젓가락을 꽂아 놓았다. 다음날 가 보니 덩굴손이 그 젓가락을 찾아가서 휘감고 있더라고. 이 실험을 반복하여 해 본 결과, 덩굴손은 능동적으로 자기가 감아야 할 대상을 찾아 나선다는 사실을 알아내었다.

보랏빛 라일락 싹의 여정도 이와 비슷했으리라 여겨진다. 한 다발의 상큼한 꽃을 피우기 위해 보랏빛 라일락은 햇빛 따라 얼마나 힘든 고난의 길을 걸었겠나. 그 끈기, 그 용기 그리고 그 집념이 부럽기만 하다. 매사가 시답잖은 나와 비교해서는 더욱 그렇다.

2010. 10

전정(剪定)

오늘, 아주 오랜만에 뜰 안의 나무들을 손질했다.

전정(剪定)은 으레 한 해 걸러 한 번 정도는 해 왔던 작업이었다. 하지만, 병을 얻고부터는 우선 체력이 따르지 못한데다, 후유증을 돌보는 일에 매달려야 했기 때문에 정원까지 살필 겨를은 없었다. 그러기를 벌써 7년째, 나무들은 멋대로 자라거나 여기저기 죽기도 하는 등 가뜩이나 좁은 뜨락을 엉망으로 만들어 놓았다.

후박이나 모과 살구 감 자두 대추나무들은 왜 그리 기세가 등등하던지? 정원은 마치 밀림 같았다. 그 바람에 잔디는 말할 나위 없고 철쭉 옥향 도장나무 등 비교적 덩치 작은 나무들은 햇빛을 받지 못해 몸살을 앓거나 아예 죽어버리기도 하는 것이었다. 특히 오른쪽 담장 곁을 따라 소담스럽게 피던 40년생의 연분홍 철쭉은 지나던 사람들의 발길을 잡을 만큼 아름다웠는데 죄다 죽어버리고 만 것이다.

찔레와 흑장미도 같은 피해를 입었다. 6월에 들어서면 으레 꽃

봉오리를 터뜨려 화사한 자태를 뽐내고 높은 향기를 내뿜던 길가의 찔레, 흑장미 어느 것도 지난해부터는 그 모습 그 향기를 다 잃은 채 썩거나 말라빠진 가지만 남겨 놓았을 뿐이다.

40평이 채 될까 말까한 뜰 안에서 뒤죽박죽 멋대로 자라거나 때로는 죽어가는 나무들. 해 묵은 2층 집을 보는 느낌은 마치 흉가와 같았다. 내 느낌이 이럴진대 다른 사람은 오죽할 것인가. 어쩔 수 없이 정원을 돌보게 된 이유이다.

처음에는 내 스스로가 어떻게 해볼 심산이었다. 33년 전 이 집에 처음으로 이사해 올 때만 해도 전정쯤은 내 스스로 했었다. 서투를지언정 나무도 탈줄 알고 가위질 톱질도 할 수 있었기 때문이다. 어제 낫과 휴대용 톱, 작은 사다리 등 전정에 필요한 도구들을 챙겼던 것은 나 혼자서 한 번 해볼 생각 때문이었을 것이다.

그러나 막상 작업에 들어가려니 엄두가 나지 않았다. 잔가지 한두 개를 잘라내는 일이라면 모른다. 헌데 저 우람한 나무들을, 그것도 모양새를 갖춰 다듬다는 것이 내게는 무리이고 가당치 않은 일로 여겨졌다. 게다가 아직은 병치레를 하는 몸이 아닌가. 나이를 봐도 벌써 70, 자칫하다가는 더 큰 화를 입을 수도 있겠다는 생각이 문득 든 것이다.

해서, 어쩔 수 없이 전문 정원사를 부르기로 했다. 그런데 막상 사람을 구하려니 마땅한 사람이 없었다. 전엔 늦가을마다 전정하는 사람이 제 발로 찾아오기도 했는데 웬일인가? 주거환경이 날로 단독주택에서 다가구주택이나 아파트로 바뀌고 있으니 나무를 손질하는 사람도 덩달아 숫자가 줄어들었을까. 전화로, 인터넷으로 사면팔방 알아본 끝에서야 겨우 한 사람을 찾아낼 수 있었다.

성이 김 씨라던가. 3.5톤 트럭을 몰고 그는 아침 8시 경 우리 집에 도착했다. 50대 후반의 헌칠한 키, 가랑가랑한 체격을 가진 사람이었다. 받침이 넓은 대형 사다리를 들고 대문에 들어선 정원사는 먼저 뜰 안의 나무들부터 찬찬히 살펴보더니 곧바로 작업에 들어간다. 끓여 내온 커피조차 한 모금 마시지 않은 채….

30년 경력의 전문가답게 그의 손놀림은 아주 민첩했다. 그는 전기톱이라든가 다른 연장은 전혀 쓰지 않았다. 오직 사용한 것은 휴대용 톱 하나였다.

준비물이 하도 허술해서 왜 그런지를 물어봤다.

"전기톱을 쓰면 편리하긴 하죠. 힘도 덜 들고요. 그러나 일이 거칠어집니다. 제가 의도한 대로 안 될 때가 많아요."

듣고 보니 옳은 얘기였다. 그리고 '정말 일꾼다운 사람을 만났구나' 싶은 생각이 들었다. 그리고 감사했다. "서툰 일꾼이 연장만 나무란다"는 속담도 있지만, 그는 정 반대였다. 김 씨는 이 나무 저 나무에서 베어낸 가지들도 그냥 어수선하게 함부로 다루지 않았다. 일정한 양이 쌓이면 단을 묶어 차곡차곡 트럭에 싣는 것이었다. "그렇게 하지 않으면 트럭 한 대로는 어림도 없다"면서….

전지 작업은 오후 4시쯤에야 끝났다. 2층 지붕까지 치솟던 살구나무와 잎이 무성하던 후박나무는 온통 가지가 잘려지고, 웃자라 덤불을 이루던 모과나무도 간결하게 손질되어 있었다. 산지(産地)가 경산이래서 두 말 없이 사들였던 엉터리 대추나무, 맛이 별로였던 땡감나무, 모과나무에 적성병(赤星病)을 옮기던 잡종 향나무도 흔적 없이 사라졌다. 어수선한 더벅머리를 단정히 이발시킨 것 같았다. 깔끔하고 산뜻한 모습으로 정원이 바뀐 것이다. 마당의 넓이도 곱절이나 늘어난 느낌이었다.

특히 반가운 것은 정원 구석구석에 전보다 햇빛이 훨씬 더 들었다는 점이다. 그동안 뜰은 좀 음습했었나. 나무들 잎사귀가 드리운 그림자 때문에 남향받이인 거실과 대청도 늘 어두웠었지. 그러나 지금은 아니다. 먼지 하나라도 가려낼 수 있을 만큼 방과 마루는 밝고 환하다. 덩달아 마음까지도 밝아지는 느낌이다.

오랫동안 자연치유법을 연구해 온 미국의 티모시 브랜들리 박사는 그의 책 ≪기적의 자연치유(원제: The Cure-Heal Your Body, Save Your Life)≫에서 균형 잡힌 건강의 7대 요소를 들고 있다. Sun(햇빛), Spirit(평정한 마음), Exercise(운동), Relaxation(긴장 이완), Fun(재미), Forgiveness(용서)가 그것이다. 이 가운데서도 햇빛을 가장 앞머리에 내세웠다는 점이 주목된다. 왜 그런가? 의학적 연구결과에 따르면 햇볕을 잘 쬘 경우 우울증에서 벗어날 수 있다는 것이다. 또 심장병이나 색전증(塞栓症)까지도 막아낼 수 있다고 한다. 그 뿐이 아니다. 암 발생의 위험을 줄여 주고, 행복지수도 높인다고 전문가들은 말한다. 햇빛이 좋은 날 괜스레 기분이 좋아지는 것은 바로 그 때문이라는 것이다.

햇빛이 들지 않으면 기(氣)가 사라진다는 말이 있는데, 같은 맥락의 얘기이다. 살아 있는 것들의 활동을 이끌어 주는 무형의 근원적 에너지가 바로 기(氣)라 할 때, 햇빛이야말로 '무형의 근원적 에너지'와 가장 근접한 존재가 아닐는지?

그러나 세상만사에는 득과 실이 따르는 법. 우리 집의 정원 손질이라고 예외는 아닌 것 같다. 분위기가 산뜻해지고 나무든 사람이든 넉넉한 햇빛을 받을 수 있는 게 장점이라면, 새들이 보금자리를 잃고 우왕좌왕한다든가, 푸짐히 거둬들이던 과실도 당분간은 기대할 수 없다는 것은 분명 단점이 될 것이다. 흔해빠진 과일이야 그렇다 치자. 그러나 하루도 빠짐없이 찾아와 고운 노래를 선사하는 까치 참새들은 어쩌란 말인가.

엉성한 모과나무 감나무 살구나무로는 쉴 곳이 마땅찮다고 여겼음인지 열댓 마리의 참새들이 산당화 가지 사이에 몰려들어 재잘거린다. 총명한 눈으로 좌우를 핼끔거리고, 꼬리를 털면서…. 녀석들의 대화 속에는 이런 얘기도 들어 있을 것 같다.

"이번 겨울은 어떻게 지내지? 늘 이렇게 가시 많은 산당화 속에 살 수는 없잖아? 그나저나 늘 주던 모이가 오늘은 왜 이리 늦는 거야?"

2010. 10

서리태 이야기

KBS 1TV에서 방송하는 '생로병사의 신비'를 보고난 참이다.

매주 토요일에 소개되는 이 프로그램은 사람이 태어나서 늙고 병들어 삶을 마치기까지의 전반적인 과정과 내용을 사례별로 낱낱이 짚어가서인지 많은 시청자들로부터 많은 관심을 받고 있는 것 같다.

오늘의 주제는 '대사증후군(代謝症候群)'. 우리나라의 성인 3명 가운데 한 사람은 대사증후군에 속해 있는데, 이 증상을 가진 이는 관동맥성심장병이나 심혈관질환으로 사망할 확률이 각각 3.6배와 3.2배나 높다는 것이다. 게다가 대사증후군은 당뇨병이나 고혈압, 고지혈증, 비만 등의 성인병을 한꺼번에 불러오는 주범 역할을 한단다.

그렇다면 대사증후군은 왜 일어날까. 아직 그 정확한 원인은 밝혀지지 않았지만 인슐린 저항성(insulin resistance) 때문인 것으로 의사들은 추정하고 있다. 인슐린 저항성이란 혈당을 낮추는 인슐린에 대한 몸의 반응이 줄어듦으로써 근육이나 지방세포가 포도당을 제대로 섭취하지 못하고, 이를 극복하려고 더욱 많은 인슐린이 분비되어 여러 가지 문제를 일으키는 것을 말한다.

이런 현상은 환경이나 유전적 요인으로 발생한다. 환경적 요인으로는 비만과 운동부족 또는 잘못된 식생활 습관이 큰 비중을 차지하는 것으로 알려져 있다. 그러면서 권장된 식품이 검정콩이었다.

방송에 출연한 사람들은 모두 끼니마다 검정콩을 먹는다고 했다. 70대의 한 부부는 아주 오랫동안 검정콩을 먹어온 덕분에 돋보기 없이도 잔글씨를 볼 수 있단다. 또 90세의 할아버지는 4대에 걸쳐 검정콩을 상식한 까닭에 집안 식구 어느 누구도 감기 한 번 걸리지 않았다는 게 자랑이었다.

콩이 몸에 좋다는 얘기는 대부분의 사람들도 잘 알고 있다. 일테면 콩에는 단백질이 풍부해서 '밭에서 나는 쇠고기'로 불린다든가, 검정콩을 먹으면 흰머리도 검어지고 눈도 밝아진다는 것 등이 그것이다. 구체적으로 검정콩은 몸속의 영양을 적절히 조절시킴으로써 비만을 막고, 당뇨나 고혈압을 억제시키며, 위장·심장·신장의 기능을 높여줌으로써 여러 장애를 다스리고, 피부에 탄력을 주는 외에 불면증을 치료하는 효과까지 지니고 있다고 한다. 그렇기에 검정콩은 언뜻 만병통치약을 떠올리게 할 정도다.

뭐, 그래 그런 건 아닐 테지만 우리 집에서는 꽤 오래전부터 서리태를 밥에 두어 먹고 있다. 서리태는 검정콩의 일종으로 콩알의 겉껍질은 검지만 속 알맹이는 푸른색을 띠고 있는 콩을 가리킨다. 서리를 맞으면서도 자라는 콩이라 하여 서리태라는 이름을 얻었다

한다. 같은 검정콩이면서도 서목태(鼠目太・쥐눈이콩)와는 크기와 모양새가 다르다. 서목태는 낟알이 작고 반들거리지만 서리태는 그보다 훨씬 굵은데다 서리모양의 뽀얀 가루가 낟알 전체를 덮고 있다. 맛이 구수해서 흔히 밥밑콩으로 쓰인다.

아주 오래 전 이 콩밥을 처음 먹을 때는 꽤 거부감을 느꼈었다. 무엇보다 밥에 섞인 콩알들이 입 안에서 썰컹거려 제대로 삼키기가 어려웠기 때문이다. 콩밥을 대할 때는 짜증이 나기도 했다. 그러나 지금은 다르다. 서리태가 두어지지 않은 밥은 도대체 싱거워서 못 먹을 정도가 돼 버린 것이다.

올봄에는 앞마당 몇 군데에 직접 서리태를 심었다. 콩 심기는 벌써부터 마음에 두고 있던 일이므로 새삼스러울 건 없지만, 어쨌든 실천에 옮기고 나니 묵은 숙제를 푼 느낌이었다. 파종한 콩알이 얼마 안 되고 재배의 경험조차 없어 거두어들인 양은 한 탕기를 조금 넘었을까. 대수롭지 않은 양이었다. 그러나 그게 어디인가. 콩알 몇 개가 한 탕기의 분량으로 바뀐다는 것은 요술 아니면 마술일 터였다.

얼마 전 매실과 뽕나무 묘목을 한 그루 씩 심고, 건강이 부실한 옥향나무 세 그루를 뽑아내는 등 정원을 정리한 일이 있다. 헌데, 옥향나무가 있던 자리가 너무 휑뎅그렁해서 허전한 느낌이 들었다. 꽃나무로 빈자리를 채울까? 아니, 꽃나무가 아닌 다른 무언가로 변화를 줄 수는 없을까를 궁리하던 끝에 생각해 낸 것이 바로 콩 심기였다. 과실수나 관상수 혹은 화초들과는 달리 색다른 풍치가 있을 것 같아서였다. 그게 바로 서리태를 심게 된 이유였다.

파종은 간단했다. 물에 불린 서리태 가운데서 튼실한 것을 20여 개 골라 옥향이 있던 언저리에 한두 알씩 심으면 그만이었으니까. 심다 남은 것은 담장 아래나 감나무, 모과나무 옆 등에 심었다.

"잘 했어. 이제 곧 싹이 움터 나올 테지."

저절로 흥이 났다. 내 손으로 재배한 서리태로 콩밥을 먹게 되다니…신바람도 일었다.

그러나 시일이 꽤 지났는데도 싹은 돋지 않았다. 보도 옆이든 나무 곁이든 콩 싹이 보이지 않은 것이다. 웬일일까? 새가 파먹었을까? 그렇다면 자취가 남아 있을 텐데, 콩 심은 자리는 멀쩡했다. 하도 답답해 땅도 파 봤다. 그 속에서 썩어버린 건 아닐까 하여. 그러나 아무리 헤집어도 맨흙 뿐, 아무런 흔적이 없었다. 콩은 어디로 갔을까?

그 뒤로도 두 차례나 비슷한 일을 겪고서야 서리태싹은 슬그머니 고개를 내밀기 시작했다. 다른 싹에 비해서는 떡잎이 유난스레 두껍고 빛깔도 어두웠다. 어쨌거나 싹은 쑥쑥 잘 자랐다. 특히 보도 곁의 콩대는 맞은편의 옥향과 앙상블을 이루어 눈을 즐겁게 했다. 그런데, 꽃은 언제 피려나. 꽃이 펴야 열매도 달릴 텐데….

그렇게 궁금히 여기던 8월 중순 어느 날, 푸른 잎들 사이에서 서리태꽃을 발견한 것이다. 처음 본 콩 꽃이었다. 빛깔은 보라. 작아서 그랬을까. 귀엽고 앙증맞았다. 숨듯이 피어난 까닭에 힐끗 봐서는 존재를 확인하기조차 어려웠다. 그런데도 저렇듯 꽃이 아름답다니. 그저 신비롭기만 했다.

꽃이 진지 얼마 후, 콩대 가지에는 솜털이 송송한 콩꼬투리가 달렸다. 콩 꽃을 대할 때와는 또 다른 신기함과 보람을 느꼈다. 콩꼬투리의 수가 꽤 되니 저대로 거두어들인다면 두 됫박은 너끈할 듯 싶었다. 그래, 고맙구나. 토실토실 살을 올려다오.

처서와 추분을 지나 한로가 가까워지자 대부분의 풀잎들은 차츰 싱그러움을 잃기 시작했다. 하지만 서리태는 달랐다. 청청한 모습 그대로였다. 다만, 콩꼬투리가 좀 이상했다. 겉모습은 전보다 훨씬 커졌는데 손으로 만져보니 쭉정이가 대부분이었다. "무슨 일일까?" 싶었지만, "차차 살이 오르겠지" 하며 성마른 조바심을 달랬다.

그러나 서리가 내린다는 상강이 지났는데도 콩꼬투리의 모양에는 변화가 없었다. 더 이상 기다려 본들 다른 변화가 있을 성싶지 않기에 콩대를 뽑아냈다. 여문 콩이 하나라도 잔디 속에 굴러들어갈까봐 조심하면서….

이렇게 해서 까 모은 것이 한 탕기 정도였던 것이다. 쏟은 정성에 비한다면 별 볼일 없는 수확이지만, 내가 뿌린 작은 콩알이 싹을 틔우고 그게 자라 꽃을 피우며 꼬투리를 맺어 수확을 하게 하다니… 나는 그 어마어마한 변화가 놀랍고 경이로우며 감사할 뿐이었다.

아무렴! 칙칙한 영혼을 흔들어 깨운 보랏빛 앙증스러운 꽃만으로도 서리태를 심은 가치는 충분하지 않겠나? 내년에는 더 많은 서리태를 심어야 할까보다.

2011. 12

■ '서리태'라는 단어는 사전에 없었다. '동아 새 국어사전'(탁상편)이나 '민중 엣센스 국어사전'을 아무리 뒤적여도 '서리태'를 찾지 못 했다. 서리태는 '속청'으로도 불리고 있다는데 그 말은 있을까 해서 열심히 찾았으나 그 또한 없었다. 어찌 된 일인가? 이번엔 국어연구원에 전화를 걸어봤다.

"콩 종류가 하도 많아 사전에 싣지 못했다"는 대답이었다. "하도 많기 때문에?" 이해할 수 없는 답변으로 들렸다. 그렇다면 '푸르대콩'(청태)이나 쥐눈이콩(서목태)은 어떤 심사를 통해 사전에 올려졌는지가 궁금하다. 특정 어휘를 사전에 올릴 때, 그 어휘가 쓰이는 지역이나 사용 빈도, 또는 중요성 등을 충분히 검토했는지가 의문으로 남는다.

무엇보다 "콩 종류가 하도 많아 사전에 올리지 못 했다"는 말은 너무 궁색하고 무책임하다는 생각이다. 특히, 국어를 연구하는 기관의 입장에서는 더욱 그렇지 않겠는가.

금 간 돌절구

우리 집엔 작은 돌절구가 하나 있습니다.

마당에서 2층 현관으로 가려면 먼저 바깥 계단을 거쳐야 하는데, 그 계단의 좌우에는 작은 화분이라든가 수석 등 자잘한 물건들을 놓아두었지요. 일곱 개의 계단 가운데 밑에서 세 번째던가요? 작은 돌절구도 그들 틈에 끼워 넣었던 겁니다.

돌절구는 높이와 너비가 34cm로 똑 같고, 밑바닥의 지름은 18cm입니다. 이 지름은 위로 갈수록 점점 짧아지다가 밑바닥에서 8cm 높이에 이르러서는 잘록한 허리모양이 되지요. 그러다가는 다시 넓어져 마침내는 장구를 반으로 갈라놓은 모습이 되는 겁니다.

이 돌절구와 인연을 맺은 지는 꽤 됐지요. 어림잡아 40년은 될 듯싶습니다. 지금의 집으로 이사 온지가 34년 전이고, 4~5년을 살았던 먼젓번 집에서 돌절구를 샀으니까요.

어두운 빛깔의 화강암을 손으로만 깎고 다듬어 만든 이 돌절구는 집 앞을 지나가는 리어카상으로부터 사들인 겁니다. 절굿공이

와 함께요. 처음 이 물건들을 샀을 때의 기분은 여간 즐겁지 않았습니다. 무엇보다 아내를 위해 또는 가정을 위해 무언가를 해낸 것 같은 뿌듯한 마음이 들었지요. 특히, 결혼 후 처음 마련한 집이 단독이었으므로 그런 집에 어울릴 살림도구로는 안성맞춤이라고 생각했던 겁니다. 돌절구 값이 얼만지는 기억에 없지만, 가격이 무슨 상관입니까. 요즘으로 친다면 냉장고나 세탁기를 턱하니 들여놓을 때의 기분과 비슷했지요. 적어도 그 당시의 내 기분은 그랬습니다.

아내는 이 돌절구에 삶은 메주콩을 찧거나 깐 마늘을 다지는 등 아주 요긴하게 사용했습니다. 사용만 그렇게 한 게 아닙니다. "잘 찧어지고 잘 갈린다"는 등 돌절구 사용에 만족하는 눈치였습니다. 사용 후의 관리도 여간 깔끔하게 하지 않았지요. 수세미솔로 닦고 훔치며 물로 헹구어 거꾸로 엎어 놓는 등 정성을 다했습니다.

돌절구를 아끼고 사랑한 사람이 또 있습니다. 바로 어머닙니다. 어머니는 아내 못지않게, 아니 아내보다 더욱 관심을 가지셨습니다. 고향인 파주에 사시면서 어머니는 귀여운 손자 손녀가 그리우실 때면 서울에서 며칠 묵어가시곤 했는데, 돌절구를 보시면서 아주 반색을 하시는 것이었습니다. 아내가 사연을 설명해 드리자, 대뜸 이런 말씀을 하시더군요.

"아범도 이젠 철이 들었나 보네. 돌절구도 살 줄 알다니."

그때 아들인 나를 바라보는 어머니 얼굴엔 환하고 밝은 미소가 가득했습니다. 그 미소의 의미는 아들에 대한 대견함이었을 겁니다. 고향에서 가져오신 참깨를 볶아 손수 돌절구에 찧으시며 어머니는 이런 말씀도 하셨지요.

"야, 정말 잘 갈리네. 잘 샀다."

그런 돌절구가, 그렇게 아내와 어머니가 아끼던 돌절구가 지금은 무관심 속에서 계단 한 귀퉁이를 차지하고 있을 뿐입니다. 깊은 잠에 빠져 있듯이 말이죠. 그 잠은 좀처럼 깨어나지 않을 것 같습니다. 왜냐고요? 몇 가지 이유가 있어서이죠.

우선, 집에서 메주를 띄워 된장이나 간장을 만드는 일이 없어진 데다, 김장철 마늘 역시 시장에서 간단히 기계로 갈아주고 있다는 점입니다.

어떤 사람은 말할지 모르지요. "사먹는 된장 간장의 맛이 오죽하며, 쇠틀로 갈아낸 마늘에 무슨 영양가가 있겠느냐"고요. 그러나 바쁜 삶을 살아가야 하는 세상이란 흔히 복잡한 절차나 형식의 중요성보다는 빠르고 간편한 점에 더 점수를 두게 마련입니다. "시장이나 슈퍼마켓, 혹은 마트나 백화점에 가면 취향에 따라 얼마든지 골라 살 수 있는데, 굳이 콩을 쑤어서 절구에 찧고 메주를 띄우는 등 복잡하고 까다로운 절차를 거쳐 된장 간장을 먹어야 되겠느냐"고 볼멘소리를 들을 수도 있겠죠.

마늘도 마찬가지입니다. 애당초 다진 마늘을 팔기도 하려니와 손 하나 까딱하지 않아도 기계로 찧어주는 곳이 있지 않습니까. 그런데 재채기, 콧물을 흘려가며 매운 마늘을 손수 찧는 것이 꼭 현명하다고 볼 수는 없을 겁니다. 영양가가 조금 사라질지는 몰라도 말입니다.

참, 어머니가 가끔 가셨던 깨는 어떨까요. 그러나 어머니는 이미

30여 년 전에 돌아가시고 안 계시므로 당신의 생각을 들을 수는 없지만, 역시 비슷하리라 여겨집니다.

그런데, 우리 집에서 돌절구를 사용치 않는 것은 그보다 더 중요한, 어쩔 수 없는 이유가 있어서라는 점을 말씀드려야 되겠군요. 바로, 돌절구에 금이 갔기 때문입니다. 상태가 매우 심각해서 얼핏 볼 때는 아무렇지 않게 생각되어도, 들어 움직일라 치면 큼지막한 돌절구의 한 쪽이 떨어져 나갈 정도이죠. 금이 갔다기보다는 깨졌다는 표현이 옳을 겁니다.

하도 오래된 일이라 내 자신도 언제 어떤 이유로 돌절구에 금이 가고 깨졌는지는 모릅니다. 추측컨대, 절구 안에 들었던 물을 비우지 않은 채로 추운 겨울을 지낸 어느 날, 날씨가 풀리면서 얼음의 팽창력으로 돌절구가 깨진 것 같습니다. 금은 위쪽의 4분의 1 지점에서 대각선 모양으로 가운데의 잘록한 부분까지 이어졌습니다. 너무 기가 막혀 처음에는 어안이 벙벙했지요. "이럴 수도 있는가?" 싶었습니다. 돌절구가 반드시 필요해서가 아니라, 조금만 관심을 두었더라도 이런 일은 없었을 텐데 하는 자책이 들었던 것입니다. 또, 돌절구 사용이 아무리 귀찮고 번거로워도 그건 그것대로의 장점과 가치가 있을 텐데, 처음과는 달리 너무 업신여기고 소홀히 다룬 것 같은 마음이 들기도 했지요.

종일 어둠이 버티고 선 골목
지하방 창틀에 금 간 질화분 하나
속을 텅 비우고 겨울을 나고 있다

누군가를 담아 키운 듯
주위에는 마른 흙이 묻었다
온몸을 가로지른 지렁이 같은 금
(중략)
이젠 아무 것도 담을 수 없게 된
저 금 간 화분
텅 빈 몸속으로 진눈깨비만 내린다

문숙 시인의 '금 간 화분'이란 시입니다. 금 간 절구를 지니고 있는 내 입장과 비슷한 구석이 많군요. 텅 빈 몸속으로 내리는 것이 어찌 진눈깨비뿐이겠습니까. 때로는 낙엽도 떨어져 절구 안에 쌓이지요.

제 기능을 다하지 못하고 방치되다시피 한 돌절구를 보면 마음이 짠합니다. 특히 돌아가신 어머니에게 큰 잘못이라도 저지른 기분입니다. 고향에서 올라오실 때면 돌절구를 찾아 마늘이나 깨를 찧어 주시곤 했는데…. 돌절구를 보면 어머니가 생각나고 옛날이 그리워지는군요. 금이 가고 깨지기는 했으되, 선뜻 버릴 수 없는 이유입니다.

아내도 지금은 삶은 콩을 찧어 메주를 담그는 일은 아예 전설처럼 잊어버렸지요. 된장 간장은 줄곧 재래시장이나 마트에서 구입해 사용합니다. 맛이 떨어진다고 생각될 때도 있지만, 나는 드러내놓고 내색을 해본 적이 없습니다. 그렇다면 새 돌절구를 살 생각은 없느냐고요? 당연히 있지요. 허나 실천에 옮기지는 못했습니다.

간단하고 빠르며 편리함에 익숙해 가는 아내에게 돌절구 얘기를 꺼냈다간 티격태격 입씨름이 오갈 테고, 자칫 저녁밥을 굶게 되는 상황을 맞을지도 모르니까요.

말없이 계단 한 구석을 지키고 있는 금 간 돌절구. 아무 쓸모없이 남아있는 내 모습과 어쩌면 그리도 닮은 게 많은지 모르겠습니다. 동병상련(同病相憐)이랄까. 오늘은 쌓인 먼지라도 털어줘야 할까 봅니다.

2011. 4

제2부

아내의 생일

신묘년(辛卯年) 토끼의 해

오늘은 2011년 1월 1일, 신묘년(辛卯年) 토끼해의 첫날(정식으로는 '설날'인 2월 3일)이다.

토끼는 옛이야기나 우화 속에 자주 등장한다. 거북이의 꾐에 빠져 용궁으로 들어간 토끼가 하마터면 간을 빼앗길 위기에서, "육지에 두고 왔으니 함께 가지러 가자"는 슬기를 발휘하여 목숨을 건졌다는 ≪별주부전≫이 있고, 자만에 빠진 토끼가 달리기경주에서 부지런한 거북이에게 진다는 ≪이솝우화≫도 있다.

또 토끼는 동요나 민화의 단골 고객이다. '산토끼', '반달', '옹달샘' 등 어린이가 즐겨 부르는 노래엔 토끼가 나타난다. 민화도 매한가지다. 뒷발을 곧추 세운 채 앞발로 긴 담뱃대를 호랑이에게 물리는 조선 말기의 익살스러운 그림 등 토끼가 등장하는 민화가 적지 않다. 이들 작품에서 토끼는 예외 없이 한 쌍으로 등장하는데, 이것은 토끼의 성격이 온순하고 저희들끼리의 관계가 화목한 것을 나타내기 위해서라는 것이다.

불교 설화에서 토끼는 거룩한 희생의 표본으로 묘사된다.

어느 날 제석천(帝釋天 · 불교의 수호신)은 누가 참말로 도를 닦고 있는지를 시험하기 위해 늙은 거지 행색으로 변장하고 여우, 원숭이, 토끼 앞에 나타난다. 그리고 배가 고파 죽을 지경이니 먹을 것을 좀 달라고 청한다. 이에 여우는 생선을, 원숭이는 도토리를 갖다 준다. 그러나 토끼는 가져온 게 아무 것도 없었다. 빈손으로 온 토끼는 한 가지 꾀를 낸다.

"불 속에 제 몸을 던져 어르신에게 공양토록 하겠습니다."

이 말에 크게 감동한 제석천은 토끼의 모습을 달에 그려 넣어 후세인들의 본보기로 삼았다는 것이다. 달 속의 토끼는 늙지 않는다. 늙지 않으니 죽는 일도 없다. 계수나무와 더불어 토끼가 불로장생하는 존재로 알려진 이유이다.

≪별주부전≫에서 보아 알듯이 토끼는 예부터 지혜의 동물로 알려져 있다. '놀란 토끼 같다'는 표현을 자주 쓰는데, 이는 신체적으로 약하고 마음씨 착한 토끼의 몸가짐을 우회적으로 표현한 것에 다름 아니다. 위험이 닥치려 할 때 토끼는 용케도 이를 잘 간파해 낸다. 큰 귀를 달고 있기 때문이다. 귀가 커서 음파를 효과적으로 감지하므로 천적이 다가와도 미리미리 자신을 보호할 수 있는 것이다. 토끼의 신체적 특성은 귀에만 있지 않다. 꼬리는 짧고 입은 째져 있다. 왜 그런가?

옛날 설화에 따르면 토끼는 호랑이의 꼬리에 자신의 꼬리를 묶고 함께 달렸다 한다. 호랑이의 날쌘 걸음걸이를 당해낼 수 없던 토끼는 어느 날 갑자기 꼬리가 떨어지고 말았다는 것이다. 토끼의 꼬리가 짧아진 것은 바로 이때부터란다. 또 토끼는 말과 까마귀를 속인 게 너무 재미있어 하늘을 보고 웃다가 입이 위로 찢어지게 됐다는 것이다.

평균적으로 7~10년간 생존할 수 있는 토끼는 한 번에 4~5마리의 새끼를 낳는다. 연간 4회 정도의 출산이 가능하고, 분만 후 24시간이 지나면 다시 발정할 수 있을 정도로 뛰어난 번식 능력을 지니고 있다. 토끼를 다산(多産)의 상징으로 보는 것도 이 때문이다.

토끼와 관련된 속담도 많다. 꾀가 많고 영리한 이미지에서부터 겁 많고 유약한 존재로서의 상징까지 다종다양하다. 이것은 토끼가 그만큼 사람들과 가까운 존재란 점을 증명한다.

'토끼는 용궁에 가도 살길이 있다'라는 말은 ≪별주부전≫의 토끼같이 거북에게 속아 용궁에 갔지만 꾀를 내 살아오듯, 아무리 곤궁한 처지에 빠져도 해결책을 마련한다는 뜻이다. '토끼는 굴이 셋'이란 속담 역시 위험에 대처하는 토끼의 뛰어난 지혜를 가리킨다.

'가는 토끼 잡으려다 잡은 토끼 놓친다.' 또는 '산토끼 잡으려다 집토끼 놓친다'는 속담이 있다. 이는 자기 분수에 넘치는 욕심을 부리다가 손해를 본다는 의미로 '토끼 두 마리를 잡으려다 한 마리도 못 잡는다'는 속담과 비슷하다.

한자의 '토사구팽(兎死狗烹)'은 한글로 풀어 쓸 경우 '토끼를 잡으면 사냥개를 삶는다'이다. 필요할 때는 소중히 여기다가 이용가치가 없어지면 천대하거나 제거한다는 뜻을 담고 있다. '토끼를 잡고 나면 율무를 버린다'는 속담과 똑 같다.

'성질 급한 토끼가 먼저 죽는다'란 속담은 글자 그대로 성급하면 먼저 화를 당한다는 의미이고, '토끼는 잠자다 잡힌다'는 잠이 많을 경우 재주가 많아도 헛일이라는 뜻일 터이다. 토끼의 생태가 속담으로 나타난 것 가운데는 '토끼 제 방귀에 놀란다'가 있다. 착수도 하지 않은 일을 두고 지레 겁부터 내는 사람을 빗대어 말할 때 이 말을 쓴다.

'토끼 덫에 여우 걸린다'와 같이 '작다고 깔보면 실수한다'는 뜻과 '최소의 비용으로 큰 이득을 본다'는 의미를 함께 지닌 것도 있다.

'바다에 가서 토끼 찾는다'는 속담은 '나무에 올라 물고기를 구한다'는 연목구어(緣木求魚)와 같이 도저히 불가능한 일을 하려고 할 때 쓰는 말이다.

'호랑이 없는 산에 토끼가 왕 노릇한다'는 말은 주인이 없으면 하인이 주인 노릇한다는 의미이다.

이 밖에, 도저히 믿을 수 없는 사실을 가리킬 때 '토끼의 뿔 거북의 털'이 쓰이고, 귀엽고 사랑스러운 아들딸을 가리킬 때도 '토끼 같은 자식'이란 말을 사용한다.

대중의 입을 통해 전해지는 속담은 그 시대의 문화적, 사회적 관념을 담아내게 마련이다. 토끼의 외형이나 생태가 속담에는 어떻게 나타났는지를 알아봤는데, 독자들도 그 내용에 수긍하고 있는지 모르겠다.

그건 그렇고…. 우리 집에는 토끼해에 태어난 식구가 셋이나 있다. 큰 딸 윤정(允禎)이가 을묘(乙卯)생 토끼띠이고 작은 딸 윤주(允珠) 역시 을묘(乙卯)생 토끼띠이다. 이상하다고 생각할 건 없다. 둘은 쌍둥이 자매이니까. 또 지난 2009년 4월에 새 식구로 맞아들인 며늘아기 김진아(金珍我)도 같은 을묘(乙卯)생으로 띠가 토끼이다.

토끼해에 토끼띠의 딸들과 며늘아기를 생각하니 예쁘고 지혜로운 게 영락없이 토끼와 닮은 것 같다. 착한 마음씨도 어쩌면 그리 똑같은지. 허나, 다른 것도 있다. 그중의 하나, 토끼는 다산이 상징인데 우리 집의 토끼들은 이 점에 관한 한 별로인 듯싶다. 올 6월에 결혼할 큰 딸은 그렇다 치고, 작은 딸은 4살 된 외손녀 지윤(知潤)을 낳은 뒤로 둘째를 갖지 않은 상태다. 며늘아기는 결혼한지 만 2년이 가까워 오건만 아직 소식이 없다. 토끼란 녀석도 '아기를 잘 낳지 않는 현대문명병'에 오염된 것인가.

2011년 신묘년 1월 1일.

지혜와 풍요 그리고 무병장수의 축복이 온 누리에 내리면 얼마나 감사할 일이냐. 특히 우리 집의 경우 다산의 축복까지 내려진다면 더 바랄 게 없을 듯하다.

2011. 1

어머니의 고향

며칠 전이었다. KBS 1TV는 71세의 할머니가 딸과 함께 친정을 찾아간 얘기를 '6시 내 고향'이란 프로그램을 통해 방영했다.

할머니의 친정은 전남 광주. 고향을 찾아간 것은 자그마치 40년 만이란다. 몸이 불편한 시어머니 때문에 좀처럼 집을 비우기가 어려웠다는 것이다. 고향에서 만난 그 옛날의 산천, 옛 이웃, 옛 음식, 옛 인심에 할머니는 감동하고 감격해 하는 것이었다. 나들이 첫날밤을 고향의 친구들과 함께 보내면서 할머니는 그동안 쌓이고 쌓인 얘기보따리를 풀어 놓는다. 잠도 잊은 채….

이 프로그램을 시청하니 문득 돌아가신 어머니가 생각난다.

1899년 경남 진주에서 태어난 어머니는 열여덟 살의 앳된 나이에 경기도 파주로 시집 오셨다. 이때 아버지의 나이는 열아홉. 내 나이 세 살 때인 1944년 아버지가 돌아가실 때까지 두 분은 27년 동안 고락을 함께 하신 셈이다. 그러나 나는 어머니가 친정 나들이를 하셨다는 얘기를 한 번도 들어본 적이 없다.

하기야 진주(晋州)와 파주(坡州)는 좀 먼 거리인가. 대중가요 가사 "진주라 천리 길을 내 어이 왔던고, 연자방아 돌고 돌아 세월은 흘러가고…"는 진주의 공간적 거리가 만만치 않다는 것을 상징적으로 보여주는 예가 될 것이다. 특히 당시에는 이렇다 할 교통편도 없었으니 더욱 멀게 느껴졌을 듯하다. 그러나 어머니가 선뜻 자리 털고 일어나 고향을 찾지 못한 이유는 무엇보다도 지탱하기 힘들고 어려운 일상사에 있지 않았을까 생각된다.

어머니는 결혼 후 3년 만인 1919년 큰 아들 영식(永植)을 맏이로 해서 막둥이인 나까지 8남매를 슬하에 두셨다. 넉넉잖은 농가에서 여러 아이들을 낳고 키우셨으니 여간 어려움이 많지 않았을 것이다. 게다가 1녀 3남을 병으로 잃으신 외에, 아버지조차 일찍 돌아가셨으니 어머니는 허둥지둥 힘들고 바쁜 신산고초(辛酸苦楚)의 어려운 삶을 지내셨을 것이 뻔하다.

어머니의 삶을 옥죄어 고통을 안긴 일은 또 있었다. 6・25전란이 그것이다. 비극적인 골육상쟁의 환난 속에 맏형이 납북되어 간 것이다. 기둥같이 여긴 맏아들이 변고를 당했으니 어머니의 심정이 오죽 했겠는가. 어머니는 아주 오랫동안 정신적 공황에서 헤어나지 못하셨다. 상황이 이러하니 친정이든 고향이든 좀처럼 찾아갈 엄두를 내지 못했고, 겨를 또한 없었을 것이다. 대신, 무슨 일 때문인지는 모르나 형 영식(永植)이 어머니를 대신해서 어머니의 친정인 외가를 한두 차례 다녀왔다고 한다.

나는 외가에 관해선 잘 모른다. 내가 철들었을 무렵 외가는 이미 원산(元山)으로 집을 옮긴 뒤였고, 6·25 뒤에는 내왕은커녕 소식조차 끊어져 버렸기 때문이다. 외가가 진주에 있을 때 외할머니와 외삼촌 이영수(李永洙)가 두세 번 파주를 방문하셨다는 얘기는 어머니를 통해 가끔 들었다. 두 분이 파주를 방문하셨을 때 누이들이 겪은 에피소드는 언제 들어도 재미있다. 간혹 가족모임에서 그 얘기가 나올라 치면 식구들 모두가 폭소를 터뜨린다.

어느 해 늦가을 외할머니께서 파주 용주골을 찾아 오셨다. 그런데 집에는 초등학교 1학년의 작은누이 영순(永順) 외에는 아무도 없었단다. 진주를 출발하시기 전 외가에서는 "첫 방문이어서 어려움이 많으실 테니 마중을 부탁한다"는 내용의 전보까지 띄웠는데… 왜 이렇게 집이 텅 비다시피 한 걸까? 외할머니가 물으실밖에.

"엄마 어디 가셨니?"

"안 용주골요. 도토리 따라 가셨어요."

안 용주골이란 집 뒤쪽으로 7~8분 거리에 있는 작은 산골마을을 가리킨다. 산에 상수리나무가 많아 늦가을이면 도토리가 지천인 곳이다.

"그래?"

이때 벌써 외할머니는 전보에 어떤 이상이 있다는 걸 아셨을 테지만 시치미를 떼고 이렇게 호통을 치시더란다.

"너만 놔두고 도토리를 따러 갔단 말이냐? 엄마를 우리 집에 데려가서 혼을 내줘야 되겠구나!"

버럭 화까지 내며 말씀하시는 바람에 작은 누이는 창백해진 얼굴로 안 용주골로 달려가 도토리를 따는 어머니에게 울며불며 말했다는 것이다.

"엄마, 외할머니가 엄마 데려가겠대. 내가 잘못했어. 절대 가지마. 엄마."

자초지종을 듣고 난 어머니는 "그래, 안 갈게. 안 가고말고." 하면서 작은 누이를 달랬다던가.

웃지 못할 에피소드는 외삼촌이 방문했을 때도 있었다.

그 당시 시계점을 운영할 정도로 외삼촌은 현대문물에 눈을 뜨고, 풍류도 아는 멋쟁이로 알려져 있었다 한다. 아닌 게 아니라 사진을 통해서 본 외삼촌은 키가 헌출한 미남에 체격도 당당했고 정장차림이었다. 그런 외삼촌이 파주를 방문한 것이다. 역시 흰 와이셔츠에 넥타이를 매고 양복을 입은 차림으로. 외삼촌의 이러한 모습은 나이 어린 큰누이 순애(順愛)에게도 깊은 인상을 주었던 모양이다.

외삼촌을 만난 얼마 뒤 큰누이는 친구 집에 놀러 갔다가 낯선 이방인을 만난다. 얼굴은 수염으로 꺼칠한데 베잠방이를 걸치고 고무신을 신은 차림이었다. 그런데 그가 바로 친구의 외삼촌이라는 것이 아닌가. 큰누이는 갑자기 혼란에 빠진다. 그리고 집에 돌아와 어머니에게 말씀 드린다.

"엄마, 외삼촌은 모두 우리 외삼촌 같은 줄 알았어. 그런데 내 친구 외삼촌은 다르던데?"

"어떻게 다르던?"

"우리 외삼촌은 넥타이 맨 양복차림인데, 친구 외삼촌은 베잠방이에 고무신을 신고….”

외갓집이 있는 진주를 그리는 마음이 간절했을 텐데도 어머니는 별로 친정인 진주 얘기를 꺼내시지 않았다. 하도 말씀을 안 하셔서 어머니에게는 고향과 친정이 없는 것은 아닐까 하고 여겨질 정도였다.

언젠가 어머니에게 ‘진주’하면 제일 생각나는 게 무어냐고 물은 적이 있다. 촉석루라는 답변을 기대했는데 의외로 어머니의 말씀은 ‘의암’이었다. 그 의암을 나는 동아방송(DBS)의 아나운서로 근무할 때 처음 찾아갔다. 진해에서 열린 군항제를 취재하면서 귀로에 현지를 들른 것이다. 의암(義巖)은 1593년 6월 진주성을 함락시킨 왜군이 촉석루에서 축하연을 가질 때, 의기 논개(論介)가 왜장 게야무라 로구스케(毛谷村六助)를 유인하여 함께 남강에 몸을 날렸던 바위이다. 의암 사적비에는 이런 시가 새겨 있다.

> 그 바위 홀로 서 있고 그 여인 우뚝 서 있네
> 이 바위 아닌들 그 여인 어찌 죽을 곳을 찾았겠으며
> 이 여인 아닌들 그 바위 어찌 의롭다는 소리를 들었으리요
> 남강의 높은 바위, 꽃다운 그 이름 만고에 전하리

나는 역사적 사실이 지닌 ‘의암’의 외형보다 이 바위를 보며 어린 시절을 보냈을 어머니 생각, 그리고 고향을 떠난 뒤로는 단 한 번도 이곳을 찾지 못한 어머니 생각에 더 가슴이 아팠다.

"어머니 생전에 꼭 한 번 모시고 오겠다."

사방탁자 모양의 의암을 보면서 다짐한 약속이었다. 허나, 별 것도 아닌 이 약속을 끝내 지켜내지 못한 채 어머님은 돌아가셨다. 세상에 이런 불효가 또 있을까.

오늘 2월 24일(음력)은 어머니가 타계하신지 마흔 다섯 해가 되는 날. 속절없는 세월 속에 후회가 쓰나미인 듯 밀려든다.

2011. 3

아내의 생일

부부란 어떤 이름으로라도 잴 수 없는/백년이 지나도 남은 암각화처럼/그것이 풍화하는 긴 과정과/그 곁에 가뭇없이 피고 지는/풀꽃더미를 풍경으로 거느린다

- 문정희의 시 '부부'에서

아내의 생일은 음력 6월 21일이다.

절기로 치면 소서와 대서의 중간인 중복 언저리가 된다. '복더위'란 말이 있듯, 장마가 끝나면서 땡볕 찜통더위가 한창일 때이다. 하늘과 땅이 아직 꽁꽁 얼어붙어 있을 때인 음력 정월 열엿새가 내 생일인 것과는 정 반대다. '부부는 서로가 반대라야 좋다'는 얘기도 있지만, 굳이 생일까지도 이렇게 딴판이어야 하는가에 대해서는 의문이다. 따뜻한 바람 속에 만물이 소생하는 봄철이거나, 높은 하늘에 오곡백과가 익어가는 가을쯤 생일을 맞으면 오죽 좋으련만 우리 부부는 왜 하필 오뉴월 복중이나 동장군의 위세가 등등

한 한겨울에 생일을 맞아야 하는 것일까.

물론 이 세상 그 누구도 태어난 날을 임의로 바꾸거나 고칠 수는 없을 터이다. 아내같이 오뉴월 복 중에 생일을 맞는다 해도 어쩔 수 없는 일이요, 내 모양으로 동지섣달 혹한 속에 태어났어도 별 도리는 없을 것이다. 헌데도 아내는 자신의 생일이 가마 솥 더위 한 복판에 있다는 것을 유달리 의식해서인지 축하차 가까운 인척이라도 찾아올 경우에는 미안해 어쩔 줄을 몰라 했다.

아마도 그래서였을 것이다. 결혼해 따로 살림을 낸 아들딸들에게 전화를 걸어 "이번 내 생일에는 오지 마라. 아빠와 동해안으로 여행 가기로 했다"고 거짓말을 한 것은. 허나 아이들이 바보인가. 느닷없는 여행타령이 먹혀들지 않자 아내는 짐짓 화까지 내며 신신 당부하는 것이었다. "날씨가 찜통이야. 우선 내가 번거롭고 귀찮다. 제발 올해만이라도 어미 뜻대로 해줄 수 없겠니?"

하도 간곡하게 청하는 바람에 아내의 금년 생일은 우리 내외만 치르게 된 것이다. 그러나 생일이라는 것도 곁에서 축하해 주는 사람들이 있어야 분위기가 사는 법인데 단 둘이고 보니 머쓱하기가 짝이 없었다. 분위기만 그런 게 아니었다. 아내는 그날 미역국도 끓이지 않았다. 다른 건 몰라도 생일의 상징인 미역국조차 생략해 버리다니 말이 되는가. 슬그머니 부아가 났다. 그리고 걱정이 되는 것이었다. "내 생일에도 이런 식으로 대하지 않을까" 하는.

"아무렴, 난 그렇게는 못 하지. 그깟 날씨가 뭐 대단하다고 아이들 염려를 태산같이 하는가. 그 때문에 부르지 않는 건 그렇다 치자. 그런데 미역국은 왜 안 끓여?"

불평과 불만이 제 멋대로 춤추고 있는데 아내가 얘기한다.

“대충 드세요. 그 대신 점심은 호텔에서 먹읍시다.”

“뭐, 호텔?” 하고 물으려는데 아내가 10만 원 짜리 워커힐호텔 상품권 한 장을 내 보인다. 오래 전 둘째 딸이 생일선물로 주었던 것을 엊그제야 생각해 내고 문갑에서 찾아냈다는 것이다.

이렇게 해서 우리 내외는 지하철 6호선과 5호선, 그리고 셔틀버스를 번갈아 타고 워커힐호텔에 도착했다. 아닌 게 아니라 아내의 생일은 더운 날씨였다. 바람도 없이 볕은 뜨거워서 숨이 막힐 정도였다. 먼 길에 이 고생을 하며 호텔 식사를 하느니, 집에서 차라리 된장국이나 오이지를 반찬으로 밥숟갈을 뜨는 게 훨씬 낫겠다는 생각이 들었다.

그러나 결혼 40년 만에 처음 방문한 아내로서는 아차산 중턱에 자리 잡은 워커힐호텔의 주변 풍광이 퍽 인상적으로 느껴진 모양이었다. “참 멋있네. 이런 곳 한 번 데려오지 않고…” 라며 찬탄과 원망(怨望)을 번갈아 해댄다. 듣는 내가 미안하고 겸연쩍을 만큼.

식당은 ‘온달’이란 이름의 한식당으로 정했다. 방송국에 근무할 당시 외국 귀빈을 모시고 가 봤던 곳인데다 음식 맛도 괜찮았다고 기억되었기 때문이다. 아내는 이날 불고기 백반을, 나는 아롱사태 갈비찜을 주문했다. 가격은 5만 원으로 같았다. 불고기를 처음 먹어본 것도 아니련만 아내는 아주 맛있어 했다. 밥그릇을 비운 것은 물론이고, 이것저것 곁두리로 내온 반찬까지 남기지 않고 다 먹었다.

식탁을 물리고 차를 마시는 아내의 얼굴을 문득 바라봤다. 많이 변해 있었다. 흑갈색 머리엔 몇 올 흰머리가 번쩍이고 눈가에는 전에 없던 잔주름도 눈에 띈다. 문득 저런 변화가 내 잘못으로 일어난 것 같은 자괴감이 든 것은 왜일까.

결혼 30주년 기념일이었던가, 아내가 했던 말이 떠오른다. "자주 싸우기만 했던 게 생각나네요." 결혼해서 무엇이 가장 기억에 남느냐고 얼간이 같은 질문을 던졌을 때 아내로부터 들은 답변이었다. 아내는 자신의 말이 좀 지나쳤다고 느꼈는지 이렇게 덧붙이는 것이었다. "싸움만 하고 살았다면 오늘의 우리가 있겠수? 난 만족해요" 라고. 그 때 나는 왜 아내의 어깨라도 따뜻이 감싸주며 토닥거려 주지 못했을까.

윤용기는 '부부의 날'이라는 시에서 이렇게 말한다.

남남이 서로 만나
티격태격
싸움 없이 산 날이 있으련만
스무 해가 지나고 스무 한 해에
모진 풍파 다 겪으며
인동초처럼 살아 온 세월
뼈마다 부서지고 다리 어깨 통증 오고
그 고왔던 얼굴 주름진 성상
제비꽃 같은 그 마음씨도
세상 풍파 서리 맞고
거칠디 거친 장미꽃 넝쿨 같아라

우리 부부는 '스무 해가 지나고 스무 한 해'가 아니라 그 곱빼기인 '마흔 해가 지나고 마흔 한 해'가 돼 간다. 올 10월이면.

결혼 40주년을 벽옥혼식(碧玉婚式)이라 부르며 루비를 선물해야 한다는 것이 서양의 풍습이라던가. 루비는커녕 유리반지조차 아내의 손에 쥐어주지 못했으니 미안하기 짝이 없다. 그렇다고 부끄럽게는 생각지 않는다. 뭐, 반드시 루비 같은 보석이라야 결혼 40년을 기념한다고는 볼 수 없기 때문이다.

오늘 아내는 아이들로부터 생일을 축하한다는 전화를 세 통이나 받았다. 두 통은 아침에, 한 통은 방금 전 점심식사를 마치고 돌아오는 길에서였다. 들뜬 마음 상기된 얼굴로 아내가 말한다.

"우리 인생이 실패한 것 같지는 않죠?"

뜬금없는 얘기에 순간 당황하면서도 나는 목에 힘을 주며 자신있게 대답했다.

"당연하지. 아무렴, 당연하고말고. 우린 성공한 거야."

2011. 8

제이슨 볼

제이슨 볼(Jason A. Ball).

미국 오하이오 주 출신으로 나이는 32세. 오하이오 주립대학을 나와 칼 아트에서 석사학위를 받았고, 현재 LA에서 연극 영화와 관련된 각종 프로그램의 프로듀서로 일하고 있습니다. 남 보기엔 아주 평범한 젊은이지요. 하지만 나에게는 아주 특별하고 소중한 인물입니다. 바로 그가 내 사위이기 때문이죠. 아니, 정확히는 '사윗감'이란 표현이 맞겠습니다. 딸아이와의 결혼은 다음다음 달인 6월 4일에 할 예정이니까요.

어쨌든 이런 얘기에 적지 않은 분들이 놀라실 것 같습니다. 또 궁금하게 여기실 테지요.

"그래? 미국인 사위를 맞는다고? 어쩐 일이지?"

아무리 놀랍고 의아스러워도 나보다야 하겠습니까. 외국사람 사윗감을 전혀 생각해 보지 못했던 나로서는 처음 그 얘기를 들었을 때 너무 충격이 컸지요.

지난해 10월이었습니다. 미국에 있는 딸 윤정(允禎)으로부터 전화를 받았습니다. 평상시에도 1주일에 한 번은 꼭 소식을 전하기로 약속이 되어 있기 때문에 그날의 전화도 으레 서로간의 안부를 확인하는 정도일 것으로 알았지요.

헌데, 수인사가 끝나자 딸아이가 이렇게 말하는 겁니다.

"아빠, 저 오늘 프로포즈 받았어요."

"프로포즈? 청혼을 받았단 말이냐?" 귀가 번쩍 띄었습니다. 그리고 갑자기 가슴이 뛰는 것이었죠. 딸은 1975년 생으로 적지 않은 나이입니다. 결혼 적령기를 훨씬 지났다는 생각에 기회 있을 때마다 "좋은 사람 만나 시집가도록 하라"고 채근을 해 왔지요. 딸도 아비 어미의 권에는 별로 토를 달지 않았습니다. 다만, 마땅한 신랑감을 찾지 못한데다, 성악으로 대성하려는 꿈이 높아 유학 10년이 넘었어도 아직 미혼으로 남아 있었던 것이지요. 그런데 청혼을 받았다니 귀가 번쩍 띄고 가슴이 울렁댈 밖에요. 감동이라도 받은 듯, "좋은 사람이니? 마음에 들더냐?"하고 서둘러 물었던 겁니다.

"네. 칼 아트의 동기 동창인데, 미국사람이에요."

뭐, 미국인? 더 이상 묻고 자시고 할 필요가 없었습니다.

"10년간 고르고 고른 사람이 외국인이냐? 안 돼!"

단호하게 거절했지요.

딸은 아비의 반응을 예측한 듯 침착하게 몇 마디를 덧붙이는 것이었습니다. 청혼했다는 미국 청년의 이름이 무엇이고 나이는 몇이며 직업이 어떻다는 등…. 야단을 맞더라도 할 얘기는 해야겠다는 심산이었을지도 모르죠. 헌데, 제이슨 볼이라는 사람이 딸보다

네 살이나 어리고 직업도 프리랜서(자유 계약 근로자)로 활동한다는 얘기여서, 안 된다는 생각은 더욱 굳어졌습니다.

"무조건 안 된다!"

버럭 소리를 지르면서 전화를 끊었습니다.

며칠 뒤 딸아이가 다시 전화했습니다. 이번엔 노여움을 가라앉히고 차분히 '안 되는 이유'를 설명해 나갔습니다.

첫째, 문화가 다른 데서 오는 여러 가지 갈등을 해소시키기가 쉽지 않고,

둘째, 배우자인 남자의 나이가 어릴 경우, 결혼생활에서 자칫 불화의 요인이 될 수 있으며,

셋째, 프리랜서는 수입이 일정치 않으므로 가계를 운영함에 어려움을 겪을 수 있다는 게 그것이었죠.

딸은 '아빠의 주장이 반드시 옳은 게 아니라'는 그 나름의 반론을 폈지만 나는 받아들이지 않았습니다. 무시하고 묵살했던 것입니다. 특히 내가 섭섭하게 여긴 것은 2년간이나 제이슨과 사귀면서 일언반구 사전에 귀띔조차 없었다는 사실이었지요. 괘씸스러워서도 안 된다는 생각이었습니다.

내 강경한 태도에 가족들, 특히 결혼해서 따로 살고 있는 아들과 딸들은 어쩔 줄 몰라 했지요. 특히 이들은 해외출장이나 여행을 통해 이미 제이슨을 만나 봤고, 그에게 호감을 가지고 있던 터라 더 했을 것 같습니다. "무조건 반대부터 하지 말고, 청혼한 사람의 뜻만이라도 들어보는 것이 어떻겠느냐"고 아비인 나를 달랜 겁니다. "뜻은 무슨 뜻?" 하면서도, 하도 간곡히 청하기에 못 이기는 척

응낙을 하고 말았지요.

그리고 얼마 뒤, 정말 제이슨이 띄운 e메일을 받았습니다. 그러나 그의 편지는 적잖이 나를 실망시켰지요. "만나 뵙고 말씀드리고 싶으나 윤정의 그린카드가 해결되지 않아 미국을 떠나기가 어렵다"는 얘기는 그렇다 쳐도, 제이슨 본인과 가족들이 내 딸 윤정을 깊이 사랑하고 있으며, 결혼식은 언제 어디서 가질 예정이고, 새살림은 산타 모니카에 꾸릴 계획이라는 등 마치나 딸과의 결혼을 기정사실로 여기는 것이 황당하고 기가 막혔습니다. 철이 덜 들어서인가요? 아니면, 형식을 배제하는 서구식 사고방식 때문일까요? 혼자 김칫국을 마셔도 유만부동이지 너무 일방적으로 앞서 나간다는 생각이었습니다. 즉시 회신 문안을 작성했지요. 되도록 빨리 불쾌감을 털어내고 싶어서였습니다.

"나는 당신이 내 딸과 언제 결혼해서 어디에 새 가정을 이루겠다는 계획을 들으려는 게 아니다.

서신을 통해서는 당신에 관해 아무 것도 알 수 없었다. 왜 내 딸을 사랑하며, 또 그 약속을 당신의 생명같이 지켜나갈 수 있는지? 당신의 직업은 무엇이며 미래 소망은 무엇인지? 어떤 생활관, 인생관을 지니고 있는지도 밝히지 않았다. 문화적 갭(gap)에 대한 고민이나 그 해결방안도 전혀 없다.

결혼이란 어린아이들의 소꿉장난이 아니다. 배우자는 물론이고 양가의 친척이나 친지들과도 결부된 새로운 패턴의 생활이 결혼임을 알았으면 한다. 언제 어디서 결혼할 것인가는 주변의 모든 문제들이 선명히 해결된 다음에 고려될 사항이 아니겠는가?"

마치 분풀이라도 하듯 이 말 저 말을 늘어놓았지요. 신랑감이 외국인이어서 마음이 뒤숭숭한 터에, 보낸 서신조차 마음에 들지 않아 하고 싶은 얘기를 직설적으로 털어놓은 모양입니다. 참, 한국 방문과 관련해서는 윤정의 그린카드를 핑계대지 마라. 당신 혼자라도 올 수 있지 않느냐라는 말을 덧붙였지요.

하루가 지나서였습니다. 제이슨에게서 답장이 왔습니다. 이번엔 제법 내가 알고자 하는 내용을 비교적 성실히 적어 보냈더군요. 생활관, 인생관을 제외하곤 말입니다. 하기야 그런 것들은 한 마디로 정리해 밝히기가 무척 어려웠을 테지요. 충분히 이해가 갑니다. 다만, "당신 한 번 서울에서 만나 봐야겠다"는 말에는 이러저러한 구실을 대며 '곤란하다'는 답변이었습니다.

곤란해? 그렇다면 이 세상 어느 부모가 신랑의 낯짝 한 번 못 본 채 딸을 내준다고 하더냐? 분노가 치밀었습니다. "그래? 그럼 네 맘대로 해 보렴! 결단코 내 마음이 바뀌는 일은 없을 게다." 그 뒤로는 e메일이 쌓여도 답장을 하지 않았지요. 본때를 보여주겠다는 심사였던 겁니다.

그렇게 며칠이 지나갔지요. 제이슨의 서신도 홀연 끊어졌습니다. 그러자 불안감이 일기 시작했습니다. "내가 좀 지나쳤을까?" 하는 후회가 슬그머니 들었지요. "어련히 내 딸 윤정이가 제 짝을 골랐을라고? 괜히 좋은 혼처를 놓친 것은 아닐까?" 한 줌 불안감까지 일었습니다. 그렇다고 뭐가 어떻게 돌아가고 있는지를 딸에게 물어볼 수도 없고…. 정말 난감했지요.

머릿속에서 잡다한 생각이 끌탕을 부리고 있을 때 딸로부터 전화를 받았습니다. 제이슨이 서울을 혼자 방문하기로 결정을 내렸다는 겁니다. e메일을 통해 뻗대기는 했지만 본인 자신은 고심이 많았다는 게 딸의 설명이었지요. 일거리는 쌓여 있는데 장인 될 사람은 서울 방문을 고집하고, 초행길에 말을 거들 딸아이는 비자에 막혀 동행할 수 없으니 좌불안석이었을 겁니다. 이런 고충은 결국 제이슨의 부모님 귀에도 들어갈 밖에요. 다행히도 부모님들은 어서 빨리 한국에 가서 신부의 부모님을 만나 뵙도록 하라고 채근을 하더랍니다. "사랑하는 사람을 차지하려면 그 수밖에 없다"면서….

딸의 전화에 이어 제이슨으로부터 e메일 한 통을 받았습니다. 한국방문이 처음 화두가 될 땐 편지 첫머리가 "I am sorry that…"으로 시작했는데 이 날은 "I am pleased to inform you that…"으로 바뀌어 있더군요. 어떤 내용이 담겨 있을지도 대충 짐작되었습니다.

> "10월 30일(토) 아침 서울에 도착할 예정입니다. 숙소는 강남구 역삼동의 르네상스호텔로 정했습니다. 31일(일) 저녁만찬에 내외분을 정중히 초대코자 합니다. 1일에는 박물관을 비롯해서 몇몇 고궁을 방문할 예정이고, 2일(화) 아침 저는 LA로 돌아갑니다."

참으로 사람이란 간사한 존재인가 봅니다. 괘씸하고 밉게만 느껴지던 제이슨에게 왠지 동정을 느끼고, 그 간절하며 뜨거운 사랑에 감동까지 이는 것이었죠.

제이슨은 서울에 도착해서 전화를 걸어왔습니다. 밝고 명랑한 목소리여서 호감이 갔습니다. 장거리여행이라 피곤하고 긴장도 했으련만 전혀 그런 기색은 느끼지 못했지요.

드디어 다음 날인 31일 저녁 7시. 나는 르네상스호텔 문을 열고 로비로 들어섰습니다. 뭐, 두리번거리며 누가 제이슨인가를 찾을 필요도 없었습니다. 그가 달려와 덥석 나를 안아버렸으니까요.

저녁식사를 하면서 우린 많은 대화를 나눴습니다. 딸을 만나 결혼까지 생각하게 된 사유를 비롯해서 제이슨 자신의 포부와 계획, 서로 다른 문화적 차이를 어떻게 극복해 나갈 것인가에 대한 의견, 가족관계 등 다양한 얘기를 나눴습니다. 다행스럽게도 상대방 의사에 반대를 한다거나 이견을 보인 예는 없었지요. 시종 웃음이 끊이지 않을 만큼 대화는 화기에 넘쳤습니다. 벌써 제 마음 속에선 "이 친구라면 내 딸을 맡겨도 좋겠다"는 생각이 들어버렸던 겁니다.

그 다음날인 11월 1일. 제이슨은 아들 세헌(世憲)의 안내를 받아 남산과 경복궁, 광화문 등지를 관광했습니다. 아들은 해외출장을 통해 제이슨과 두어 번 만난 일이 있으므로 구면인 셈이지요. 궁금한 생각에 오후 2시쯤 전화를 걸어 아들에게 물어봤습니다. "제이슨은 지금 뭐하고 있느냐?"고.

"지금 남산에 있어요. 아주 좋아하는데요. 잠시 후엔 경복궁으로 갈 계획이에요."

엊저녁의 만찬초대를 답례삼아 제이슨과의 저녁식사를 연세대학교 부근의 한정식점에 예약해 놓았기 때문에 관광코스도 경복궁과 광화문으로 잡았다는 아들의 설명이었습니다.

저녁 7시를 전후해서 모두 지정된 음식점에 모였지요. '모두'라야 아들 내외와 딸 내외, 외손녀 지윤(知潤), 우리 부부 그리고 오늘의 주인공 제이슨이 전부였습니다. 하지만 나로서는 해결해야 할 한 가지 중대한 일이 하나 있었지요. 제이슨의 청혼을 받아들이느냐 마느냐에 대한 확답이 그겁니다. 그는 바로 내일 아침이면 한국을 떠나야 되므로, 내 뜻을 밝히는 게 바람직하다고 여겼지요. 그렇다고 불쑥 "당신을 사위로 맞아들이겠소."하고 말하기도 그렇고…최소한의 격식은 갖춰야겠다는 생각이었습니다. "한 마디 중요한 얘기를 할 테니 귀 기울여 달라"면서 자리에서 일어섰지요. 영어통역은 며늘아기 김진아(金珍我)에게 맡겼습니다.

지난 10월 30일부터 우리 가족은 미국에서 온 귀한 손님 한 분을 만나고 있습니다. 그의 이름은 제이슨 볼입니다. 그러나 엊저녁부터 그는 손님이 아니라 우리 가족의 한 사람이 됐습니다.

그는 미국에서 성악을 공부하고 있는 윤정에게 청혼을 했고, 나는 그 청혼을 어제 이미 받아들였기 때문입니다.

제이슨 볼은 미국 오하이오 주에서 태어나고 성장했으며 그곳에서 대학을 졸업했습니다. 지난 2006년에는 윤정과 함께 칼 아트에서 예술석사학위를 받았습니다. 현재 제이슨은 영화 연극 등에서 프로듀서 또는 디렉터로 일하면서 대중예술을 이끌어 가고 있습니다.

나는 제이슨이 어제 저녁 나에게 약속했던 말들을 기억합니다.

첫째, 어떠한 어려움이 닥친다 해도 윤정을 사랑하고,

둘째, 문화적 갭이나 연령 차이를 지혜롭게 극복하며,

셋째, 윤정이 성악가로 크게 성공할 수 있도록 두루 배려한다는 점이 그것입니다. 내가 두 사람의 결혼을 승낙한 것은 이러한 제이슨의 약속들이 틀림없이 지켜지리라고 믿기 때문입니다.

바라건대, 이 세상에서 가장 훌륭한 가정을 이룩해 주기를 바랍니다.

내일 한국을 떠날 때까지 유익한 시간을 갖기 바라며 곧 다시 만나기를 기대합니다. 감사합니다.

"윤정과 함께 훌륭한 가정을 이룩해 달라"는 대목에서 나는 감정이 울컥하여 한참동안 말을 잇지 못했습니다. 먼먼 이국에서 성악가로서의 대성을 꿈꾸며 홀로 고생하는 딸을 안쓰럽게 느낀 탓일까요. 아니면, 마지막 남은 자식조차 훌쩍 제 갈 길을 가고 만다는 서운함 때문일까요. 나는 함께 있는 사람들이 민망하게 느낄 정도로 울먹여댔습니다. 나중에 들은 얘기지만, 이때 제이슨은 따라 울고 싶을 정도로 감동을 받았다고 말하더랍니다.

저녁식사를 마친 참석자들은 모두 북가좌동 우리 집을 방문했지요. 제이슨은 전통 한국 차를 마시다가 생각이라도 난 듯 우리 내외를 위한 선물이라며 몽블랑 만년필과 버버리 향수를 내놓았습니다. 평상시에도 갖고 싶었던 물건들이었죠. 고맙게 받아들였습니다.

답례는 없었느냐고요? 물론 있었지요. 제이슨의 할머님께는 다용도 자개함을, 부모님께는 이천 도요지에서 구워낸 차 세트를, 그리고 제이슨에게는 영문판 ≪한국사≫, ≪아름다운 한국≫ 그리고 ≪한국어 배우기≫를 선물했습니다. 내가 생각해도 좀 어이없게 느껴지는군요. 코쟁이 제이슨을 언제 봤다고 흠뻑 정을 주었는가 하고 말입니다.

‘정(情)이란 익숙함’이라고 말한 사람이 있지만, 단 사흘에 지나지 않았음에도 전혀 서먹한 기분이 들지 않고 오랜 지기(知己)를 만난 듯 생각됐다면 보이지 않는 인연이 제이슨과 나를 얽어놓은 게 아닐는지요.

11월 2일, 제이슨은 짧으나 의미 있는 일정을 서울에서 마치고 LA로 떠났습니다. 공항에 도착하자마자 “영원히 잊지 못할 한국 방문이었다. 환대에 감사한다”는 전화를 그로부터 받았지요.

그 뒤에 받은 편지에서 ‘결혼식은 5~6월에 가질 예정’이라는 소식을 들었는데, 드디어 올 3월 중순 청첩장을 보내왔습니다.

‘2011년 6월 4일(토요일) 정오, 하와이 마우이에 있는 홀리 고스트 미션에서 혼례식을 갖는다’는 사실이 그것이지요. 드디어 내 딸 윤정이, 쌍둥이 가운데 선둥이인 ‘말코’(후둥이 윤주보다 코가 커서 나는 때로 이렇게 별명을 붙여 불렀습니다)가 시집을 가나 봅니다. 하이네는 말했지요. “결혼이란 어떤 나침반도 일찍이 그 항로를 발견한 적이 없는 거친 바다”라고. 사실인지도 모르지만, 나는 그렇게까지 겁을 줘서 주눅이 들게 하고 싶지는 않습니다. 굳이 충고가 필요하다면 피카이로가 했던 말을 들려주고 싶군요.

‘결혼이란 잘 차려진 행복의 요리를 먹는 것이 아니라, 이제부터 노력해서 행복의 요리를 둘이서 만들어 먹는 것’이라고.

여러분께서도 그들의 앞날에 축복이 깃들도록 빌어주지 않으시렵니까? 감사합니다.

2011. 4

마우이, 노카오이!

(Maui is indeed the best! / 마우이가 정말 최고다!)

1

마우이(Maui)는 섬 이름이다.

태평양 위에 떠있는 하와이제도 중의 하나이다. 137개의 크고 작은 섬으로 이루어진 하와이군도(archipelago)에서 가장 큰 섬이 빅 아일랜드이고, 마우이는 그 두 번째다. 전체 면적은 1883㎢. 제주의 1848㎢보다 35㎢나 더 넓다. 제주도에 인천광역시의 덕적도를 덧붙인 크기라고나 할까. 빅 아일랜드의 북서쪽과 오아후의 동남쪽에 자리 잡고 있다.

본래 마우이는 두 개로 떨어져 있는 섬이었다. 그러다가 동쪽의 할레아칼라(Haleakalā) 분화구와 서쪽의 푸우쿠쿠이(Pu'u Kukui)산이 화산으로 폭발하면서 그 용암이 흘러 하나의 섬으로 이어지게 된 것이다. 지도를 통해 본 마우이의 모습은 얼핏 표주박을 연상케 했다. 그것도 좀 못 생기고 한 쪽이 살짝 찌그러진….

흔히 마우이는 지상에서 가장 낭만적인 꿈의 낙원으로 불린다. 신선한 공기, 코발트빛깔의 바다, 눈부신 백사장, 키 큰 야자수와 이름 모를 꽃들, 넓은 초원과 사탕수수밭 그리고 드문 인적에 신비로운 석양까지 곁들인 섬, 그러기에 '마우이 노카오이!(Maui nō ka'oi · 마우이야 말로 최고다!)라는 말도 생겨난 모양이다.

세계적으로 권위를 인정받고 있는 여행전문잡지 ≪콘드나스트 트래블러(Conde Nast Traveler)≫는 최근 몇 년 동안이나 마우이를 이 세상에서 가장 아름다운 섬으로 선정해 발표한 바 있다. 아시아의 진주라는 푸켓(Phuket), 신들의 섬이라는 발리(Bali), 환상의 섬으로 알려진 버뮤다(Bermuda)를 따돌리고 1등이라니… '노카오이'가 결코 과장만은 아닌 것 같다. 요즘 들어 이 섬이 세계적인 휴양지나 신혼 여행지로 또는 로맨티스트들의 도피처로 뜨고 있는 사실도 마우이가 분명 노카오이라는 것을 증명한다.

바로 그 섬 마우이를 나는 엊그제 방문하고 돌아왔다. 정확히는 6월 2일 출국해서 닷새 뒤인 7일에 귀국한 것이다. 딸을 결혼시키기 위해서였다. 미국인 신랑과 그 가족이 혼례식 장소를 하와이의 마우이로 제의했을 때 나는 굳이 토를 달지 않았다. 신랑 제이슨의 고향이 오하이오 주이므로 신혼여행을 겸해서도 좋다는 생각이었다. 또 하와이는 거리로 볼 때도 미국 본토와 한국의 중간쯤 되니까 이상적인 장소로 여긴 것이다.

어쨌거나 결혼식은 4일 마우이의 '홀리 고스트 미션(Holy Ghost

Mission)'이란 성당에서 가질 예정이고, 호텔도 공항에서 꽤 떨어져 있다니 두루두루 준비를 서둘러야 했다. 나와 아내, 아들딸 내외 그리고 외손녀까지 7식구의 대가족은 출국 며칠 전부터 여간 바쁘지 않았다. 왜 그리 짐은 많던지. 결혼식에 입을 한복만 해도 큰 보따리가 두 개였다. 게다가 마우이 관광에 필요한 여러 가지 잡동사니를 챙기자니 여간 복잡하고 어려운 게 아니었다. 아직 비행기도 타기 전인데 몸은 지쳐 왔다. 그래도 여행은 역시 즐겁고 신바람 나는 것, 하물며 맏딸 윤정을 결혼시키기 위한 하와이 여행임이랴. 하와이 마우이에서 마음껏 설레어 보자.

2

6월 2일.

인천공항에서 하와이 행 비행기에 오른 시각은 저녁 8시 20분(아들 내외는 우리 일행보다 두 시간 먼저 출발). 8시간 30분을 비행하여 같은 날인 2일 아침 10시경 호놀루루 공항에 도착했다. 한국과 하와이의 시차는 19시간. 한국이 더 빨리 간다.

3시간쯤 기다렸을까. 다시 국내선으로 바꿔 타고 40분을 비행하여 마침내 마우이의 카훌루이 공항에 내렸다. 공항은 의외로 조용했다. 뛰어난 관광지라 시설과 치장이 요란할 것으로 알았는데 그렇지 않았다. 너무 허름해서 초라하기조차 했다. 그런데도 보안만큼은 철저했다. 부친 보따리가 적지 않기에 식구들을 돕는답시고 혼자 쫄레쫄레 수하물 기탁소로 갔는데, 이게 말썽이 될 줄이야! 되돌아오는 나에게 공항직원이 보딩패스(탑승권)를 달란다. 보딩패스? 공항직원은 나를 입국자가 아닌 출국자로 잘못 알았던 모양이다. 앞뒤 상황을 얘기해도 막무가내였다. 결국 저희들끼리 무선전화를 거는 등 법석을 떤 끝에 일이 해결됐지만, 아까운 시간을 소모한 꼴이 돼 버렸다. "식구들 걱정하게 왜 개인행동을 하느냐"는 아내의 핀잔을 덤으로 받으면서…. 실수가 많은 여행이라야 기억에 오래 남는다는 얘기도 있지만 기분은 아주 떨떠름했다.

공항 옆의 헤르츠(Hertz)를 찾아갔다. 자동차를 빌리기 위해서다. 마우이에는 버스나 택시, 전차 등 대중교통 수단이 전혀 없는데다 예약된 호텔까지는 공항에서 30~40km의 거리이고, 앞으로도 엿새나 더 묵으려면 렌트카는 필수일밖에 없기 때문이다. 헌데, 차종을 고르고 계약조건을 검토하는 일이 만만치 않다. 결국 밴을 950달러나 주고 빌리기로 했다. 아무리 밴이고 새 차라 해도 이렇게 임차료가 비싸다니…그러나 선택의 여지는 없었다. 지친 몸으로 차에 오르니 주변 풍광은 눈에 들어오지도 않고 스르르 잠이 쏟아진다. 하기야 그럴 만도 할 것이다. 버스로, 비행기로, 10시간 이상 시달려 왔으니 좀 피곤하겠나.

"할아버지, 다 왔어요!"

손녀 지윤의 소리에 퍼뜩 정신이 들었다. 깜박 잠을 잤었나 보다. 이미 차는 하얀색 우아한 건물 앞에 서 있었다. 페어몬트 케아라니 호텔에 도착한 것이다.

페어몬트 케아 라니(Fairmont Kea Lani) 호텔.

마우이의 남쪽 와일레아(Wailea) 지역의 폴로 해안에 자리 잡고 있는 최고급 호텔 가운데 하나이다. '케아 라니'는 하와이 말로 '백색의 천국'을 뜻한다고 한다. 그래서인가. 호텔 건물은 온통 흰색으로 칠해져 있다. 객실은 모두가 스위트이고 바다를 향하게끔 설계되어 있는 게 특색이다. 이런 형태의 호텔구조는 마우이에서 페어몬트 케아 라니가 유일하단다.

차에서 내리니 하와이 전통 의상을 차려 입은 아가씨들이 다가서며 인사한다.

"알로하(Aloha · 안녕)!"

그러면서 목에 무언가를 걸어 준다. 너트나 꽃을 꿰어 만든 목걸이였다. 내 목에 둘려진 너트목걸이, 정말 하와이에 와 있구나 하는 사실이 실감되는 순간이었다.

호텔 정문에서는 며칠 먼저 도착해서 4일에 있을 혼례식을 기다리고 있는 쌍둥이 큰 딸 윤정과 몇 시간 전에 도착한 아들 내외가 나와 우리를 기다리고 있었다. 모두가 걱정을 태산같이 했다는 것이다. 왜 이렇게 늦는가 하고….

짐을 풀기 위해 4층 방으로 올랐다. 우리 내외와 딸 내외 그리고 손녀가 유숙할 방은 476호. 아들 내외의 방은 하나 건너 472호였다. 방은 넓고 깨끗했다. 침실에 놓인 싱글과 트윈용의 침대, 거실의 소파도 마음에 들고 대리석으로 만든 욕조는 고풍스러웠다. 특히 럭셔리한 고급 호텔인데도 대나무를 가늘게 쪼개 만든 천정의 선풍기 날개와 쓰레기통이 이채로웠다.

커튼을 젖히고 대형 창문을 여니 호텔 정원의 야자수 저 너머로 망망한 태평양이 눈에 들어온다. 가슴을 펴고 숨을 크게 들이마셨다. 부드러운 바람, 깨끗한 공기가 폐를 거쳐 온 몸에 퍼지면서 정신이 맑아지는 느낌이다.

샤워를 마친 시각에 새 신랑 제이슨이 환영 인사차 방에 들렀다. 내 식구가 된 탓인가. 지난겨울 서울에서 봤을 때보다도 용모가 더 준수해 보인다. 한두 마디 배운 한국어로 '아버님' 어쩌고 하는 게 귀엽기만 하다.

저녁식사를 하기 위해 닉스 피시 마켓(Nick's Fish Market)으로 갔다. 호텔 안에 있는 이 식당은 해산물을 전문으로 취급하는데, 특히 바다가재 요리는 그 맛이 '환상적'이라고 소문이 났다고 한다. 그러나 실제로 먹어본 맛은 그저 그랬다. 물론 냉큼 접시를 비우기는 했지만, 그건 맛보다는 오히려 배가 고팠던 데에 그 원인이 있었을 것 같다.

저녁식사 뒤엔 소화도 시킬 겸 잠시 호텔 정원을 걸었다. 어둠이 짙게 내린 정원은 희미한 불빛 아래 고즈넉하다. 방금 전까지만 해도 법석이던 수영장도 지금은 사람의 그림자를 찾을 수 없다. 바람에 흔들리는 야자수들, 그 기둥마다에 얽어맨 석유등잔이 이채롭다. 내일아침엔 유람선을 타고 스노클링을 하기로 스케줄을 잡아놨다니 일찍 자야겠다.

3

6월 3일.

서울에서 온 식구 7명 모두가 말라에아(Ma'alaea)로 이동했다. 유람선을 타기 위해서다. 마우이 서쪽에 위치한 이 도시는 말레에아만(灣)을 오른쪽에 끼고 있는 작은 항구이다. 우리가 찾아 갈 '말라에아 소형 보트 항(港)'이 바로 그 곁에 있다. 자동차로 거의 한 시간이나 걸렸을까. 도착해 보니 20~30척의 배가 정박해 있었다.

우리에게 배정된 배의 이름은 Four Winds II. 40여 명의 관광객들이 승선했다. 체격이 당당하고 머리가 홀렁 벗겨진 선장이 오늘의 일정과 스노클에 대해 소개한다. 이어 배는 물결을 가르더니 목적지인 몰로키니(Molokini)를 향해 떠난다.

몰로키니는 마우이 해안에서 남쪽으로 4km 가량 떨어져 있는 섬으로, 생김새는 영락없이 초승달이었다. 이 기묘한 모양은 침몰한 사화산 분화구의 일부가 바다 위에 떠서 생긴 것이라 한다. 마우이를 찾는 사람들에게는 필수의 관광코스같이 알려져 있다. 오죽하면 "몰로키니를 안 보고는 마우이에 갔다고 말하지 말라"는 얘기가 생겨났겠는가.

섬의 직경은 600m, 전체 면적은 93㎢로 사람은 살지 않는다. 섬의 한쪽 면은 가파른 절벽이어서 거센 바닷바람과 파도를 막아주는 데 안성맞춤이다. 해서, 스쿠버 다이버와 스노클링(snorkeling) 마니아들은 이곳을 즐겨 찾는다는 것이다. 우리 귀에 익숙하지 않은 스노클링은 깊이가 5m 가량 되는 물에서 잠영(潛泳)을 즐기거나, 물 밖으로 머리를 들지 않은 채 숨대롱(스노클)을 이용하여 수중세계의 아름다움을 경험하는 놀이를 말한다.

문득 하늘을 쳐다봤다. 이런 날에 비라도 내리지 않을까를 염려해서였다. 그러나 높게 걸린 구름 사이엔 햇살만 퍼진다. 비 걱정은 안 해도 좋을 듯하다. 바람이 이는 것일까. 일망무제(一望無際)의 바닷길을 배는 출렁거리며 달린다. 푸르고 푸른 바다. 감탄이 절로 나온다. 블루블랙(blue black)잉크를 풀어놓으면 저 빛깔이 될는지. 언젠가 제주의 일출봉을 뱃길로 관광할 때 봤던 그 바다색 그대로였다. 멀어져 가는 마우이, 간간히 눈에 띄는 무인도. 뭐, 별일이 있는 것도 아닌데 승객들은 제 흥에 겨워 부산하다. 아래층 위층을 오르락내리락하면서….

점심은 배에서 무료로 제공하는 'BBQ Lunch'로 때웠다. 이름이 그럴싸한 이 메뉴는 햄버거에 콜라나 사이다 같은 탄산음료를 곁들여 주는 것. 아침을 부실하게 챙겨서인지 출출할 때의 식사로는 먹을 만했다. 전과 같이 맥주를 좋아할 때라면 배 삯은 넉넉히 뽑았을 것이다. 공짜로 마음껏 마실 수 있으니까.

항구를 떠난 지 1시간. 목적지가 가까웠는가 보다. 승객들이 오리발, 스노클, 물안경, 라이프 재킷을 챙기느라 분주하다. 모두 배에서 무상으로 빌려주는 것들이다.

가까이에서 본 몰로키니는 볼품이 없었다. '초승달'이니 '환상의 섬'이니 하는 것은 공중 저 높은 곳 비행기 위에서 내려다볼 때의 얘기일 뿐, 풀 한 포기 없는 바위산은 쓸쓸했다. 다른 여행객들도 같은 심정이었는지 몰로키니를 보고 감탄하는 사람은 없었다.

배 밑바닥은 투명유리를 깔아 바다 속을 훤히 살펴볼 수 있는 구조였다. 스노클링에 엄두를 못낸 우리 내외는 단지 뷰잉 룸(viewing room)에서 열대어를 구경하는 것으로 만족해야 했다.

돌아오는 길에 한 승무원이 승객들에게 뭔가를 하나씩 나눠 준다. 몰로키니 섬을 배경으로 우리가 타고 있는 유람선을 소개한 홍보용 엽서였다. 기념으로 받아두기는 했지만, 이 섬, 이 유람선을 내 평생 다시 경험할 수 있을 것인지?

하늘이 흐리더니 한두 방울 비가 내린다. 내일은 맏딸 윤정이 결혼식을 갖는 날. 비가 내리면 곤란하리라. 무엇보다 내빈들에게 불편을 끼치게 할 터이므로. 내일 날씨가 쾌청하기를, 그리고 윤정의 앞날에 축복이 내리기를 기원하며 잠자리에 들었다.

4

6월 4일.

자리에서 일어나던 맡에 하늘부터 쳐다봤다. 구름 한 점 없을 만큼 하늘은 맑고 높았다. 하와이는 비가 많다는데, 혼례식을 갖는 날 날씨가 쾌청하니 이 아니 축복인가.

결혼식은 12시 정오. 지금 시각은 오전 7시다. 아침밥을 먹는 것 외에는 딱히 할 일도 없으련만 괜스레 마음이 어수선하고 바빠진다. 이것도 빠지고 저것도 제대로 챙기지 못한 기분이다. 이 시간

딸 윤정은 무얼 하고 있을까. 결혼식 준비는 완벽히 했을까. 잠은 충분히 자 뒀는지. 정말 행복하게 잘 살아야 할 텐데…. 걱정과 염려가 좀처럼 끊이지 않는다.

윤정은 올해 나이 36. 결혼 적령을 훨씬 넘긴 나이다. 11년 전 혈혈단신으로 미국으로 건너가 성악을 공부해 왔다. 그동안 캘리포니아 대학에서는 성악 석사학위를, 칼 아트에서는 예술 석사학위를 따냈다. 신랑 제이슨과는 칼 아트의 동기 동문으로 만나 결혼까지 이르게 된 것이다. 윤정은 현재 와그너 코랄에서 솔리스트로 활약하면서 성악학원의 학생들을 지도하고 있다. 그녀의 꿈은 안나 네트렙코(Anna Netrebko)나 레나타 테발디(Renata Tebaldi)와 같이 훌륭한 성악가가 되겠다는 것이다. 언젠가는 그 꿈이 이루어지리라 믿지만 때로는 딱하고 안쓰럽다. 이제 딸은 안정된 삶 속에 자신의 기량을 갈고 다듬어 분명 꿈을 이루어 내리라 믿는다.

처음 결혼 얘기가 나왔을 때 나는 많이 반대했었다. 가장 탐탁찮게 여긴 점이 "왜, 하필 외국인이냐?" 하는 것이었다. 글로벌 시대라는 것을 몰라서가 아니다. 제아무리 세계화, 국제화가 되었어도 나라마다의 문화는 쉽게 바뀌지 않는 법이다. 겉으로는 동화된 듯해도 언젠가는 다시 꿈틀대어 겉으로 드러나기 때문이다. 문화적인 차이로 갈등을 빚게 되면 자칫 대수롭지 않은 일로도 감당할 수 없는 상황을 맞을 수 있다. 결국 나는 미국인 제이슨 볼과의 결혼을 허락했지만, 아비의 이러한 걱정이 부질없는 '기우(杞憂)'가 되어 '자랑스럽고 행복한 결혼생활'을 이끌어 갔으면 좋겠다.

상념에 젖어 있는 사이에 자동차는 키헤이(Kīhei)와 푸우네네

(Pu'unene)를 거쳐 풀레후(Pūlehu)와 와이아코아(Waiakoa)로 뚫린 쿨라(Kula) 하이웨이로 접어든다. 지금까지 40분을 달려 왔으니 그만큼을 더 가면 우리가 찾는 성당이 나올 것이다. 참 멀리도 결혼식장을 잡아 놨구나. 그러고 보니 하와이 특히 마우이는 사람의 손길이 별로 닿지 않은 섬인 것 같다. 산이고 들이고 개발한 흔적이 별로 없어 보인다. 아주 기본적인 것, 일테면 길을 닦아 포장을 한 것 이외엔 있는 것 그대로이다. 물론 인구가 밀집한 지역이나 관광객 유치를 목적으로 한 리조트 시설의 경우는 다르겠지만…. 자연 그대로를 유지하고 있다는 점이 마우이의 매력 포인트이고, 그러기에 세파에 찌들고 휘둘린 사람들로부터 '환상의 섬'이니 '지상의 낙원'이니 하는 소리를 듣고 있는 듯하다. 이런 현상도 다 국력이 풍유해서 생긴 얘기는 아닐까 싶다.

작은 우체국이 보인다. 다 왔나 보다. 문득 고개를 드니 8각형 건물에 종탑을 올려놓은 건물이 보인다. 저 작은 건물이 바로 홀리 고스트 성당인 모양이다. 특이하긴 하지만 우선 규모가 왜소한 점이 실망스러웠다. 적어도 이 성당의 역사와 내력을 듣기 전 까지는….

'홀리 고스트 미션'으로 알려진 홀리 고스트 가톨릭 성당은 1895년 사탕수수를 재배하기 위해 마우이로 이주했던 포르투갈 사람에 의해 세워졌다고 한다. 8각형 모양의 색다른 성당 건축물을 19세기에, 그것도 하와이에 세운다는 것은 전례가 없는 일이었다. 특히 손으로 조각한 뒤 금으로 도금하고 칠을 입힌 제단은 1세기 넘었는데도 방금 전 작업을 끝낸 양 말끔하다. 이 성당은 1983년 4월

하와이 역사 유적지로 등록되었고, 같은 해 8월에는 미 국가 사적지로 등록되었다.

현재 홀리 고스트 성당은 하와이를 찾는 관광객에게는 중요한 역사적 사실의 랜드 마크로서, 그리고 결혼을 앞둔 사람들에게는 인기 있는 혼례장소로 활용되고 있는 것이다.

12시 정각. 제이슨 볼과 황윤정의 결혼식은 브루노 지닐라(Bruno Genilla) 신부의 집전으로 시작되었다. 신랑이 입장한 뒤를 이어 화동(花童) 역을 맡은 손녀 지윤이 카펫 위에 올랐다. 손에는 콘풰티(confetti)가 담긴 바구니 대신 알록달록 둥근 공이 들려 있었다. 그런데 이게 웬일? 지윤은 그 자리에 선채 움직이지 않는다. 공을 들고 아장아장 걸어가야 나도 신부를 데리고 입장하련만, 2층의 악대가 결혼행진곡을 계속 연주해도 붙박은 듯 그대로 서 있는 것이다. 낯선 장소, 낯선 사람들 앞에서의 화동 역할이 4살짜리 손녀에게는 부담이 됐는가 보다. 바로 그때 하객들 속에서 웃음이 터지고 박수가 쏟아졌다. 엄마가 저 끝에서 이름을 부르고 손짓하고서야 쏜살같이 그 품으로 뛰어 들었기 때문이다.

딸을 인도하여 신랑 제이슨에게 인계했을 때, 굳게 나를 포옹하며 했던 그의 말이 아직도 귀에 쟁쟁하다. "감사합니다! 땡큐!" 그 말에 왜 난 콧날이 시큰했을까.

혼인 서약, 예물교환, 강복(降福) 그리고 기념사진 촬영을 끝으로 결혼식은 매듭을 지었다. 단출했지만 경건하고 엄숙한 예식이었다. 우리 쪽에서는 7명이 참석했을 뿐인데 신랑 측은 80세의 할머니를 비롯해서 일가친척, 친우 등 30여 명의 하객이 참석하는 등

먼먼 객지에서의 결혼식으로는 성황을 이루었다. 다만, 신랑의 아버지인 앨버트 볼(Albert Ball)이 참석치 못해 섭섭했다. 그는 급성 제실염으로 수술을 받고 집에서 요양 중이었던 것이다. 결혼 2주 전이어서 안타까움이 더하다.

5

리셉션은 오후 4시 호텔 로비의 '자닌 룸'에서 베풀어졌다. 우리로 치면 피로연일 텐데 그보다는 규모가 더 크고 성대했다. 칵테일로 시작하더니 오르 되브르(hors d'oeuvre・식욕 돋우는 음식)에 이어 본격적인 식사가 시작되었다. 가짓수도 많고 맛도 훌륭했다. 혼주의 체면도 잊은 채 이것저것을 맘껏 포식했다.

식사 뒤에는 양가 대표와 신랑의 인사말에 이어 축배, 케이크 커팅으로 리셉션이 계속되었다. 그 가운데 두 가지가 진한 기억으로 머리에 남는다. 첫째가 신랑 측 부모의 인사말이다. 어머니의 인사말에는 이런 대목이 있었다.

> "Though language and miles divide us, this union brings us together as one big happy family."(언어가 다르고 먼먼 거리가 우리를 떼어놓을지라도, 오늘의 결합은 우리 모두를 하나의 행복한 대가족으로 만들었습니다)

가족의 존재, 가족의 단합이 곧 행복의 원천임을 강조하고 있다.

병환으로 참석치 못한 신랑 아버지의 인사말도 내용은 비슷했다.

> "Thank you for bringing all of us together, family and friends, to witness and enjoy this special day."(온 가족과 친지들이 한 자리에 모여 특별한 이날을 즐기고 그 증인이 되게 해주셨음에 감사의 말씀을 드립니다.)

둘째는 신랑의 인사였다.

"오늘같이 기쁜 날 아버님이 참석치 못하시어 가슴이 아프다"며 울먹인 것이다. 신랑이 울먹이자 신부도 덩달아 눈물을 찍어내고…. 리셉션 홀의 분위기가 순간 숙연해지고 말았다. 그런데 이런 상황을 반전시킨 것은 신랑 아버지인 앨버트 볼 자신이었다. 그는 영상통화에서 시종 위트 있고 유머러스한 말씨로 "오늘 결혼식에 참석하지 못해 미안하다. 훌륭한 신부를 며느리로 맞아 행복하다. 며느리의 부모께서 오하이오 주를 방문해 주기를 바란다"는 얘기 등으로 분위기를 띄웠으니까.

리셉션의 피날레는 춤이었다. 춤을 추는 것도 파트너와 순서가 따로 있어, 내 차례는 3번째로 신부와 함께였다. 순간 나는 망설이지 않을 수 없었다. 걸음걸이조차 온전치 못한 터에 춤이라니? 가당치 않았다. 허나 신부인 딸은 "내가 리드할 테니 아무 염려 말라"고 채근한다. 하객들은 관심 깊게 나를 주시하고…. 주저하면서 손사래만 칠 상황이 아니었다. "오냐, 해 보자. 못 춘들, 아니, 바닥에 쓰러진들 무슨 상관이랴!"

딸의 부축을 받으며 앞으로 나갔다. 브루스 곡이었다. 리드를 잘 받은 탓인가. 나는 온전한 사람들 못지않게 스텝을 밟을 수 있었다. 적어도 내 마음으로는 그랬다. 춤 상대인 딸을 한 바퀴 두 바퀴 턴(turn)시킬 때는 우레 같은 박수도 받았다.

리셉션은 예정시간보다 훨씬 늦게 끝났다. 먹고 마실 것 풍부하고 화제가 다양하며 무엇보다 새롭게 이루어진 가족들 사이의 정이 강물처럼 흘렀던 때문일 것이다. 내일 신랑 신부는 하나(Hana)라는 곳으로 밀월여행을 떠난다고 한다. 그래 건강히 잘들 다녀오거라. 용돈을 넉넉히 못 줘 미안하다만 충고 한 마디는 해야겠구나. '사랑이란 끊임없는 관심이고 무한한 책임이며 줄기찬 노력'임을 잊지 말거라.

해가 지려는가. 석양이 폴로 비치를, '백색 궁전'인 페어몬트 호텔을 붉게 물들이고 있었다.

6

6월 5일.

마우이에 있으면서 꼭 가보고 싶은 장소가 있었다. 하와이의 아콰리움이라 부르는 마우이 오션센터였다. 이 수족관은 몰로키니 섬을 방문하고 또 어제 결혼식장에 갈 때도 차로 지나쳤던 곳, 그때마다 많은 방문객들이 드나들고 있어 호기심을 자극했었다. 어차피 내일이면 출국을 해야 할 입장, "어디 갈만한 곳이 없을까?"를 찾다가 수족관을 생각해 낸 것이다. 또 그렇게 하는 편이 손녀의 정서 교육에도 좋을 것 같았다. 호텔 언저리나 돌아보겠다는 아들 내외를 뺀 5식구는 아침식사를 마치자마자 마알레아 항구 30번 고속도로로 차를 몰았다. 수족관이 그 부근에 있기 때문이다.

하와이 근해에 서식하는 어족의 보호와 연구를 목적으로 1998년에 문을 연 이 수족관은 2만㎡의 대지위에 최첨단 시설을 갖추어 주로 하와이 주변 해역에서 서식하는 200종 이상의 물고기를 전시하고 있다. 규모 면에서 하와이 최고이고, 시설과 운영 면에서도 세계적 수준이라는 평가를 받고 있다고 한다.

현장에 이르니 벌써 수족관 입구는 관람객들로 법석이었다. 어른 아이 할 것 없이…. 먼저, 전시장 밖 노천에 마련된 작은 못에서 망치상어와 거북을 구경했다. 상어라면 늘씬한 몸매에 대가리가 뾰족한 바다의 난폭자로 알았는데 망치를 닮다니 절로 웃음이 나왔다. 망치 옆의 작은 눈은 더 희화적이고….

수족관은 관람자가 쉽게 이해할 수 있도록 해양생물을 얕은 물, 깊은 물 또는 그 중간에서 서식하는 것들로 종류를 따로 나누어 전시하고 있었다. 무엇보다 인기 있는 아이템은 상어와 대형 가오리가 넘실대는 모습을 콧등 앞에서 볼 수 있는 '수중 여행'일 것이다. 아크릴로 만든 물 속 터널을 통과하는 이 '수중 여행'은 마치나 넓은 바다 속에 들어서 있는 느낌을 갖게 한다. 어마어마한 크기의 매가오리나 잿빛상어들이 매끈하게 유영하는 광경이 장관이었다. 산소통을 멘 수족관 관리인이 아크릴 탱크에 들어가 가오리에게 직접 먹이를 주는 흥미로운 모습을 본 것은 이곳 오션센터 관광에서 얻은 또 다른 덤일 것 같다.

지금까지 내가 방문한 수족관 가운데 가장 인상이 깊었던 곳은 홍콩의 오션센터였다. 무엇보다 규모가 어마어마했다. 바다 한 구석을 떼어 옮긴 듯 넓은 공간에서 육중한 체구의 하마가 하품을 한다든가 피부가 번들거리는 물개가 목청을 돋우어 쩌렁쩌렁 괴성을 내는 모습도 거기에서 볼 수 있었으니까. 그러나 마우이에서 즐긴 오션센터의 경우, 비록 크기는 작지만 오밀조밀한 구성으로 색다른 재미를 맛보게 했다는 느낌이다.

7

이제 내일 아침이면 이곳 마우이를 떠나야 할 것이다. 생각 같아서는 한두 주일 더 머물러 느긋한 관광을 즐기고 싶다. 하지만 짧은 일정치고는 많이 돌아다니지 않았는가. 굳이 아쉬운 게 있다면 마크 트웨인이 '태평양의 요세미티'라고 일컬었다는 이아오 계곡(Iao Valley)을 가보지 못한 점일 것이다. 세계 최대의 휴화산이라는 할레아칼라(Haleakala) 정상에서 장엄한 일출 광경을 경험하지 못한 것도 한동안 후회로 남을 것이다. 아쉽고 후회되는 일이 어찌 그뿐이랴. 라하이나(Lahaina)와 카아나팔리(Ka'anapali) 사이를 운행하는 '사탕수수 열차'도 못 타 봤고, 허만 멜빌의 대표작 ≪모비딕(백경)≫의 배경이었던 옛 도시 라하이나, 그리고 그 도시 안에 있다는 키가 18m이고 그림자의 넓이가 1000평인 반얀(banyan) 트리를 놓친 것도 아쉽다. 그러나 아쉬움이 있어야 뒷날도 기약할 수 있으리라.

원시의 모습으로 비어 있는 파란 하늘, 그 속을 흐르는 태고의 바람, 아득한 옛날 용암의 분출로 이루어진 섬 마우이. 화려하지 않고 떠들썩하지 않아 오히려 사람의 마음을 끄는 화산 섬 마우이도 내일이면 작별한다.

돌이켜보면 그 짧은 기간에도 나는 마우이의 풍광을 만끽했었지. 아주 건강한 몸으로…. 무엇보다 딸 윤정을 아무런 탈 없이 결혼시킨 것만으로도 나는 정말 정말 행복해야 할 것이다. 그러면 됐지 그 이상 무엇을 더 바라겠나. 알로하(Aloha)!

2011. 6

어떤 부활

공룡을 주제로 한 '쥬라기공원(Jurassic Park)'은 마이클 크라이튼(Michael Crichton)의 소설이다.

1942년 미국에서 태어난 그는 하버드 의과대학을 졸업한 뒤 소설을 쓰기 시작했다. 명문대에서 의학을 전공한 사람이 불쑥 작가의 길을 걷다니? 그의 느닷없는 행보에 많은 사람들이 머리를 갸웃거렸지만, 크라이튼 자신은 너무 당당했다. 그리고 이렇게 말했다 한다. "상상력이 결핍되어 있는 의학에서 벗어나고 싶어서였다"고.

그는 과학, 특히 '의학'을 소설이라는 '가공의 세계' 속에 불어넣는 재치와 지능을 갖춘 사람이었다. 데뷔작인 '터미널 맨'을 비롯해서 '떠오르는 태양', '13번째의 전사', '폭로' 등의 작품들은 그가 전공했던 의학과 인류학의 훈김을 느끼게 한다는 평가를 받고 있다.

1990년에 씌어진 '쥬라기공원'은 먼먼 옛날의 공룡을 현실로 끌어들였다는 점에서 세상 사람들의 주목을 끄는데 성공했다. 또 3년 뒤인 1993년에는 그의 소설이 저명한 영화감독 스티븐 스필버

그(Steven A. Spielberg)에 의해 영화화됨으로써 전 세계에 뜨거운 반향을 일으키기도 했다.

5년 전 그가 66세로 사망했을 때 스필버그 감독은 "크라이튼은 공룡의 부활에 신빙성을 줄 정도로 과학과 공상을 융합시키는데 탁월했다"면서 "어느 누구도 그의 빈자리를 메울 수 없으리라"고 아쉬워했다.

그가 쓴 소설작품들은 전 세계 30여 개 언어로 번역돼 1억 부가 팔렸는가 하면, 영화로도 제작되어 흥행에서 높은 성적을 내기도 했다.

특히 '쥬라기 공원'이란 작품이 소설과 영화에서 크게 히트한 까닭은 무엇일까. 여러 가지로 분석이 가능할 테지만, 화석에 갇혀버린 모기의 피에서 공룡의 DNA를 채취하여 공룡을 부활시킨다는 '소재의 특이성'이 많은 독자나 관객들에게 깊은 인상을 주었고, 그것이 곧 작품을 성공시킨 동인(動因)이 되었으리라는 판단이다. 공룡은 1억 6천만년 동안 지구를 지배했지만 6천 5백 년 전에 갑자기 사라진 동물이다. 그 공룡을 부활시켰으니 얼마나 기발한 착상인가. 어쩌면 황당무계하게 느껴질 공상을 현실인 듯 작품화 시킨 것이 '쥬라기 공원'이었던 것이다.

그런데 소설이나 영화가 아닌 실세계, 우리가 숨 쉬고 사는 세상에서 이와 비슷한 일이 일어나 화제가 되고 있다. 다만 동물이 아닌 식물의 세계에서 발생한 '사건'이라는 점이 다를 뿐이다.

3주 전인 2월 20일, 영국의 BBC뉴스와 라이브사이언스 닷컴은 아주 흥미있는 기사를 발표했다. "러시아의 세포생물물리학연구소

과학자들이 시베리아의 동토(凍土) 툰드라에서 발견된 열매를 이용해 꽃을 피우고 열매도 맺게 하는데 성공했다"는 뉴스가 그것이다. 이 식물의 이름은 '실레네 스테노필라(Silene stenophylla)로 패랭이꽃의 한 종류라 했다.

TV를 통해 본 이 식물은 초록색 줄기에 다섯 장의 흰 꽃잎을 달고 있었다. 공상의 세계에서나 가능할 법한 일이 멀쩡한 현실 세계에서 이루어지다니 절로 탄성이 튀어나왔다. 이 식물의 열매는 3만여 년 전 지하 40m, 영하 7도의 시베리아지역 언 땅에서 다람쥐가 굴속에 감춰놓은 것이라던가. 러시아의 연구진은 이 열매에서 뽑아낸 DNA 조직을 배양액에서 키워 흙에 옮겨 심었고, 이 묘목이 잘 자라 마침내는 꽃을 피우고 열매를 맺게 했다는 것이다. 지금까지 고대의 식물을 되살려낸 사례로 가장 오래된 것은 이스라엘에서 발견된 2000년 전의 야자씨앗과 1천 300년 전의 씨앗으로 중국 과학자들이 피워냈다는 연꽃 등이었다.

러시아의 연구진은 "3만 년 전보다 더 오래된 생물도 동토에서는 생명을 유지할 수 있다"고 말하면서 "되살려낸 실레네 스테노필라의 사례를 통해 암을 어떻게 예방할지를 연구해 보겠다"는 의지를 밝혔다고 한다. 그러나 어찌 암의 예방뿐이겠나. 아주 오래 전에 멸종된 식물까지 되살려 냈으니, 태고시대의 공룡이 되살아난다는 게 단지 어느 누구의 소설이나 영화 속 얘기만은 아닐 것이다. 과학이, 의학이 더욱 발전한다면 당연히 죽은 사람의 생명도 부활시킬 수 있지 않을는지.

만약 그렇게 된다면, 나는 그 누구보다 제일 먼저 우리 어머니를 되살려 내고 싶다. 어머니는 내가 34살 때인 1976년에 돌아가셨다. 화살같이 흐른 세월은 벌써 어머니가 돌아가신 햇수를 36년이나 기록하고 있지만, 내 생각엔 바로 엊그제의 일인 것 같다. 어머니가 누리신 나이는 고작 77세. 요즘같이 100세를 목표로 삼고 있는 상황에서는 좀 더 사셔도 좋을 나이에 세상을 뜨신 것이다.

8남매의 막내둥이로 태어나 응석만 잔뜩 부렸을 뿐 어머니 생전에 무엇 하나 제대로 자식 노릇을 못해 본 나였다. 어머니가 다시 태어나신다면 그 잘못을 조금이라도 갚아 불효를 덜어내고 싶은 것이다.

지금도 기억이 생생하다. 동아방송(DBS)의 아나운서로 근무하던 나는 그날 집에서 오후근무를 준비하고 있었다. 낮 12시 반쯤에는 어머니와 겸상으로 점심을 먹었다. 그리고 출근해서 두어 시간이 지났을까. "어머니가 쓰러지셨어요!"라는 전화를 아내로부터 받은 것이다. "응? 어머니가?" 택시를 잡아타고 서둘러 집에 도착했지만, 어머니는 이미 숨을 거두신 뒤였다. 점심을 함께 한지가 바로 몇 시간 전이지 않은가. 상에 오른 조기 살덩어리를 내 밥사발에 얹어주시고 당신은 뼈투성이의 대가리만 잡수시던 어머니. 그것이 내가 기억하는 어머니의 마지막 모습이었다. 얼마나 허망하고 죄스러운가.

어머니를 되살려 내고 싶다. 꼭 그래야 되겠다. 그러려면 우선 러시아의 연구진같이 DNA를 추출해 내야 될 텐데, 이 점은 걱정하지 않아도 좋을 것 같다. 비록 당신이 입고 사용하시던 옷가지나 가구 등은 남아 있는 게 없다 해도, 쪽을 찔 때 쓰시던 은비녀가 온전히 보관되어 있기 때문이다.

다시 생명을 얻으시면 나는 무엇보다 먼저 어머니가 좋아하시던 여행을 맘껏 시켜드리고 싶다. 첫 행선지로는 진주를 택하겠다. 어머니는 18살에 경기도 파주로 시집을 오신 뒤 단 한 번도 고향 진주를 못 가셨다. 그 절절했을 소망을 풀어드리고 싶은 것이다.

참, 어머니는 생선도 즐겨 잡수셨구나. 갈치, 가자미, 조기, 황석어 등… 어머니가 맛있어 하신다면 어느 생선이라도 얼마든지 사드리겠다.

오늘은 3월 20일. 경칩을 지난 지 한 주일이 됐건만 날씨는 쌀쌀하다. 그러고 보니 어머니의 제삿날도 사흘을 남겨두었을 뿐이다. 음력 2월 스무사흘. 어머니가 돌아가신 36년 전 그 때도 꽃샘추위는 있었다. 제사 때면 덩달아 마음도 쓸쓸해졌는데, 이번엔 조금 다른 느낌이다. 비록 가능성은 희박할지라도 어머니가, 사랑하는 어머니가 실레네 스테노필라같이 소생하실 수도 있다는 무지개빛 희망을 갖고 있기 때문이다.

2012. 3

내 몸, 왜 이래?

생의 추위를 느껴보지 못한 사람은 사랑이 무엇인지를 모르는 사람이다. 이 세상에서 가장 불행한 사람은 평생 동안 한 번도 앓아본 적이 없는 사람일 것이다.

-이어령의 ≪하나의 나뭇잎이 흔들릴 때≫에서

불치의 질병이란 없다. 단지 불치의 환자가 있을 뿐이다.

-버니 시겔(Bernie S. Siegel)

사람은 누구나 오래 살기를 희망한다. 그것도 아무런 질병 없이. 하지만 생로병사(生老病死) 그대로 태어난 존재는 늙고 병들며 죽어가는 것이 주어진 숙명이다.

흔히 세계적인 장수촌으로 남미 에콰도르의 빌카밤바, 파키스탄의 훈자 그리고 러시아의 코카서스 지방을 예로 드는 것 같다. 이들 지역은 모두 높은 산으로 둘러 싸여 있어 날씨가 온화한데다 공기 맑고 물이 깨끗한 것이 특징이다. 이러한 자연환경 덕분에

100세 이상의 건강한 노인들이 다른 어느 지역보다 많다고 한다. 자연환경만이 장수의 요인이 되는 것은 아니다. 그들은 잡곡을 주식으로 하며 야채와 과실을 즐겨 먹고, 부지런히 일할 뿐 아니라 매사를 낙천적으로 보는 성격을 지니고 있다는 것이다. 그러므로 천혜의 자연환경과 소박한 음식문화 그리고 건전한 생활 패턴이 곧 장수의 요체가 된다는 점을 알 수 있겠다.

그러나 '장수촌'이라는 것도 따지고 보면 별게 아니다. 산 높고 물 좋은 곳에 살면서 잡곡 먹고 신선한 야채와 과일을 즐겨 찾는다 하여 너 나 할 것 없이 100세를 넘겨 사는 것도 아닐 테고, 논밭에서 허리 휘게 부지런히 일하고 세상만사를 태평한 마음으로 지낸다 해서 반드시 장수하는 것은 아닐 것이기 때문이다. 또, 그 같은 자연환경이나 그러한 식생활 또는 품성 정도야 굳이 훈자나 빌카밤바 혹은 코카서스에서 찾을 필요도 없을 것이다. 우리 주변에서조차도 얼마든지 수월하게 찾아낼 수 있어서이다.

병(病)이란 존재도 넓게 보면 인간 수명의 길고 짧음 같은 궤적과 비슷하지 않은가 생각된다. 장수촌에 사는 사람이라 해서 언제나 건강한 것이 아니라는 점은 환경이 조악한 장소에서도 강건한 육체를 유지하는 사람이 있을 수 있다는 사실과 같은 이치이다. 특히 똑같은 자연환경과 엇비슷한 생활패턴을 가진 사람들인데도 수명이 들쭉날쭉하고 건강 상태가 제각기 다른 점은 대체 어떻게 설명할 수 있는지?

내 경우만 해도 그렇다. 비교적 건강하던 내가 여러 가지 병으로 시달림을 받기 시작한 것은 지난 8년 전부터이다. 2003년 말에는 뇌경색이 덮쳐 한 달 보름동안이나 병원 신세를 진 바 있다. 완치를 위해 최선을 다했는데도 아직 후유증에 시달리고 있는 입장이다. 언어는 매끄럽지 못하고 보행자세도 흔들려서 조금 뒤뚱댄다. 방송국의 아나운서 출신으로 언어장애를 받다니? 그리하여 발음이 뭉그러지면서 언어체계가 뒤죽박죽되나니? 나는 그런 나를 받아들일 수 없었다. 길거리의 간판을 읽고 초등학교 국어 교재를 구입해 읽는 등 틈만 나면 말하기에 심혈을 기울였다. 허나, 마비가 발성기관까지 왔음인지 낭랑한 음성이나 정확한 발음은 되찾지 못한 상태다.

2006년에는 무릎 골절로 119 구급차에 실려 병원 응급실을 찾아간 적이 있다. 난치병을 얻었다는 실의 속에 자포자기하며 술을 마신 것이 화근이었다. 별다른 안주도 없이 혼자서 마신 술은 막걸리 두 병에 생맥주 1000cc 짜리가 하나였던가. 술집을 나오면서 순간 머리가 어찔해짐을 느꼈다. 전 같으면 그깟 정도의 주량은 아무 것도 아닐 테지만, 뇌경색을 맞은 뒤로 거의 한 방울의 술도 마시지 않은 탓인지 숨이 가빠 오고 정신도 혼몽해지는 것이었다.

큰 길 횡단보도까지는 잘 건너 왔다. 이제는 골목을 돌아 100m만 걸으면 내 집이라고 생각할 때 "번쩍!" 이마에서 별이 돋더니 길바닥에 나뒹굴어지고 말았다. 바로 옆에 있던 콘크리트 전신주에 부딪치고 만 것이다. 그런데 아무리 일어서려 해도 고통만 따를 뿐 무릎이 펴지지 않았다. 결국 지나가는 사람의 도움을 받아 119 구급차에 몸이 실렸다. 병원에서의 진단결과는 '왼쪽 무릎 뼈 골절'. 꽤 오랫동안 병원 신세를 졌다. "환자인 입장에 술이 가당키나 하냐!"는 핀잔을 아내로부터 줄곧 받으면서.

2011년인 올 초에는 후두염으로 곤혹을 치렀다. 이 병의 시초는 특별한 이유 없이 목이 잠겨 버리는 것. 뇌경색으로 가뜩이나 언어장애를 받고 있는 터에 후두염이라니 엎친 데 덮친 격이었다. 혹시 암은 아닌가 싶어 대학병원에서 다시 정밀검사를 받았다. 후두염은 맞는데 만성이라며 한 달 치의 약을 처방해 준다.

"한 달씩이나요?"

곰살궂지 않은 말투가 못마땅했던지 의사가 퉁명스럽게 대꾸한다.

"6개월은 먹어야 해요. 좀 낫다고 약을 끊어선 안 됩니다."

그리고는 환자가 유의해야 될 점들이 적힌 종이 한 장을 건네준다. 그 안에는 먹어서는 안 될 음식, 피해야 할 기호식품 등이 적혀 있었다. 다른 건 몰라도 약 삼아 마시던 술조차 금해야 된다니 실망스러웠다. 그것도 6개월씩이나…. 하지만 참고 견디며 열심히 약을 챙겨 먹었다. 담당 의사가 준 유인물에 따라 주의사항도 제법 잘 지켰다. 그렇게 지낸 6개월. 그러나 큰 변화를 모르겠으니 답답하고 안타까운 일이 아닌가. 참기름이 목에 좋다 해서 2병이나 마셨는데 그것도 별 효험은 없었다. 나이 들어 신체가 노후해졌기로서니 이럴 수도 있는지.

그런데 이건 또 뭐란 말인가.

어느 날 길을 걷다가 허벅지와 불두덩 사이가 심하게 당기는 것 같은 느낌을 받았다. 그 증상은 아주 드물게 나타나서 손으로 아픈 부위를 문지르면 금방 괜찮아졌다. "모처럼 오래 걸었더니 가래톳이 선 모양이군." 처음에는 아주 대수롭게 생각했다. 집에 와서 살펴보니 아닌 게 아니라 약간 부풀어 있었다. 어렸을 때 알아본 가래톳은 하룻밤 잘 자고 나면 언제 그랬더냐 하는 식으로 멀쩡하지 않던가. 헌데, 하루가 아니라 닷새가 지났는데도 부기는 가시지 않았다. 가래톳이 아니면 뭘까. 차츰 의문이 들면서 불안해지기 시작했다.

발명 3주 만에 동네 비뇨기과와 외과를 찾았다. 인터넷을 서핑해 보니 그런 증상이 있을 경우 '탈장' 확률이 높으므로 전문의로부터 진찰을 받아 보라는 권고가 있었기 때문이다. 두 과의 진단결과는 "탈장이 의심된다"면서 큰 병원에서 진찰을 받아보란다. 탈장? 듣기에도 민망한 탈장이라니? 탈장이면 어떤 치료를 받는 것일까. 수술을 받아야 하나. 약물치료도 가능할까. 저절로 낫는 경우는 없을까. 마음이 뒤숭숭해 견딜 수 없었다.

결국 집근처에 있는 Y대 S병원 외과를 찾았다. 담당의사는 CT 촬영을 해 봐야 정확한 판단을 내릴 수 있겠단다. 맥 빠진 기분으로 의사의 지시에 따랐다. CT 판독결과는 "역시나"였다. 자연치유나 약물투입으로는 안 되고, 수술을 해야 완치가 된다는 것이다. 그나마 건강상태가 좋아야 수술이 가능하다며 혈액, 소변, 심전도, 가슴사진 등 부속 검사를 받게 했다.

지난 해 8월 24일. 2박 3일 예정으로 Y대 S병원에 입원했다. 10층 16호실이었다. 얼마 전에 신축한 병동은 두루 깨끗하고 간호원들은 친절했다. 저쪽 끝머리에는 안산이 보이고, 그 아래에는 Y대와 E대의 캠퍼스 일부가 손에 잡힐 듯 들어서 있었다. "수술이 잘

돼야 할 텐데…." 링거 하나 맞지 않은 채 빈둥거리며 나일론환자로 병실에 있자니 어색하고 겸연쩍었다. 앞으로는 정말 건강관리에 최선을 다 하리라. 그리고 더욱 뜻있는 삶을 살리라. 이렇게 병치레만 하다가 삶을 마감할 수는 없지 않겠나. 새삼 저 푸른 산과 그 산 위를 떠가는 뭉게구름이 찬란하게 보였다.

이튿날, "본인은 수술로 인해 불가항력적으로 일어날 수 있는 사고에 대해 그 책임을 의사에게 묻지 않으며…"라는 내용의 '수술동의서'에 서명한 뒤 5층에 있는 수술실로 들어갔다. 기분이 착잡했다. 간단한 수술이라지만 수술은 수술이 아닌가. "용기를 가져요! 이따 봐요!" 보호자 대기실에 있는 아내는 지금 얼마나 가슴을 졸이며 '성공적인 수술'을 기도하고 있을까.

마취를 준비하려는지 의사들의 손놀림이 분주하다. "전에 수술한 적이 있느냐? 의치가 있느냐?" 등 방금 전의 질문도 반복된다. 만의 하나, 예기치 않은 실수를 없애기 위해서일 것이다.

"옆으로 누워 무릎을 구부리세요. 그렇죠. 새우 등같이."

말이 떨어지자마자 알코올 솜으로 척추를 소독한다.

"응?"

순간 의문이 들었다.

"잠깐만요! 복강경수술이라 전신마취를 한다고 들었는데요. 아닙니까?"

담당의사가 밝힌 마취방법과는 딴판이니 그렇게 묻지 않을 수 없었다. 그런데 이 질문으로 수술실은 난리법석이었다. 전화로 확인하랴, 마취방법을 바꾸랴, 잘못을 저지른 직원 야단치랴 온통 벌

집을 쑤신 듯했다.

"환자가 얘기 안 했더라면 큰 일 날 뻔 했잖아"

이런 얘기도 들을 수 있었다. 결국 전신마취로 바꿔 수술을 받았고, 1시간 남짓한 시간이 흐른 뒤에 깨어날 수 있었다.

一病長壽(일병장수)하고 無病短命(무병단명)이란 말이 있다. 병이 있어야 오래 살고, 병이 없으면 오히려 목숨이 짧다는 얘기이다. 패러독스로 들리지만, 병치레하는 사람은 건강관리에 더욱 관심을 쏟을 테니 틀린 말은 아닌 것 같다. 지난 8년 간 나는 무릎골절과 탈장 등으로 세 차례나 수술을 받았다. 부끄러운 일이다. 아니, 뇌경색의 후유증은 사고나 질병으로 받은 수술 이상의 참담한 상황을 빚어냈으니 얼마나 건강관리를 잘못해 왔는지를 알만하다.

일단 큰 병에 걸리면 여러 후유증에 시달리게 마련이다. 설령 수술을 받는다 해도 온전히 낫지 않는다는 게 상식이다. 건강에 각별히 유념해야 하는 이유일 것이다. 물론 '삐걱거리는 문이 오래 간다(Creaking doors hang the longest)'는 속담이 있음을 모르지 않는다. 허나 문틀이 어긋나 삐걱거려야 문의 생명이 오래 간다는 것은 억지요, 궤변일 것이다. 어쨌든, 내 어느새 삐걱거리는 문의 존재가 돼 버렸는지 모를 일이다.

한방에서는 질병을 '우리 몸의 기(氣)가 원활히 흐르지 못함으로써 생기는 이상 현상'으로 보고 있다. 말하자면 어느 한 곳이 아프다 해서 그 부분만 살피는 것이 아니라, 전체적으로 모자란 기운은 보충해 주고 넘치는 기운은 내려 주어야 한다는 것이다. 그렇게 해야 몸의 균형을 유지할 수 있고 병도 다스릴 수 있단다. 허준(許

浚)은 동의보감(東醫寶鑑)에서 이렇게 말하고 있다.

> 노여움이 생기면 기가 위로 치솟고 너무 기뻐하면 기가 풀려 느즈러진다. 너무 슬퍼하거나 괴로워해도 안 된다. 또 너무 두려워하거나 놀라도 좋지 않다.
>
> 지나치게 춥거나 더운 것도 기에는 바람직하지 않다. 너무 피로하거나 깊이 생각해도 기가 순환되는 데는 방해가 된다.

그러니 오욕칠정(五慾七情)을 가진 범인(凡人)이 질병에서 벗어나 건강을 유지한다는 게 얼마나 어려운 것인가?

2011. 9

제3부

그들의 9회말

- 파란 눈, 거룩한 영혼
- 아, 그 얼룩말!
- 아직 먼 결승선
- Grasp all, lose all?
- 녹슬지 않는 삶
- 통쾌한 역전극
- 그들의 9회 말

파란 눈, 거룩한 영혼

얼마 전 ≪동아일보≫는 '2010 책 읽는 대한민국'이라는 타이틀로 '정의'에 관한 책들을 다룬 적이 있다. '정의'는 마침 우리 사회에 뜨겁게 떠올라 있는 화두이기도 해서 대중을 상대로 하는 신문 매체가 논의거리로 삼기엔 시의가 적절했다는 생각이다. 이 시리즈물은 국내외 석학들의 관련 책자들을 소개하고 서평을 곁들이는 형식이었다. 그런 친절에도 불구하고 나는 아직 '무엇이 정의인가'에 대해 두루 헷갈리는 입장이다.

국어사전은 '사람으로서 지켜야 할 바른 도리'가 바로 '정의'라고 풀이한다. 그렇다면 신문의 시리즈를 읽으면서 내가 알게 된 사실, '정의는 부동(不動)의 진리가 아니라 역사적 · 사회적 산물'이라는 해석과는 어떻게 다를까. 말을 바꿔서 "정의란 여러 가지 다양한 가치를 끊임없이 타협시킨 끝에야 이끌어낼 수 있다"는 것인데, 시대와 상황에 따라 과연 '정의'의 개념도 바뀌는 것일까? 자연의 질서와 이치에 어긋나는 짓을 한다든가, 다른 개인이나 공동체에 해를 입히는 행위 또는 질서를 무너뜨리면서 비합리적·비이성적 행위를 멋대로 할 경우를 정의롭지 못한 것으로 알고 있는 내 생각은 잘못된 것일까?

이러한 혼돈은 지하철을 타고 은평평화공원을 찾아갈 때까지도 풀리지 않는 의문으로 남아 있었다.

은평평화공원.

벌써부터 와 보고 싶은 장소였다. 지하철 6호선 역촌역 옆에 새로 생긴 이 공원은 내가 살고 있는 북가좌동에서 아주 가깝다. 지하철로 가면 역의 수가 네 개뿐이어서 10분이면 너끈히 도착하고도 남는다. 그런데도 이리 늑장을 피우다니…. 스스로를 나무라가며 4번 출구 계단을 올랐다.

역촌 네거리 모퉁이에 자리 잡고 있는 은평공원의 모습은 부채꼴 형상이었다. 얼핏 미니 야구장을 연상케 했다. 대지면적이 5700㎡라던가. 아담하고 조촐했다. 올 6월에 공사를 마친 공원답게 나무와 화단도 잘 정비되어 있었다. 소나무, 느티나무, 벚나무 등을 자리 맞추어 심고 그 사이사이에는 도장나무와 철쭉들이 배열되어 있었다. 키가 큰 나무마다 버팀목을 세운 것은 이식 후에도 새 환경에 잘 적응해 달라는 바람 때문일 것이다.

내가 찾아간 날은 11월 2일. 비교적 날씨가 차갑던 때문일까. 방문객들의 숫자는 많지 않았다. 포인세티아와 노랑 국화, 범 부채가 아니었다면 공원이 더 쓸쓸해 보였을 것이다. 공원이름에 '평화'가 딸린 것은 출입구 저쪽 끝에 미국 해군 출신인 쇼 대위(LT, William

Hamilton Shaw)의 동상이 세워져 있기 때문이다. 아울러 그의 정의로운 행동을 지표로 삼아 우국충정의 참다운 뜻을 기리고자 함일 것이다. '전쟁이 아닌 평화'를 염원하며….

윌리엄 해밀턴 쇼, 그는 누구인가?

쇼는 일제 강점기인 1922년 평양에서 태어났다. 아버지는 한국에서 선교활동을 하고 있던 윌리엄 얼 쇼였다. 외아들로 자란 그는 평양에서 고등학교 과정을 마친 뒤 미국으로 건너가 웨슬린대학을 졸업한다. 1943년 미국 해군 소위로 임관한 쇼는 제2차 세계대전이 일어나자 PT-518(어뢰정) 부장으로 노르망디 상륙작전에 참여하여 전공을 세운다. 전쟁이 끝난 뒤에는 다시 한국에 돌아와 한국해안경비대 창설에 기여한다. 그리고 해군사관학교에서 함정운용술을 가르치기도 한다.

다시 미국으로 돌아간 윌리엄 해밀턴 쇼는 하버드대학교에 입학, 철학박사 과정을 밟는다. 북한의 침입으로 6·25가 터진 것도 그 무렵이었다. 1950년 6월 그는 부모님께 다음과 같은 편지를 띄운다.

> I cannot in good conscience return to Korea as a Christian missionary in peace time if I am not first willing to be thereto help the Koreans depend their freedom in time of war.
>
> (지금 한국인들은 전쟁 중에 자유를 지키고자 애쓰고 있습니다. 만약 제가 이들을 도우려 흔쾌한 마음으로 한국에 가지 않고 전쟁이 끝난 평화 시에 선교사로 돌아간다면, 제 양심은 아주 볼썽사나워질 것입니다.)

결국 쇼 대위는 한국의 평화와 자유를 지키기 위해 미국 해군에 재입대한다. 그리고 인천상륙작전을 수행한다. 같은 해 9월 18일 그는 당시 이성호 해군중령에게 다음과 같은 사연을 보낸다.

> Since I was born in Korea, I am a Korean. How can I comfortably study while there is war in my country? There will be time to study after my country is restored to peace.
>
> (저도 한국에서 태어났으므로 한국 사람입니다. 내 조국이 전쟁 중인데 어떻게 마음 편히 공부할 수 있겠습니까? 조국이 평화를 회복한 뒤 공부해도 늦지 않을 겁니다.)

이 편지를 쓰게 된 동기는 확실치 않다. 다만, 전체적인 문맥으로 봐서 이런 추정은 가능하다. 박사학위 과정까지 포기하고 한국에 달려 와 참전 중인 그를 두고 주변에서 우려와 격려의 소리가 높아지자 쇼 대위가 상사인 이 중령에게 "당연한 것을 두고 왜들 이러는지 모르겠다"는 뜻으로 편지를 내지 않았을까 하는….

어쨌든 쇼 대위는 선발대로 상륙해 김포반도, 행주산성, 신촌의 노고산 등에서 벌어진 전투에 참가한다. 그러나 9월 22일. 은평구 녹번리에서의 전투 중 매복해 있던 적의 총탄을 맞고 장렬히 전사한다. 나이 고작 29살 때였다. 그의 유해는 현재 양화진의 외국인 선교 묘원에 안장돼 있다. 한국에서 적극적인 선교활동을 벌였던 아버지의 유해와 함께.

쇼 대위의 기념비는 1956년 전사 6주기를 맞아 국내외의 관심을 끌면서 녹번리에 건립되었으나 응암동 어린이공원으로 옮겨지는 등 어려움을 겪어왔다. 그러다가 6·25 전란 60주년이자 쇼 대위의 전사 60주년을 맞는 2010년을 맞으면서 '은평평화공원'을 조성해 그의 동상을 새로 세우게 된 것이다.

새로 세워진 쇼의 동상은 말쑥한 해군 제복을 입고 티 없이 환하게 웃는 모습이었다. 삶의 어려움에 부대껴 모질어진 얼굴이 아니라, 앳되고 상냥해 보이는 인상인데 어찌 그리 수많은 전쟁터를 겁없이 누빌 수 있었을까. 태어난 나라, 자신의 겨레를 위해서라면 그나마 이해가 될 수도 있을 테지만 한국과 한국인은 남의 나라요 다른 백성이 아니던가. 그것도 외아들로 태어난 터에 자진해서 싸움터에 뛰어들다니 감동하고 감격하지 않을 수 없다. 아무런 대가도 없이 목숨을 초개(草芥)같이 내 던진 그의 숭고한 뜻과 용기에 절로 옷깃이 여며진다. 그리고 슬그머니 분노가 치민다. 군대에 가지 않으려고 환청(幻聽)증세를 위장하거나, "헛것이 보인다"며 정신질환자 흉내를 냄으로써 최근 경찰에 입건됐던 어느 인기 연예인 그룹 11명의 추악한 행위가 문득 생각났기 때문이다.

그들은 그 뒤에도 고난도의 춤동작으로 어깨를 탈구(脫臼)시키는가 하면, 아령치기 또는 의자치기 등의 방법으로 어깨를 손상시키는 등 신성한 병역의무를 벗어나려 했다는 것이다. 국제대회에서 몇 차례 1등을 차지하기도 했던 이 팀의 팀장은 조직적으로 이런 병역 기피 방법을 팀원들에게 알려주고 실행하도록 부추겨 주기까지 했다니 기가 막힌다.

다른 예도 있다. 힙합과 댄스가수로 폭발적인 인기를 누리고 있던 한 연예인은 고의로 생니를 뽑았다는 혐의로 기소되기도 했다.

멀쩡한 이빨을 뽑아버린 것은 병역의무를 피하기 위한 고의적 행위라는 게 당국의 시각인 듯하다. 그게 사실이라면 참으로 한심하고 낯 뜨거운 일이다. 쇼 대위가 살아 있을 때와 같이 총탄이 비오듯 쏟아지는 격전의 상황이 아닌데도 그따위 불법을 저지른 젊은이들이 있다는 사실에 우리는 충격을 받는다. 아니, 소름이 돋는 두려움을 느낀다. 인간이 이럴 수도 있다니? 그가 생각하는 조국이란 어떤 존재일까. 아니, 그에게 '조국'이란 것이 있기나 한 것일까. 바로 이런 것이 '역사와 상황에 따라 변할 수 있다'는 '정의'의 새로운 모습은 결코 아니지 않은가.

"한국에 태어났으므로 나도 한국인이다. 내 조국 한국이 적의 침공을 받고 있는데, 어찌 마음 편히 공부만 할 수 있느냐?"며 자원해서 전투에 참가했던 파란 눈 뜨거운 가슴, 그리고 거룩한 영혼을 지녔던 윌리엄 해밀턴 쇼 대위. 그의 넋이 오늘날 일부 한국 젊은이들의 국가관을 본다면 목 놓아 통곡하지는 않을까. 그리고 그의 자책이 환청으로 들린다.

"하버드대학에서 철학박사 학위나 받을 걸…. 왜 미쳤다고 한국엔 다시 와 개죽음을 자초했는지 모르겠어."

2010. 11

■ 이 원고를 쓴 며칠 후인 23일, 북한의 연평도포격 도발사건이 발생했다. 이 사건으로 우리의 해병대원 2명이 전사하고 16명이 중

경상을 입었으며, 민간인 2명도 사망했다. 또 주택 20여 채가 대파되거나 불에 탔는가 하면, 산불이 발생하는 등 막대한 피해를 입은 것이다.

지금 한반도는 북한의 재도발 가능성에 대응방안을 둘러싸고 사회 분위기가 어수선하다. 이런 가운데 병무청은 12월 해병대 지원 마감 결과를 발표해 눈길을 끌었다.

결과부터 얘기하자면, 977명 모집에 3488명이 몰려들어 3.57대 1의 높은 경쟁률을 보였다는 것이다. 특히 해병대 중에서도 임무가 가장 힘들다는 수색병과에는 11명 모집에 231명이 지원해 21대 1의 높은 경쟁률을 기록했다고 한다.

"북한의 연평도 도발이 나의 도전 정신을 자극했다. 민간인을 향해서도 포를 쏴대는 것을 보고 분노했다. 어떻게든 나라를 지키는데 기여하고 싶다."

해병대에 지원했던 젊은이들의 얘기이다. 이러한 청년들이 있는 한, 대한민국의 장래는 안심해도 좋을 것이다. 생니를 뽑거나 일부러 어깨뼈를 다치게 하는 일부 인간 망종들을 크게 우려하지 않아도 좋을 듯하다. 아울러 은평평화공원에 서 있는 쇼 대위에게도 위로의 말을 전하고 싶다.

"당신의 죽음은 결코 헛되지 않았다. 그러니 자탄일랑 말고 편히 쉬어 달라"고.

아, 그 얼룩말!

흙먼지를 일으키며 수 백 마리의 얼룩말이 사바나를 달린다. 갈증을 풀어줄 물이나 싱싱한 풀을 찾아서다. 같은 시각, 풀숲에서는 너덧 마리의 사자가 매서운 눈초리로 얼룩말들의 움직임을 예의 주시한다. 대오를 이탈하거나 뒤쳐진 놈이 있는가를 살피기 위해서다. 그런 녀석들을 사자는 다루기 수월한 먹잇감으로 삼으려는 것이다. 그리고 마지막 한 놈을 고른다.

'바로 저 놈!'이라는 판단과 함께 숨어있던 사자들이 목표물을 향해 쏜살같이 내달린다. 기습을 당한 얼룩말은 사력을 다해 도망친다. 하지만 날카로운 송곳니에 목덜미가 물리고 다리와 배에 깊은 상처를 받으면서 결국 제압되고 만다.

이렇게 아프리카 생태계에서 사자와 얼룩말은 포식자와 그 포식자의 배를 채워주는 희생물의 관계이다. 마치 표범과 누(gnu)의 사이가 그러 하듯.

그런데도 가끔 우리는 예외를 찾는다. 얼룩말이나 누가 오히려 사자나 표범을 공격해서 포식(捕食)한다는 얘기가 아니다. 희생물이 될 수 있는 절체절명의 순간에도 생명을 포기하지 않고 저항하여 끝내 제압의 손아귀를 벗어난다는 뜻이다.

며칠 전의 일이다. 인터넷을 서핑하다가 '얼룩말에 두들겨 맞은 사자'라는 제목의 동영상을 만났다. '백수(百獸)의 왕자'라는 사자가 얼룩말에게 '두들겨 맞다'니 그런 일도 있는가 싶으면서 어떤 내용인지가 궁금했다.

동영상은 암사자에게 제압당한 얼룩말이 모로 누워 있는 모습으로 시작되었다. 화면에 보인 얼룩말은 마치 곤한 낮잠이라도 자듯 보인다. 바로 그 옆에 뒷발을 괴고 엎디어 있는 암사자. 둘의 얼굴은 보이지 않는다. 그런 자세가 잠시 계속되더니 움찔하며 얼룩말이 몸을 일으키려고 한다. 제대로 될 리가 없다. 그러나 덩치 못지않을 만큼 힘도 센 얼룩말은 안간힘 끝에 결국 일어난다. 일어는 났지만 상황은 달라진 게 없다. 암사자의 완강한 힘에 못 이겨 몇 발짝 끌려가더니 얼룩말은 다시 구르듯 오른쪽으로 쓰러지고 만다.

'섣부른 저항을 말라!'는 의미에서일까. 이번엔 암사자가 앞발을 얼룩말의 목에 둘러 감는다. 상황이 이렇다 보니 얼마의 시간이 걸릴까가 문제일 뿐 둘의 게임은 끝난 것이나 진배없다. 잠시 뒤 얼룩말의 몸은 갈가리 찢겨질 테고 암사자는 주린 배를 실컷 채울 것이다. 그런 현상이야 먹이사슬의 룰일 뿐, 뭐 암사자의 잔혹함을 탓하거나 얼룩말의 측은함을 동정할 필요까지야 없다고 생각할 때였다.

다시 얼룩말이 꿈틀거리며 몸을 일으키려 한다. 버르적거리는 두 뒷다리의 모습이 자못 애처로웠다. 더욱 힘을 가해 목을 옥죄는 암사자. 그래도 얼룩말은 온 힘을 다 해 일어나는데 성공한다. 그리고는 시계방향으로 한 바퀴 두 바퀴를 돈다. 포식자의 몸뚱이를 끌 듯 하는 자세로. 하지만 암사자라고 가만히 있겠는가. 더욱 힘을 주어 얼룩말의 목을 끌어안는다. 암사자가 얼룩말에 깔린 형국으로 생사를 건 싸움이 치열해지는 순간, 얼룩말이 도망을 치기 시작한다. 송곳니를 느슨하게 풀어버린 한 암사자의 실수로 보였다.

'아차!' 싶었던 암사자가 도망가는 얼룩말의 뒷발 하나를 입에 문다. 그러나 이것마저 뿌리치고 얼룩말은 줄행랑을 친다. 마침내 사자는 좇아가기를 단념해 버리고 멍한 눈으로 얼룩말을 바라본다. 이 모습을 강가의 20여 마리 새들이 쳐다보고 있다. '종로에서 뺨 맞고 한강에서 눈 흘긴다'던가, 암사자가 괜스레 새들을 향해 으르렁거리는 것으로 동영상은 끝난다.

'호랑이에게 물려가도 정신만 차리면 살 수 있다'는 속담이 있다. 방금 전의 얼룩말은 사경(死境)을 맞았음에도 정신을 차렸기에 살아날 수 있었다. '정신을 차린다'는 건 무엇인가. 낙심하지 않고 희망을 갖는 것이리라. 체념하거나 포기하려는 게 아니라 떨쳐 일어나 다시 도전하는 일이다. 이러한 자세나 마음가짐이 얼룩말에만 소용되고 필요한 것은 아닐 것이다. 무릇 살아 있는 모든 것들이 반드시 갖춰야 할 태도라 생각된다.

사람이라고 예외가 될 수 없음은 물론이다. 곤경과 난경을 벗어나 인간 승리자로 우뚝 선 사람들은 하나같이 희망과 용기를 잃지 않았다. 스티븐 호킹(Stephen W. Hawking)의 예를 들어 보자. 그는 21살 때 근위축성 측색경화증을 앓아 휠체어에 의지해서 생활하는 입장이다. 루게릭병으로 불리는 이 질환은 몸이 점점 마비되어 가는 희귀병으로 자칫하면 생명을 잃을 수도 있다고 한다. 그런데도 그는 어려움을 극복하고 위대한 물리학자로 대성했다.

다른 예도 있다.

헬렌 켈러(Helen A. Keller)는 태어난 지 19개월 만에 성홍열과 뇌막염을 앓았다. 어린 나이에 얻은 큰 병의 후유증으로 헬렌은 보고 듣지도 못하며 말조차 할 수 없는 3중고의 생활을 하게 된다. 그러나 뼈를 깎는 노력 끝에 헬렌은 정상인 못지않은, 아니 그보다 더한 인생의 승리자가 되었다. 여러 가지 불리한 신체적 조건인데도 이를 희망과 용기 그리고 집념으로 극복해냄으로써 작가의 반열에 오르는가 하면, 저명한 노동운동가이자 인권운동가로 이름을 빛낼 수 있었던 것이다.

이들에게 부닥친 질환이나 후유증에 견주어볼 때 내가 겪은 뇌경색은 정말 아무것도 아닐 수 있다. 그러나 나는 어떻게 처신했나. 하찮은 어려움에 부닥칠 때마다 실의했고 좌절해 왔다. 처음 그 병을 얻었을 때의 당혹감이나 절망감은 이해한다고 치자. 그러나 그 후에도 툭하면 "이제는 다 틀렸다!"며 자포자기하고 자학하지 않았던가. 생각자면 지난 일이 못내 부끄러울 뿐이다.

나를 괴롭힌 뇌경색이나 그 뒤의 후유증은 호킹이나 헬렌켈러가 맞이한 무서운 질병과 견주어 보면 가벼운 고뿔에 지나지 않을 것이다. 그러니 같은 장애자라고 나설 주제도 못된다. 설사 똑같은 장애자로 인정을 받기로서니 얼마나 부끄러운가?

혹 누군가가 "같은 장애인이면서 당신은 대체 어떤 일을 이룩했느냐?"고 묻기라도 한다면 수치심은 더욱 높아질 것이다. 이룬 게 없다면 이루려고 애라도 썼어야 했는데, 그마저 못했으니 딱하고 한심하다.

방금 전에 봤던 동영상 속의 얼룩말·암사자의 목숨 건 싸움, 특히 질 것이 빤한 싸움을 당당히 이겨낸 얼룩말의 용기와 끈기 그리고 신념을 배우고 싶다.

2011. 2

아직 먼 결승선

‘정신(精神)’의 사전적 뜻풀이는 ‘물질적인 것을 벗어난 영적인 존재로 마음이나 영혼을 가리킨다’이다. 따라서 ‘건전한 육체에 건전한 정신’이라든가 ‘애국정신을 발휘해야 한다’고 말할 때의 ‘정신’이 바로 그에 해당한다 할 것이다.

안병욱은 그의 에세이에서 정신에는 네 가지 특성이 있다며 다음과 같이 설명한다.

첫째, 정신은 자아의 주인이다. 따라서 몸이란 단지 정신을 담는 그릇에 지나지 않는다는 것이다.

둘째, 육체가 정신을 지배하기보다는 정신이 육체를 지배하는 경우가 훨씬 더 많다고 한다. 비상한 정신과 죽을 각오로 일을 대할 때 놀라운 힘이 솟구치는 것은 그 때문이란다.

셋째, 정신은 무한한 잠재력을 지니고 있다. 그러므로 스스로의 내부에서 잠자고 있는 능력을 끊임없이 개발해야 된다는 것이다.

넷째, 정신은 쓰면 쓸수록 발달하고 안 쓰면 안 쓸수록 무디어진다. 그러기에 훈련과 노력을 게을리 하지 말아야 한단다.

많이 들어본 얘기이다. 그러나 이를 철저히 실천함으로써 위인이 되거나 명인이 되며 대가(大家)·거장이 되기란 쉽지 않다. 하물며 육체적인 장애를 지니고 있음에랴. 그런데도 우리는 드물지 않게 예외를 찾는다. 미국의 양궁선수인 매튜 스터츠만과 남아공의 육상선수 오스카 피스토리우스가 그들이다.

매튜 스터츠만.

올해 나이 29세로 미국 출신의 양궁선수이다. 그러나 그에게는 양팔이 없다. 팔 없이 어떻게 활을 쏠 수 있을까. 더욱이 어떻게 선수가 될 수 있을까. 그는 발가락으로 활을 잡고 입으로 활시위를 당긴다. 결코 쉽지 않은 이 일을 스터츠만은 용케도 해내고 있는 것이다.

최근에 가진 경기에서 개인 통산 최고 기록을 세운 그의 목표는 2012년 런던올림픽에서의 금메달 획득이다. 물론 그러기 위해서는 무엇보다 국가 선발전에 합격해야 한다. 하지만 그는 자신에 차 있다. 올림픽 출전을 확신하고 있는 것이다. 장애인 올림픽경기를 두고 하는 얘기가 아니다. 비장애인들과 당당히 겨뤄 금메달을 따내겠다는 것이 그의 당찬 목표이다.

두 아이의 아버지이기도 한 매튜 스터츠만은 이렇게 말한다.

"목표를 이루는 일에 육체적인 장애는 별 문제꺼리가 될 수 없다고 본다. 하물며 신체가 건강한 사람이야 말해 무엇 하겠나. 이 점을 자식들에게 보여주고 싶다."

오스카 피스토리우스.

25세. 남아공 출신의 육상선수이다. 그는 태어날 때부터 종아리뼈가 없었다. 아이는 자꾸 커 가는데 다리는 없고…. 할 수 없이 그의 부모님은 어린 피스토리우스에게 보철 다리를 달아 주어야 했다. 난지 겨우 11개월 만의 일이다. 그런 그가 달리기 선수가 된 것이다.

피스토리우스는 7월 20일 이탈리아 리냐노에서 열린 육상대회 남자 400m에서 45초 07의 기록으로 우승을 차지했다. 자신의 최고 기록인 45초 61을 0.54초 앞당기면서. 마침내 국제육상경기연맹(IAAF)이 정한 A기준기록 45초 25를 뛰어 넘은 것이다. 이렇게 해서 그는 지난 8월의 대구 세계육상선수권대회에 출전하게 됐다. 또 올 5월 1일 이후 세운 기록은 내년까지 유효하기 때문에 2012년 런던 올림픽 출전의 길도 저절로 열리게 된 것이다. A기준기록을 넘은 날 그는 트위터에 이런 글을 남겼다.

"믿기지 않는다. 너무 행복해 잠을 이룰 수 없다"고.

장애인 선수가 비장애인들이 겨루는 메이저 대회의 출전 자격을 따낸 것은 이번이 처음이다.

다리 없는 스프린터 피스토리우스. 그는 탄소섬유 재질의 보철 다리를 달고 뛴다. 'ㄴ'자 모양의 날로 된 의족을 사용하기 때문에 흔히 '블레이드 러너(blade runner)'라는 별명이 붙었다. 어려서부터 그는 운동을 좋아했다. 고등학교로 진학할 때 그는 이미 만능선수가 돼 있었다. 2003년 피스토리우스는 럭비를 하다 무릎을 크게 다쳤다. 그러나 아이러닉하게도 이 사고는 단거리 육상선수가 된

계기가 된다. 재활을 위해 시작한 육상이 그의 운명을 바꿔버린 것이다.

2004년 아테네 장애인올림픽 200m에서 그는 세계기록을 세우며 금메달을 목에 걸었다. 이후 피스토리우스는 2008년 베이징 올림픽의 출전을 꿈꾸며 맹렬한 훈련에 돌입했다. 그러나 뜻 아닌 곳에서 좌절과 맞닥뜨려야 했다. IAAF가 그의 의족을 치타의 발에 비유하면서 '공정한 경쟁을 가로막는 기술적 장비'라는 결정을 내린 것이다. 그러니 세계선수권대회와 올림픽 출전은 물 건너간 꿈이 될밖에….

그는 낙심했다. 그렇지만 절망하지는 않았다. 그리고 어릴 때 어머니가 하신 말씀을 생각해 냈다. "너는 다른 사람과 아무 차이가 없단다. 다른 사람은 신발을 신고 너는 의족을 신는다는 것뿐이지."

그는 스포츠중재재판소(CAS)에 제소했다. 그리고 그의 변호인들은 "스프링 같은 의족으로 땅을 박찰 때 이를 에너지로 환원시키는 양이 그리 많지 않다는 점, 의족은 엉덩이 허벅지 종아리 근육을 다 쓰는 비장애인에 비해 2배 이상의 힘을 내야 한다"는 등의 반론을 편 것이다. 결국 CAS는 피스토리우스의 손을 들어주었다. 난관에 맞서 뜻을 이루려는 감투정신의 결과였다.

피스토리우스는 지난 8월 29일 대구스타디움에서 열린 세계육상선수권대회 남자 400m 준결승 3조 경기에서 46초 19로 최하위를 기록했다. 꼴찌를 차지했으니 결승 진출은 물거품이 된 것이다. 그런데도 네티즌들은 그에게 힘찬 박수를 보내는 등 뜨거운 반응을 나타냈다.

"우승보다 더 진한 감동을 느꼈다", "끝까지 포기하지 않아 감사하다", "도전만으로도 대단하다"면서.

어쨌든 피스토리우스는 앞으로도 주춤대거나 포기하는 일은 없을 것이다. 내년에 런던 올림픽이 기다리고 있대서 하는 얘기가 아니다. 이 세상 아무도 해내지 못한 일을 이룩한 그가 아닌가. 난관을 극복해 낸 그의 정신이 흔들리지 않는 한, 꿈을 향한 그의 질주도 반드시 계속되리라고 믿기 때문이다.

스터츠만과 피스토리우스의 얘기는 신체의 장애가 결코 인생의 장애가 될 수 없다는 점을 웅변으로 말해 준다.

그렇다면 내 경우는 어떤가. 나는 요즘 아주 무력하다. 아침마다 해왔던 체력단련도 거른 지가 오래 되었고, 좋은 수필 쓰기에 진력하겠다던 스스로의 다짐도 시들한 지가 한참 됐다. 만사가 귀찮고 번거롭게 느껴지는 것이다. 왜일까. 나이가 들어서인가. 그래서 결국 무력해진 것인가.

흔히 '노년기의 미덕'으로 세 가지를 꼽고 있음을 본다. 무심(無心), 무욕(無慾), 무탐(無貪)이 그것이다. 허나 무력(無力)은 같은 무자(無字) 돌림에 틀림없지만 앞의 낱말들과는 뉘앙스가 좀 다르다. 무력이란 그저 아무런 의욕도 없이 맥 빠지게 지내고 있다는 뜻일 뿐이니까.

정말 나머지 삶이라도 신뢰와 존경 속에 감동으로 살 수는 없을까. 이것도 '정신'의 문제라면 어금니 꽉 깨물고 해보련만…내 경우는 반드시 그렇지만도 아닌 듯해서 안타깝다. 나를 위해 떠 있는 해가 너무 짧은데다 기력도 쇠잔해 있다고 느낄 때는 더욱 맥이 풀어진다.

양팔 없는 궁사인 스터츠만과 두 다리가 없는 육상선수 피스토리우스, 문득 그들을 닮고 싶다. 궁사가 되어 활을 쏘거나 육상선수가 되어 달리기를 하고 싶다는 얘기가 아니다. 그들의 용기, 그들의 기백을 닮고 싶다는 뜻이다. 그러자면 생각부터 고쳐야 하지 않을까 싶다. 부정적이고 소극적인 사고방식이나 생활태도는 긍정적이고 적극적인 사고방식이나 생활태도로 바꿀 필요가 있을 것이다. 지는 해를 단지 석양의 아쉬움으로만 볼 게 아니라, 세상을 물들이는 채색 같은 것으로 이해할 수도 있지 않겠나. 하니, 무력한 내 자신에게는 이렇게 격려해 주자.

"힘을 내라! 결승선은 아직 멀었다!"고.

2011. 9

Grasp all, lose all?

욕심 사납게 남의 것이나 뺏으려 들다가는 이미 지닌 자신의 것조차 잃게 된다는 얘기를 이솝(Aesop)은 그의 우화 '고기를 물고 가던 개'에서 이렇게 소개한다.

> 개 한 마리가 고깃점을 물고 강물을 건너고 있었다. 물에 비친 자기 모습을 보고 개는 자기의 것보다 더 큰 고깃덩어리를 물고 있는 다른 개로 착각한다. 그래서 개는 물고 있던 제 고기는 던져버린 채 더 큰 고깃덩어리를 빼앗으려고 물속에 뛰어든다. 그러나 개는 아무 것도 얻지 못한다. 하나는 애초에 존재하지 않았고, 다른 하나는 물살에 휩쓸려 떠내려갔기 때문이다.

누구나 다 아는 이 우화는 '고기를 물고 가던 개' 말고도 '개와 그림자' 또는 '그림자'라는 제목으로 많은 사람들에 의해 회자되고 있다. 지나친 욕심을 부리지 말라는 이솝의 이 우화는 실상 우리 인간사회의 아포리즘에 다름 아니다. 다만, 동물들의 얘기로 겉옷을 걸쳐 놓았을 뿐이다. 문학작품들 속에는 장르를 가리지 않고 이와 비슷한 얘기들로 넘쳐 있다. 톨스토이의 단편 "사람에겐 땅이 얼마만큼 필요한가?"도 마찬가지이다.

빠홈이라는 농부가 있었다. 유난히도 땅에 관심이 높았지만 가난한 탓에 좀처럼 땅을 마련하지 못한다.

어느 날 그는 한 마을의 이장으로부터 파격적인 제안을 받는다. 1000루블만 내면 하루 동안 걸어서 표시한 땅을 모두 차지할 수 있다는 것이다. 다만, 해가 떨어지기 전에는 자신이 처음 출발했던 장소로 반드시 돌아와야 한다는 게 조건이었다. "이런 횡재가 있나?" 빠홈은 뛸 듯이 기뻐한다.

"차지할 땅이 하도 넓어 가늠할 수가 없군. 나쁜 땅은 팔아버리고 좋은 곳만 골라 정착해야지. 황소 두 마리가 끌 수 있는 쟁기를 사고 하인도 몇 사람 써야겠군."

그는 한껏 희망에 부푼다. 아침 해가 뜨자마자 그는 이장이 가르쳐 준 장소로 가서 출발을 서둔다. 되도록 많은 땅을 차지하기 위해 빠홈은 중간에 쉬지도 않고 계속 달린다. 물 한 모금 마시는 시간도 절약하면서…. 그렇게 해서 빠홈은 기진맥진한 몸으로 출발선에 되돌아온다. 다행히 해는 서산에 지기 직전이었다.

"정말 대단하시군요. 이제 많은 땅을 갖게 됐습니다."

이장의 축하인사가 끝났다 싶었는데, 저런! 빠홈은 그만 그 자리에 쓰러지고 만다. 입에서는 피가 흐르고 있었다. 죽은 것이다. 결국 그가 차지할 수 있는 땅은 고작 2m에 지나지 않았다.

이 작품이 발표되었던 1880년대 초의 1000루블이 얼마만큼 가치를 지니고 있었는지는 알 수 없다. 그 정도의 돈으로 하루 종일 내달린 넓이의 땅을 차지할 수 있다는 설정은 좀 무리라 생각되기도 한다. 허나, 톨스토이는 욕심이 지나친 자가 과연 어떤 대가를 받을 수 있는지를 독자에게 알리고 싶어 죽음이라는 '극약 처방'을 내렸을 것이다.

2003년이 다 가는 12월 23일. 나는 종합 검진을 받다가 뇌경색 징후가 나타나는 바람에 황급히 응급실로 달려갔다. 전혀 남의 도움을 받지 않고 내 발로 간 것이다. 정신도 또렷했고 걸음걸이나 글씨 쓰기도 아무 이상이 없었다. 나타난 징후라고는 제대로 혀가 구르지 않는 것뿐이었다. 그런데 도대체 무엇이 어떻게 잘못 되었는지 입원 다음날부터 나는 반신 불수(半身不隨)가 되어 휠체어를 타는 몸이 되고 말았다. 언어장애까지 덤으로 따라 와 말도 제대로 할 수 없으면서….

기막힌 노릇이 아닌가. 멀쩡하던 몸이, 누구보다 건강을 자신했던 내가 이럴 수도 있단 말인가. 박사학위 논문도 통과되어 대학원 졸업식을 코앞에 두고 있는 내가 이 모습이라니. 아나운서 출신으로 언어를 구사함에는 자신했던 내가 이 상황이라니 될 법이나 한 얘기인가. 결코 인정하고 싶지 않았고, 한바탕 꿈이기를 바랐다. 하지만 그건 엄연한 현실이었다. 울고 불며 소리쳐도 아무 소용이 없었다.

그렇게 한 달 보름동안을 병원에서 보낸 나는 허망한 기분으로 집에 돌아왔다. 세상이 싫고 두려워 바깥출입은 아예 하려들지 않았다. 전화도 받지 않았다. 작업치료와 물리치료를 받느라 매일 일정한 시간에 병원을 들락거리는 게 고작이었을 뿐이다.

뒤늦게나마 건강관리에 신경을 썼음인지 발명 6개월이 지나서부터는 뇌경색으로 인한 후유증이 꽤 나아지고 있다는 것을 스스로도 감지할 수 있었다. 외부에서 걸려온 전화를 받고 가까운 친구들을 만나기 시작한 것도 그 무렵이었던 것 같다. '바깥세상'과 소통하려 했던 중요한 이유가 있었다. 누에고치 모양으로 혼자 지내고 있으려니 우울증에라도 걸릴 것 같았기 때문이다.

어떤 친구들은 말한다.

"욕심 좀 버릴걸 그랬어. 뇌경색…그거 모두 욕심 때문이야!"

처음에 나는 그 말을 격려의 말로 들었다. 병상에서 일어난 친구를 아끼고 위로하는 뜻 정도로 안 것이다. 허나, 그 말 속에는 쓸 데 없는 욕심이 몸을 망치고 말았다는 비난의 뜻도 있음을 깨닫게 되었다. 여간 섭섭하지 않았다. 아니, 불쾌하기조차 했다.

학위만 해도 그렇다. 방송에서 익힌 실무를 학문적 이론에 접목시킴으로써 대학 강단에서 후배들을 지도하고 싶다는 꿈은 오래전부터 갖고 있었으니 그것도 욕심이라면 부인하지는 못하겠다. 그러나 그것을 무모한 욕심이라 친다면 이 세상에 욕심 아닌 것이 대체 무엇인가?

98세에 세상을 떠난 러셀(Bertrand Arthur Williams Russell)은 그의 삶을 회상하면서 이런 말을 했다고 한다. "나는 일하다가 죽고 싶다"고. 영국 태생의 러셀은 20세기를 대표하는 지성인으로 알려져 있다. 그의 사상영역은 수학, 논리학, 철학, 사회평론. 문명비평 등 폭넓게 걸쳐 있다. 그는 일생동안 67권의 주옥같은 책을 저술한 사람이다. 하지만 그를 두고 욕심쟁이라고 손가락질하거나 비난하는 사람은 없다. 왜 그런가. 두려움 없이 열정적인 인생을 살아왔고, 그 결과가 뚜렷하기 때문일 것이다.

열정적인 삶이란 과연 어떤 것일까. 헤밍웨이는 그의 대표작 ≪노인과 바다≫에서 이렇게 소개하고 있다.

산티아고 노인은 84일 동안이나 한 마리의 고기도 잡지 못한다. 그런 어느 날, 노인의 낚시에 덩치가 어마어마한 청새치 한 마리가 걸린다. 사흘간의 사투 끝에 노인은 낚은 고기를 배 뒤에 달고 귀항 길에 오른다. 그러나 청새치가 흘린 피 냄새를 맡고 상어 떼가 달려든다. 노인은 놈들을 물리치기 위해 목숨 건 싸움을 벌인다. "파괴될지언정 패배는 있을 수 없다"고 절규하면서.

가까스로 배를 항구에 대기는 했지만 뱃전에 남아 있는 것은 상어들이 다 뜯어 먹은 뒤 남겨놓은 앙상한 가시뿐이었다.

우리가 이 작품에서 얻을 수 있는 교훈은 능력에 부친 데도 불구하고 무모하게 달려드는 만용이나 욕심보다는, 인간의 의지 또는 역경을 이겨내는 투지일 것이다.

허만 멜빌의 ≪백경(白鯨: Moby Dick)≫도 마찬가지이다. 다리를 앗아간 흰 고래 모비딕을 좇아 오대양을 누비는 피쿼드 호의 선장 에이허브를 어찌 부질없는 복수극의 화신으로만 볼 수 있는가. 3일 동안의 사투 끝에 모비딕을 찾아낸 에이허브 선장은 마침내 흰 고래 등짝에 분노의 작살을 꽂는다. 그리고 자신도 죽고 배도 침몰해 버린다. 허나, 그의 행동을 가리켜 무모한 짓거리라고 폄하할 수 있는가. 그보다는 끊임없이 도전하는 불굴의 용기로 봐야 마땅하지 않을까.

영어 속담에 “Grasp all, lose all”이라는 것이 있다. 모든 것을 차지하려 한다면 모든 것을 잃는다는 뜻이다. 정말 그럴까? 그럴지도 모른다. 다만 우리가 허투루 봐서는 안 될 것이 있다. 차지할 대상이 정말로 가치 있는 존재라면, 도전을 향한 투지나 용기 그리고 신념은 마땅히 찬사를 받아야 하지 않을까. 비록 패배가 있고 손실이 따르더라도.

2011. 9

녹슬지 않는 삶

국어사전은 '녹슬다'를 '쇠붙이가 산화(酸化)하여 빛이 변하다'로 풀이한다. 그럼, 산화란 무엇일까. 어떤 물질이 산소와 결합하면서 이상(異常)한 모습으로 바뀌는 것을 말한다. 싱싱한 꽃이 시들어 버리거나 깎아 놓은 사과가 누렇게 변하는 현상 또는 음식이 부패하여 썩는 것도 산화이다.

사람이라고 다를 게 없다. 산화물질로부터 공격을 받게 되면 몸 안의 세포가 파괴되고 병들어 늙게 됨으로써 '녹스는' 현상을 맞게 되는데, 그게 바로 산화이다. 그러기에 국어사전도 '녹슬다'를 풀이하면서 '상태나 기능이 낡거나 무디어지는 것'이라는 군더더기 말을 덧붙인 게 아닌가 생각된다.

하면, 산화는 꼭 형체를 지닌 존재에서만 일어나는 현상일까. 그렇지 않다. 마음이나 영혼에도 산화현상은 일어난다. 비록 우리들 자신이 산화의 정도를 가늠할 수는 없다 해도…. 정신적 산화현상은 생물학적 산화현상보다 더더욱 심각해서, 사람의 경우 쉬 늙게 만들며 병들어 죽음을 맞게끔 한다는 것이 이 분야 전문가들의 지적이다.

사람에 따라 다르겠지만, 마음과 영혼이 자신의 빛깔을 잃고 녹스는 것은 대체로 생의 마무리 단계에서 급격히 나타나는 현상이 아닌가 싶다. 정년퇴직을 하고 나니 팍삭 늙어 보인다든가, 아들딸 결혼시킨 뒤에 오히려 우울증이 몰려드는 것 같다고 스스로 느낀다면 이미 마음에 녹이 슬었다고 봐야 할지도 모른다.

왜 마음에 녹이 생길까.

줄기차게 달려온 삶, 그 삶 속에서 이루어낸 목표가 달성되면서 홀연 생의 리듬이 깨진 때문이다. 팽팽히 조였던 긴장이 풀어졌으니 머리에 남는 것은 무료함과 지루함이 아니겠는가. 구르는 돌에 이끼가 끼지 않듯 흐르는 물은 썩지 않는다. 마찬가지로, 어제보다 오늘이 새롭고 오늘보다 내일이 새로운 일일신(日日新)의 삶을 산다면, 그리하여 나태와 안일을 버리고 성실과 탁마의 삶을 산다면, 그의 영혼은 녹슬거나 좀먹지 않은 채 아주 오랫동안 맑고 깨끗함을 유지할 것이다. 고령인데도 녹슬지 않은 삶을 살고 있는 사람들의 얘기는 그래서 늘 신선하다.

≪광장(廣場)≫의 작가인 소설가 최인훈(崔仁勳).

그는 올해 나이 75세로 지난 10월 제1회 박경리 문학상을 받았다. 심사위원회가 그를 수상자로 선정한 이유는 이렇다.

"분단 현실과 이데올로기 대립이라는 한국적 상황을 문학적으로 깊이 있게 성찰해 온데다, 그러한 탐구를 통해 한국문학의 새로운 지평을 열었으며 한국이라는 지역성을 넘어 세계문학으로서도 보편적 가치가 있다고 판단했기 때문이다."

≪광장≫은 그의 나이 스물다섯에 발표한 중편 소설이다. 평론가 김현은 "정치사적인 측면에서 보자면 1960년은 학생들의 해였지만, 소설사적인 측면에서 보자면 그것은 '광장'의 해였다고 할 수 있다"고 극찬을 아끼지 않았다. 1960년 초판을 낸 이래 2010년까지 10번이나 개작을 거듭한 이 작품의 구성이나 내용 또는 작가의 저술 의도를 이 에세이에서 거듭 밝힐 필요는 없을 것 같다. 부질없는 군더더기가 되겠기 때문이다. 다만, 이미 써낸 작품을 거듭거듭 고치고 다듬어 완성도를 높여간 점은 찬사가 절로 나온다. 작가로서의 책임감이 얼마나 두터우면 저리도 성실을 다할까 하는 생각에서다.

예컨대, ≪광장≫의 첫 머리는 판(版)에 따라 이렇게 바뀌고 있다.

- 바다는 크레파스보다 진한 푸르고 육중한 비늘을 무겁게 뒤채면서 숨쉬고 있었다. (신구 판)
- 바다는 숨쉬고 있다. 크레파스보다 진한 푸르고 육중한 비늘을 무겁게 뒤채면서. (민음사 판)
- 바다는, 크레파스보다 진한, 푸르고 육중한 비늘을 무겁게 뒤채면서, 숨을 쉰다. (전집 판)

마음에 맞는 문체를 찾기 위해 그야말로 몸을 '뒤채면서' 고뇌하는 소설가 최인훈의 모습을 곁에서 보는 것 같다. 언뜻 봐서는 그게 그것이련만…. 끊임없이 갈고 닦아 녹슬지 않게 하려는 마음의 자세가 없다면 감히 그런 엄두를 냈겠는가.

1994년에 발표한 '화두' 이후 신작을 내지 않는 최인훈에게 "혹시 절필한 것은 아니냐"고 기자가 묻자 그는 이렇게 대답하더란다. "절필이라뇨? 글은 최소한 예술적 훈기(薰氣)가 불어 와야 합니다. 그 때가 오면 다시 쓸 겁니다."

그의 영혼이 아직도 녹슬지 않았음을 알 수 있다. 따라서 그는 분명코 '예술적 훈기'도 맞을 것이다. 조만간에.

서도소리의 명인 이은관(李殷官).

중요 무형 문화재 29호인 그는 올해 나이 94세. 아직도 현역으로 바쁘게 뛰고 있다. 1주일에 두 번은 제자들을 가르치고 한 달에 두 번 가량은 국악 공연을 갖는다.

1938년 21세의 나이에 그는 황해도 황주의 이인수 선생에게서 배뱅이굿과 서도소리를 본격적으로 배웠다. 그 뒤 혈혈단신 서울로 올라온 그는 조선가무단에서 유랑극단의 배고픈 세월을 거친다. 하지만 해맑게 치고 올라가는 그의 창법은 많은 사람들을 매료시킨다.

1957년 영화 '배뱅이굿'에 출연해 폭발적인 인기를 끌면서 이은관은 배뱅이굿 1인자로서의 자리를 굳힌다. 조선시대부터 내려오던 배뱅이굿은 남도의 판소리와 마찬가지로 극적인 줄거리를 가진 대표적 서도민요이다. 정승의 딸 배뱅이가 상사병으로 죽자 부모는 딸의 넋을 위로하려고 굿판을 벌이는데, 건달 청년이 거짓 무당 행세를 함으로써 횡재를 한다는 내용의 해학과 익살이 넘쳐나는 민요이다.

"왔구나! 왔어! 배뱅이가 왔어!" 그래서 배뱅이굿의 또 다른 이름은 "왔구나!"이다. 그리고 그는 배뱅이굿으로 이름을 떨쳤다. 그러나 그가 유명한 것은 소리꾼에 그치지 않고 익살과 장기가 뛰어나다는 점이다. 장구채를 콧잔등에 올린다든가 장구를 번쩍 들어 올려 빙글빙글 돌리는 등 그의 퍼포먼스는 다양하고 흥미롭다. 어디 그뿐이랴. 그는 무대에서 양악기인 색소폰도 불어제치고 아코디언도 연주하여 관중들의 흥을 돋운다. 그가 1984년 뒤늦은 나이에 문화재로 지정받은 것은 바로 이러한 외도를 국악계가 못마땅하게 여긴 탓이라는 얘기도 있다.

이은관이라고 가만히 있겠는가. 그는 말한다. "나만 좋다고 떠들면 뭘 합니까. 객석의 호응이 썰렁한데. 내가 좋아 부르고 남이 들어 좋은 게 노랜데, 남이 듣지 않는다면 아무 소용이 없지요." 그래서 관중과 호흡하려고 장기도 부리고 양악기도 연주한다는 얘기일 것이다. 대중과 소통하려는 그의 노력 덕택에 많은 사람들은 배뱅이굿을 잊지 못한다. 흑백 TV시대부터 줄곧 배뱅이굿을 불러온 이은관. 그는 한국 예능계의 살아 있는 전설이다.

1999년 소리꾼 이은관은 문화재답게 하나의 큰 업적을 이룬다. 구전(口傳)으로만 알려지던 민요 140여 곡을 악보로 정리해 ≪가창총보(歌唱叢譜)≫라는 제목으로 출간한 것이다. 소리의 고저장단을 규격화했다는 지적이 없지 않지만, 뒤죽박죽이고 잊혀져가는 민요를 아무 때 어느 곳에서 누구나 부를 수 있도록 체계화시킨 점은 높이 평가되어야 할 것이다.

94세의 고령임에도 현역 소리꾼으로 눈부신 활동을 펼치고 있는 이은관 옹(翁). 그에게 '녹'이라는 말이나 '녹슨다'는 표현은 가당치 않아 보인다.

> 매 순간을 자기 영혼을 가꾸는 일에,
> 자기 영혼을 맑히는 일에 쓸 수 있어야 한다.
>
> 우리 모두는 늙는다.
> 그리고 언젠가 자기 차례가 오면 죽는다.
> 그렇지만 우리가 두려워할 것은 늙음이나 죽음이 아니다.
> 녹슨 삶을 두려워해야 한다.
> 삶이 녹슬면 모든 것이 허물어진다.

'녹슨 삶을 두려워하라'는 법정(法頂)의 말이 2011년 12월 끝자락, 바람 부는 이 밤에 더욱 선명히 들려온다.

2011. 12

통쾌한 역전극

– 광고 기획자 이제석의 경우

아인슈타인(Albert Einstein)은 네 살 때까지 말을 하지 못하고, 책은 일곱 살이 되어서야 겨우 읽을 수 있었다. 아인슈타인의 선생님은 그를 '사고력이 떨어지고 사교성이 부족하며 공상을 좋아한 학생'으로 기억했다고 한다.

이를 증명이라도 하듯 아인슈타인은 뒷날 고등학교에서 퇴학을 당한다. 취리히에 있는 연방공과대학 입학시험에 떨어진 것은 어쩌면 당연한 일일지도 모르겠다. 그랬던 그가 세계적인 물리학자가 되고 '천재의 대명사'로 불려진 것을 우린 어떻게 이해해야 할까.

카루소(Enrico Caruso)의 부모는 그가 노래에만 흠뻑 빠지는 것을 아주 못 마땅히 생각했다. 대신 기술자가 되기를 바랐다. 성악을 하기엔 그의 음색이 적합하지 않다고 판단했기 때문이다. 그러나 오늘날 많은 사람들이 그를 두고 말한다.

"카루소 이전에도, 카루소 이후에도 그만한 성악가는 없다"고.

위 두 사람의 경우를 보면서 느낄 수 있는 것은 '아무리 뛰어난 재능을 지닌 사람이라도 때로는 별것 아닌 평가를 받을 수 있다'는 점이다.

그렇다면 특정인이 빚어내는 창작품의 경우는 어떨까. 사람을 평가할 때와 전혀 다를까. 아니면 비슷할까. 모르기는 몰라도 후자 쪽에 가까울 것 같다. 가끔은 평가가 잘못됨으로써 빼어난 작품을 놓치는 경우가 흔하리라는 생각이다. 문제가 하나 더 있다. 평가하는 과정에서 혈연이나 지연 또는 학연이 깊게 작용하여 걸작·수작을 쓰레기로 만드는 예도 있으리라는 점이다. 이는 분명 불공정한 판정의 결과일 것이므로 화도 나고 안타까운 마음이 들기도 한다.

탁월한 실력을 갖고 있는데도 작품에 녹아난 재능을 옳게 평가받지 못한 예는 셀 수 없이 많다. 다만 이 글에서는 어느 한 광고인의 경우만을 골라 살펴보고자 한다.

광고인 이제석 씨(30).

미국 뉴욕에서 활동 중인 광고 기획자로 현재 예일대 디자인 아트스쿨에 다니고 있다. 이 씨의 이름 앞에는 언제나 '광고 천재'란 말이 붙어 다닌다. 왜 그런가? 그는 2007년 세계적으로 최고의 권위를 자랑하는 뉴욕 원쇼 광고페스티벌에서 최우수상을 받은 것을 비롯해서 '광고계의 오스카상'인 클리오 어워드에서는 동상을, 미국광고협회가 주는 애디 어워드에서는 금상을 받아 세계 광고업계를 깜짝 놀라게 했기 때문이다. 2006년 8월 가방 하나에 500달러만 들고 미국 뉴욕으로 건너간 지 2년 만에 이룩해낸 쾌거였다.

어디 그뿐인가. 이제석은 세계에서 내로라 하는 광고제에서 자그마치 30여 개에 이르는 메달을 휩쓸어버린 것이다. 받아 온 트로피가 하도 많아 나중엔 안 쓰는 냉장고 속아 넣어 둘 정도였다고 한다. 놓을 장소가 마땅치 않아서….

그러나 광고인으로 그렇게 크기까지 그가 걸어온 길은 험난했다. 대구에서 계명대학교를 졸업한 뒤 이제석은 여러 기업체에 원서를 낸다. 그러나 번번이 미끄러졌다. 어떤 광고대행사는 면접 기회조차 주지 않았다. 경비원으로부터 쫓겨나는 수모를 겪기도 했다. 그들이 바라는 것은 실력보다 스펙(spec: 학교, 학점, 전공, 토익점수, 자격증 같이 취업 희망자가 갖춰야 할 외적인 조건)이었던 것이다. "간디가 스펙이 좋아서 간디더냐?"며 스스로 눙쳐 생각해도 아무 소용이 없었다. 지방대학 출신인 그가 스펙과 싸운다는 것은 달걀로 바위를 치는 이란격석(以卵擊石) 꼴이었다. 아니다. 이제석의 작품을 제대로 알아보지 못한 때문이었을 것이다.

어쩔 수 없이 그는 간판을 만드는 일에 종사하기로 한다. 그러나 업주들은 독특한 그의 간판에 눈길만 줄 뿐이고, 정작 일은 다른 사람들에게 맡기는 것이었다. 값이 싸다는 것이 이유였다.

"이래선 안 되겠다"는 생각으로 이제석은 미국행을 결정한다. 그리고 마음 속으로 굳게 다짐한다. "성공하기 전엔 절대 돌아오지 않겠다"고. 2006년 9월 그는 뉴욕의 SVA(Scool of Arts)에 편입한다. 실용미술을 전문으로 가르치는 학교였다. 여기서도 시련은 적지 않았다. 가장 큰 문제가 영어 강의를 알아들을 수 없는 점이었다. 숙제를 못해 가기 일쑤였다. 그러나 그는 미친 듯이 공부했다. 그리고 광고 관련 수업만 신청해 들을 정도로 광고에 집중했다. 2달러짜리 핫도그로 끼니를 때우며 누구보다 열심히 학교생활에 충실했다.

뉴욕 원쇼에서 최우수상을 받은 것은 바로 그 다음 해였다. '굴뚝총'이란 제목의 이 작품은 매연을 배출하는 굴뚝 아래에 권총의 이미지를 덧붙임으로써 매연이 우리 인간을 심각히 해치고 있다는 메시지('Air pollution kills 60,000 people a year.' · 공기 오염으로 연간 6만 명이 생명을 잃는다)를 전하고 있다. 참신한 발상이고 독특한 디자인이어서 아무도 '최우수상'에 토를 달지 않았다. 아니, 달 수 없었다. 그는 이렇게 회고한다.

"한국에서는 학연, 지연 등이 발목을 잡았지만 미국은 노력하는 사람에게 박수를 쳐주는 분위기였다"고.

우리를 부끄럽게 하는 대목이다. 마침내 그는 미국에서 가장 오래되고 규모가 큰 광고회사인 JWT에 인턴사원으로 입사한다. 유학한지 불과 10개월 만에 건져 올린 월척이었다. 그래도 이제석은 만족하지 않았다. 광고인이면 누구나 들어가 일하고 싶은 BBOD, 세계적인 광고대행사인 FCB 등으로 몸을 옮기며 새로운 것을 익히고 명성을 쌓아 나갔다.

세계 3대 광고제를 석권하는 등 상황이 역전되면서 이제석은 국내의 대기업들로부터도 주목을 받기 시작한다. 그가 귀국할 때 어느 광고대행사는 리무진을 보내주었다. 뜨거운 스카웃 제의도 받았음은 물론이다. 그렇게 푸대접하던 다른 대기업들도 그를 '모시기'에 열성이었다.

그러나 그는 이 모든 제의를 거부하고 '이제석광고연구소'를 세운다. 그만의 광고를 만들기 위해서였다. 그만의 광고란 어떤 광고인가. 남들이 무관심하거나 잊고 있는 것, 소비자가 생각하는 착한 광고, 정직한 광고, 그래서 모두가 행복하게 잘 살 수 있는 광고였다. 말하자면 이제석이 추구하고 실현하려는 광고였던 것이다. 이런 공익광고를 우리는 그의 작품 '뿌린 대로 거두리라', '물 부족', '계단' 또는 '표창장' 등에서 만나볼 수 있다.

'뿌린 대로 거두리라(What goes around comes around).'는 반전 광고이다. 원본은 한 군인이 장총으로 상대를 겨누는 모습을 담고 있다. 허나 이 포스터를 둥근 기둥에 두르면 영락없이 자신의 총으로 자기의 목을 겨누는 모습으로 바뀐다. 다 알고 있는 사실을 광고에 응용했다는 아이디어가 재미있고 놀랍다. 장애인 광고인 '계단'은 어떤가. 밑에서 계단을 올려다보면 에베레스트 산이 그려져 있다. 산 밑자락에는 이런 카피(copy)가 붙어 있다. 'For some, it's Mt. Everest.(어떤 사람에게 이 계단은 에베레스트 산같이 느껴진다.)'라고. 공익 광고에 대한 그의 철학이 어떤 것인지를 이해할 것 같다.

작년 11월, 서울 광화문 네거리에 세워진 이순신 장군의 동상을 보수하느라 옮기면서 이제석은 일감을 하나 맡는다. 텅 빈 동상 자리를 무언가로 대체하는 작업이었다. 그는 가림막을 하나 만들고 그 위에 '장군님은 탈의 중'이란 글자를 적어 넣었다. 이에 많은 사람들은 '기발한 착상이다', '재미있다', '독창적이다'면서 칭찬했지만, '가볍다', '국가의 상징에 대한 모독이다'라는 반대 의견도 있었다. 특히 공무원 사회의 시선은 부정적이었다. 이 가림막은 설치하느냐 마느냐를 두고 옥신각신, 우여곡절을 겪었다. 이 또한 이제석의 광고를 제대로 평가하지 못한 데서 빚어진 오류가 아닐는지. 그는 자신의 저서 ≪천재 광고인 이제석≫에서 이렇게 말한다.

“판이 불리하다고? 그렇다면 판을 뒤집어라. 내 식대로 새 판을 짜라!”

새 판을 짜려면 관점을 달리해야 한다. 관점을 바꾸면 남들이 못 보는 것을 보기 때문에 창의력이 생긴다는 게 그의 주장이다. 평범하게 보이고, 그래서 누구나 경험하는 일상에서 기막힌 아이디어를 뽑아내는 것은 관점을 달리한 때문일 것이다.

돈 많은 사람들만을 위한 광고가 아니라, 도움이 필요한 사람들을 위한 공익 광고에 애정을 쏟는 광고 천재 이제석. 그래서 그의 광고는 많은 사람들에게 큰 울림으로 다가온다.

최근 그가 기획하여 서울 시내 3900개 장소에 내걸린 광고 ‘표창장’은 이런 문구로 시작된다.

“환경미화원 여러분, 당신들은 서울을 빛낸 진정한 영웅입니다.”

‘환경미화원’은 장소에 따라 건설노동자, 식당 아주머니, 소방공무원, 대중교통 기사, 직장인으로 명칭이 바뀐다.

금색 테두리에 적혀 있는 ‘표창장’의 수여 대상자가 이 광고판을 볼 때, 자부심을 갖고 감격하지 않는 사람이 있을까. 하릴 없이 하루에 세 끼 밥만 축내고 있을 뿐인 내 가슴도 이리 뛰는데….

2011. 2

■ ≪동아일보≫는 2011년 5월 16일자 기사를 통해 이제석의 광고 '장군님은 탈의 중'이 최근 미국 뉴욕의 광고제 '2011뉴욕 페스티벌'에서 본선에 오르는 기염을 토했음을 전하고 있다. '뉴욕 페스티벌은 클리오 광고제, 칸 국제광고제와 함께 세계 3대 광고제 가운데 하나로, 정부나 지방자치단체 광고가 세계 광고제 본선 무대에 오른 것은 이례적'이라는 평가를 덧붙이면서.

지난해 11월 서울시는 이순신 장군의 동상 보수와 관련하여 탈의 중 가림막은 하루만 설치하기로 결정했다. 내용이 "너무 장난스럽다"는 자문단의 의견을 받아들였기 때문이다. 그러나 시민들로부터 "참신하다"는 반응을 받자 한 달 동안 설치하기로 당초의 방침을 뒤집어버린 것이다. 소신 없는 행정도 문제지만 옥석을 구분해내지 못하는 서울시의 능력이 더 안타깝게 느껴진다.

그들의 9회 말

노인(老人)이란 '나이가 많은 사람'이거나 '늙은이'를 가리키는 말이지만, 실상 노인이란 표현은 하늘의 별만큼이나 많다. 노인네, 늙은 사람, 늙은 몸, 노리(老羸), 숙기(宿耆)라 부르기도 하고, 좀 높여서는 노인장(老人丈), 노친(老親), 어르신 또는 어르신네라고 일컫기도 한다. 노졸(老拙), 노신(老身), 노구(老軀), 노체(老體), 노골(老骨)은 노인이 자신을 겸손히 낮추어 부를 때 쓰는 말이고, 늙다리, 꼰대, 노틀, 늙정이 등은 노인을 가리키는 속된 표현이다.

늙은 남자를 노옹(老翁), 노수(老叟), 노야(老爺), 노한(老漢)이라 부르고, 늙은 여자를 노고(老姑), 노온(老媼), 노파(老婆), 할미라 부르는데 썩 점잖은 표현은 못된다. 할멈이라는 표현도 있다. 신분이 낮은 할머니나 늙은 아내를 친근히 부를 때 이 말을 쓴다.

노인의 성별과 호격의 높낮이에 따라 할아버님, 할머님, 할아버지, 할머니, 할아범, 할멈, 할아비, 할망구라는 우리말 이름도 자주 쓰이는 편이다.

호칭은 그렇다 치고, 도대체 노인은 나이가 얼마라야 늙은이로서의 '대접'을 받을까. 개인의 신분이나 직업, 소득 등에 따라 그 정도는 제각기 다를 것이다. 다만 여기서는 일정한 나이에 이르면 저절로 복지의 수혜대상이 되는 경우만을 간단히 살펴보기로 한다.

65세 이상이 되면 능원이나 고궁, 국·공립의 공원 미술관 박물관을 무료로 입장할 수 있다. 철도의 경우는 수도권 전철과 도시철도는 무료이고, 통근 열차(비둘기호와 통일호)는 이용 요금의 50%만 지불하면 된다. 국내 항공기와 여객선도 10~20%의 할인 혜택이 주어진다. 65세 이상으로 지닌 재산이 없거나 소득이 없을 경우에는 연금 대상자에 포함되기도 하며, 임대 주택도 공급받을 수 있다.

이와 같이 나이 65세가 되면 여러 가지 많은 혜택을 받고 있지만, 고령화 시대가 본격적으로 들어서면서 '노인'으로 인식하는 나이 역시 상향 조정되고 있음을 본다. 보건복지부가 지난해 11월 전국 19세 이상의 성인 남녀 2000명을 대상으로 실시한 '저출산·고령화 국민의식 조사' 결과를 보면 노인으로 볼 수 있는 나이는 66.7세라는 것이다.

왜 하필이면 66.7세일까. 법적으로 특별히 규정하지는 않았어도 65세를 노인으로 보고 있는 현행 제도와는 1.7세의 차이가 있다. 이는 말할 나위 없이 고령화 사회에 대비해서 노인 연령의 기준이 올라갔음을 의미한다. 현재 우리나라의 65세 이상 노인의 수는 542만 명. 2030년에는 그 숫자가 전체 인구의 24.3%로 불어난다. 쉽게 말해 네 사람 중 한 명은 노인이라는 애기이다.

고령화 사회가 되면 어떤 문제가 있을까. 무엇보다 경제활동을 할 수 있는 인구가 줄어버린다. 따라서 고령자나 유소년(0~14세)을 부양하는 경제활동 인구의 부담이 부쩍 증가하게 된다. 그러니 국가경쟁력인들 온전히 지켜낼 수 있겠나.

고령자의 입장에서도 질병, 고독감, 경제적 빈곤, 역할 상실 등 여러 가지 고통에 시달리게 마련이다. 의욕이 떨어지고 열정도 식어가는 것은 물론이다. 젊게 살고 싶어도 몸이 따라주지 않는다. 등산길에 획획 날아오르던 바위도 엄두가 안 나고, 쌀 반 가마니 정도야 거뜬히 들어 올리던 체력도 바닥이 나 있는 상태이다. 도전이란 먼먼 옛날의 전설 같은 얘기이고 심드렁한 기분에 주눅만 들어간다.

그런데, 그렇지 않은 노인도 많다는 거다. 실제 나이보다 30년이나 젊게 사는 '슈퍼노인'들은 그래서 화제꺼리가 되고 있다. 지난 1월 KBS 1TV의 'KBS 스페셜'에서 소개된 '아흔 살 청춘의 비밀'이 그것이다.

아흔 살이란 희수(喜壽・77), 산수(傘壽・80), 미수(米壽・88)를 지나 졸수(卒壽・90)가 되어서야 그 이름을 들을 수 있는 나이이다. 그런데 실제 나이보다 30년이나 뒷걸음질해서 젊게 산다니 그들은 대체 누구일까.

타오 포춘린치는 올해 나이 94세. 미국 안에서 제일 나이가 많은 요가 강사이다. 84세에 볼륨댄스를 배웠다는 이 할머니의 몸놀림은 웬만한 젊은이 못지않을 정도로 유연하다. 두 팔만으로 온몸의 무게를 지탱하는 고난도 자세까지도 매끈하게 선보인다. 고관절과 팔목을 다쳐 큰 수술을 받은 것이 몇 년 전이라는데 놀랍지 않을 수 없다.

이상윤 할아버지는 95세.

우렁찬 기합소리와 함께 검을 들고 있는 자세가 만만치 않다. 그는 4년 전 자신의 몸을 지키기 위해 검도를 배웠단다. 어디 검도뿐이랴. 이 할아버지는 식사 준비에서 텃밭을 가꾸는 일까지를 혼자 해낸다. 30kg짜리 무 포대도 혼자서 척척 옮길 수 있다. 그는 취미도 다양해서 여가 시간에는 한국화 교실을 찾아 산수화도 그린다. 붓놀림을 마친 뒤 화면에 드러난 그의 산수화는 수준급이었다.

영국출신의 존 로우는 올해 93세.

여든 살에 발레를 배운 이 할아버지는 단 하루도 거르지 않고 연습에 몰두하고 있다. 그가 좋아하는 건 발레만이 아니다. 테니스, 피아노 연주, 노래, 그림 등 다양한 분야에 관심을 가지면서 이를 즐기고 있다. 부러운 일이다.

그렇다면 이들 노인들은 어찌 그렇게 꼿꼿한 자세, 밝은 미소로 천천히 나이가 드는 것일까. 어떻게 해서 그 노인들은 그리도 보람차고 빛나는 삶을 살 수 있는 걸까. 개인에 따라 조금씩의 차이는 있지만, 세 사람의 공통점은 소식(小食)과 운동, 그리고 호기심 어린 도전의 자세였다.

먼저, 소식부터 살펴보자.

장기적이고 반복적인 과식을 할 경우 우리 몸은 영양이 지나친 나머지 통풍, 당뇨, 혈압, 동맥경화는 물론이고 암이나 치매와 같은 치명적 질환에 걸리기 쉽다고 현대 의학은 말한다. 절제된 음식, '가난한 밥상'이 요구되는 이유이다. 건강히 오래 살기를 바란다면….

운동의 중요성은 누구나 다 인정하는 터이므로 굳이 덧붙일 필요가 없을 것이다. 매일 같이 20분만 걸어도 건강히 5년 동안을 더 살 수 있다지 않는가.

그렇다면 호기심과 도전정신은 건강에 어떤 영향을 미칠까? 위에서 소개한 노인들은 새롭거나 신기한 것에 늘 관심을 두었다. 그리고 그에 도전하기를 멈추지 않았다. 84세에 볼룸댄스를 시작해 요가 강사로 진로를 바꾼 94세의 미국 할머니가 그렇고, 91세에 검도를 시작한 이상윤 할아버지는 그림 그리기에 몰두 중이다.

여든 살에 발레를 배운 영국의 할아버지도 매 한 가지. 발레 이외에 테니스, 그림, 피아노 연주, 노래 등 그가 호기심을 갖고 도전해 성과를 보인 분야는 너무 많다. 마치 "나, 아직 멀쩡해!", "나, 안 늙었어!"라는 의지의 표정을 곁에서 읽는 느낌이다. 영어속담에 "No man is too old to learn. (누구라도 배우지 못할 만큼 늙는 경우란 없다.)"이라는 게 있는데 맞는 말이다.

하지만, 나는 호기심과 도전에 덧붙여 '긍정적 사고(思考)'를 지니는 것이 못지 않게 중요하다는 얘기를 하고 싶다. 심리학자들은 "긍정적 사고를 할 경우 긍정적 결과가 나오고, 부정적 사고를 하면 부정적 결과가 나오게 마련"이라고 말한다. 그야말로 '무의식의 놀라운 힘'이라 할까. '잘 될 것'이라는 긍정적 사고를 지닌 사람은 우리가 살고 있는 우주 저편에서 그의 주파수에 응답하여 좋은 일을 만들어주지만, 반대로 '안 될 것'이라고 생각하는 사람의 가슴 속에는 편견, 실의, 비관 같은 어두운 회로가 형성될 수밖에 없으므로 우주 저편에서 보내오는 것도 어둡고 힘든 응답뿐이라는 심리학자들의 얘기를 귀 기울여 들을 필요가 있을 것 같다. 어쨌든 그들의 건강, 그들의 활동상을 보면 마치나 야구에서 9회 말의 역전극을 대하는 느낌이다.

1942년생인 나는 지금 만 70세. 어느 누가 본대도 노인임에 틀림없다. 그러나 앞에서 소개한 세 분 노인들의 눈에는 30~40세의 장년 정도로 보일 것이다. 그분들은 90이 넘었음에도 발레를 배우고 검도를 익히는데, 그림을 그리고 피아노를 연주하는데, 젊은 내가 못할 것이 뭐 있겠나? 서투르고 어설플 테지만, 뭔가를 해 봐야 되지 않겠나.

우선, 책장 한 구석에 틀어박혀 있는 스페인어 교재부터 꺼내 먼지를 털어내야겠다. 먼지를 털고 책장을 넘겨 아, 베, 세, 데를 익히면 언젠가는 회화도 할 수 있겠지. 스페인어 학습에 도전했다가 초장에 나가떨어진 때가 재작년이었던가. 하지만, 다시 도전해 보는 거다. 이번에는 정말 '잘 될 것'이라는 긍정적 사고를 갖고.

2012. 3

제4부

시(詩)를 만지작거리다

- 책 제목
- 연말 아침에
- 시(詩)를 만지작거리다
- 사라지는 기차
- 밤참의 추억
- 타자기여, 안녕!
- 석가탑에 불 밝혀

책 제목

타계한 장영희 교수는 그의 에세이에서 이런 말을 한 적이 있다. "나의 글은 재능이 아니라 본능이다. 그래서 머릿속에 있는 말보다는 마음속에 있는 말을 고르지도, 다듬지도 않고 생긴 그대로 투박하게 글로 옮긴다." 그러면서 그가 말한 '본능'을 '꿀벌의 무지'에 비유한다.

"꿀벌은 몸통에 비해 날개가 너무 작아서 원래는 제대로 날 수 없는 몸의 구조를 가지고 있다고 한다. 그러나 꿀벌은 자기가 날 수 없다는 사실을 모르고, 당연히 날 수 있다고 생각하여 열심히 날갯짓을 함으로써 정말로 날 수 있다는 것이다"라고.

하지만, 내 경우에는 재능도 본능도 아니면서 그동안 잡문을 긁적여 왔다. 전문서적 1권 말고도 에세이집 3권을 써낸 것이다. 말은 에세이지만 글줄이나 짚어보는 사람 눈에는 얼마나 하찮고 어설프게 보였겠는가. 그래도 나는 뇌경색이라는 난치병에 걸려 언어장애에 시달리고 보행이 온전치 못한 어려움과 싸우면서 그 일을 해냈다. 그야말로 헤밍웨이의 ≪노인과 바다≫에서 노인 산티아고가 했던 말, “인간은 파괴될지언정 패배하지 않는다(Man can be destroyed, but not defeated.)”라는 마음으로…. 비록 내 몸은 병들어 여러 가지 불편 속에 지낸다 해도, 역경을 이겨내고자 하는 정신력은 그 누구보다도 굳고 다부지다는 점을 내보이고 싶어서였을 것이다. 그렇지 않고서야 몸도 채 추스르지 못한 3년 안에 4권의 책을 펴낸다고 극성을 부렸겠나?

없는 재주로 그런 투혼을 발휘한 것은 좋았다 치자. 그런데, 글을 쓰면서 겪는 고충은 이만 저만이 아니었다. 주제를 정하거나 이야기의 뼈대를 구성하는 일 또는 내용을 서술하는 것도 문제지만, 그보다 더 힘들고 어려운 게 있었다. 바로 책 제목을 어떻게 붙일 것인가에 대한 고민이 그것이다. 제목은 모름지기 책의 내용과 메시지를 아우르는 ‘얼굴’ 같은 존재가 아닌가. 아무리 좋은 내용이면 뭐하나. 대부분의 독자들은 제목이 별로다 생각되면 아예 거들떠보려고도 하지 않는데….

용을 그릴 때 마지막에 눈동자를 그려 완성시키듯, ‘가장 요긴한 부분을 마침으로써 일을 끝낸다’는 것을 화룡점정(畵龍點睛)이라고 말한다. 그에 걸맞는 훌륭한 책 제목은 없을까? 첫 에세이집을 엮으면서부터 끊임없이 나를 괴롭혀 왔던 두통꺼리였다.

며칠, 몇 주일에 걸쳐 소설, 수필, 시 등 문예지를 검토하고 신문, 잡지 등 정기 간행물을 검토해 봐도 “이거로구나!” 하는 제목은 고를 수 없었다. 도리 없이 광화문의 교보문고를 찾아 갔다. 남은 어떤 제목을 붙여 놓았는지가 궁금했고, 또 그렇게 살피다 보면 새로운 아이디어도 떠오를 것 같아서였다. 그러나 안목이 없는 탓일까. 눈을 좌우로 굴려 찾아도 마음에 맞는 제목은 없어 보였다. 설사 있다 한들 그걸 그대로 베껴 쓸 수는 없잖은가. 책을 낼 날짜는 다가오는데 난리가 아닐 수 없었다.

궁리 끝에 정한 제목이 '저녁놀 푸른 꿈'이었다. 저녁놀에 푸른 꿈이라니? 좀 생뚱맞은 표현이지만 그렇게 결정한 이유는 몇 가지 있었다. 첫째, 비록 늦은 나이지만 아직도 청청한 꿈을 지니고 있다는 점을 강조하고 싶었고, 둘째, 한글로만 작명된 장점이 있으며, 셋째, '저녁놀'과 '푸른 꿈'이 서로 어긋나는 개념을 지녀 오히려 묘한 언밸런스를 주고 있는데다, 넷째, 부르기 쉽고 기억하기 쉽다는 점이었다. 미리 말하지만 이 제목은 책이 나온 뒤 여러 사람들로부터 분에 넘칠 만큼 칭찬을 받았다. 첫 작품치고는 결과가 좋았던 것이다.

두 번째 에세이집은 ≪석모도 가는 길≫로 정했다. 출판사 측에서 "시적인 표현보다는 무언가 손에 잡히는 실제적 묘사가 독자들에게 어필하지 않겠느냐"는 충고를 그대로 받아들였기 때문이다. 하기야 겉껍질보다는 내용이 더욱 중요하지 않겠는가. 그러나 이 제목은 왜 그리 '짝퉁'이 흔하던지. '무슨 길' 또는 '어떤 길' 하는 투의 표현이 너무도 많아 차별성이나 신선미가 떨어지는 느낌이었다.

세 번째 발간한 에세이집은 ≪늦게 터진 박수≫였다. 70줄에 들어선 지금까지 무덤덤한 삶을 살아온 입장이지만, 앞으로라도 각성하여 박수를 받는 인생이 되고 싶다는 뜻으로 지은 책 제목이었다. 59편의 얘기로 엮어낸 이 책은 내용도 제목에 어울리는 것이

적지 않아서 내 깐에는 무난하다 봤고, 반응도 좋았다. 그런데 책을 사 읽은 몇 몇 친구가 이런 지적을 하는 것이었다.

"'늦게 터진 박수'가 아니라, '늦게 터질 박수'라야 되지 않을까? 특히 뒤늦은 박수를 기대해서 쓴 글이라면…."

어법으로 따지면 친구들의 말은 옳다. 다만 나로서는 '뒤늦게 터진 박수'의 일반적 상황을 염두에 두고 미래가 아닌 과거시제를 사용했을 뿐이었던 것이다. 어쨌든 내 글에 관심을 보여주는 친구가 있다는 것은 얼마나 고맙고 행복한 일인가. "알았네. 감사하이." 나는 친구의 지적에 아무런 토도 달지 않았다.

지금 나는 네 번째 에세이집을 준비 중에 있다. 아직 12 꼭지를 쓴 데 지나지 않으므로 책이 나오려면 꽤 시일이 걸릴 것이다. 그런데도 나는 책 제목에 태산 같은 걱정을 하고 있는 중이다.

글솜씨가 뛰어나서 일찌감치 그 이름을 널리 알린 사람들의 경우는 다를 것이다. 독자들은 책의 이름과는 상관없이 저자의 이름만으로도 내용을 신뢰하고 사볼 것이므로. 설사 책 제목이 어울리지 않아도 으레 그러려니, 그럴 수도 있겠거니… 하며 관용하는 마음과 아량으로 대해 줄 것이다.

그러나 내 경우는 다르다. 에세이로 이름을 떨쳐본 바도 없으려니와 그나마 신출내기가 아닌가. 내용은 고사하고 책 이름만이라도 독자의 관심을 끌고 싶은 이유이다.

대체로 옛날에는 소설이든 시든 수필이든 책 제목을 단순하게 붙인 것 같다. 짧은 단어 하나가 훌륭한 책 제목으로 사용됐다는 얘기다. 지금도 그런 제목이 없는 것은 아니다. 그러나 대개는 어휘의 나열이 길어지고, 어떤 경우에는 긴 문장 하나가 버젓이 책 제목을 대신하고 있기도 하다. 그것도 문학의 한 경향인지 모르겠다. 나도 때로는 그런 유혹을 받아본 게 사실이다. 그러나 단 네 권에 지나지 않는 책의 제목을 두고도 골머리를 앓고 있는 판에 빈 수레로 요란까지 피울 필요야 있겠는가 싶다. 그보다는 ≪한국수필문학전집≫의 서문대로 '새로운 지식과 높은 안목으로 아취(雅趣), 유머, 풍자, 기지로 다채롭고 현란한 내용'을 엮어내는 것이 바람직하겠다는 생각이다.

그래도, 책의 제목을 생각하면 걱정부터 앞선다. '갓 따온 과일을 광주리에 담듯' 또는, '방금 낚아 놓은 생선의 비늘 빛'과 같은 그런 신선하고 상큼한 책제목은 없을까?

2011. 1

연말 아침에

믿고 싶지 않은 일이 사실로 드러날 때 우리는 어떤 기분을 느낄까? 어쩔 바를 모르고 쩔쩔매게 될 것이다.

은행잔고가 꽤 될 줄 알았는데 막상 조회해 보니까 몇 푼 밖에 안 남아 있을 때라든가, 모처럼 유명 백화점에서 사들인 한우 쇠고기가 나중에 알고 보니 수입고기였을 때도 우리는 비슷한 심정이 되어 낙담하고 실망한다. 건강한 몸으로 오래오래 사실 것으로 믿었던 부모가 어느 날 갑자기 돌아가시거나, 굳게 믿었던 남녀 간의 사랑이 깨져버릴 때도 우리는 너 나 없이 당혹과 허망, 그리고 분노를 느낀다. 이 모두가 마음속으로 기대한 가치보다 결과가 전혀 다르게 나타날 때 보이는 현상이다.

이런 경우는 어떨까?

한 달에 한 번씩 만나기로 한 모임이 1주일 단위의 모임으로 생각되거나, 해가 바뀐 지 몇 달이 되지 않은 듯싶은데 또 새해를 맞는다고 느껴질 때와 같은 것들…. 이때도 우리가 갖는 기분은 당혹에 다름 아니다. 특히, 연말을 맞아 지난 한 해를 되돌아보면서 무엇 하나 제대로 해낸 일이 없다는 것을 알았을 때, 속절없이 흘러가버린 한 해는 더욱 아쉽고 후회될 것이다. 그러니 새해를 맞는 기분도 별다른 느낌이 없을 터이다.

재작년인 2009년 1월인가 보다. 나는 새해를 맞아 몇 가지 사항을 반드시 실천에 옮기겠노라고 결심했었다. 일테면, 하루에 1시간씩 걷기운동을 하고, 많은 책을 읽으며, 외국어 학습에 정진하겠다는 것 등 자그마치 일곱 가지나 되었다. 이런 결심이 제대로 지켜졌다면 오죽 좋았을까만, 지켜낸 것보다는 지키지 못한 것들이 더 많았다.

2010년에도 새해의 결심은 있었다. 그러나 내용은 2009년의 것과 전혀 딴 판이었다.

무엇보다 구체적인 실천항목은 다 빼버린 채 "의미 있는 삶을 살자"만 스스로에게 다짐했을 뿐이었다. 그러니 뭐, 새해의 각오나 결의랄 것도 없었던 셈이다. 이렇게 막연한 말로 얼버무린 것은 제대로 이행도 못한 채 이것저것을 지껄인 지금까지의 '새해 각오'가 너무 터무니 없어 감당하기가 어려웠기 때문일 것이다.

그 새해가 또 가고 2011년을 맞는다. 오늘이 지나면 역사 속으로 2010년은 사라지는 것이다. 당연히 2011년 새해의 각오나 결심이 있어야 할 테지만, 이번엔 그냥 넘어갈 생각이다.

다소 맥 풀린 대답이지만 '각오'니 '결심'이니 하는 것 자체가 격에 어울리지 않을 뿐더러, 너무 기대치를 높게 잡다가 결국에는 실망 속에 자책을 하리라는 판단이 들기 때문이다. 하지만 아침신문을 보고나서 생각을 조금 바꾸게 됐다.

신문은 오늘부터 전국에 강추위가 몰아칠 것이라는 기사를 제1면에 싣고 있었다. 또 새해에는 눈도 많이 내릴 것이란다. 그걸 증명이라도 하듯이 오늘 아침 서울지방은 영하 12도를 기록했다. 작년 1월에는 수도관이 어는 바람에 얼마나 고생했나. 강추위가 기습할 것이라니 벌써부터 몸이 으스스해 온다. 무엇보다 새해에는 건강에 조심해야 되겠다.

신문은 또 감동적인 스토리 세 가지를 전하고 있다. 둘은 사재를 털어 남을 돕는 사연이고, 다른 하나는 고교 졸업 후 50여년 만에 박사 학위를 따낸 70대 할머니의 얘기였다.

미국 캘리포니아 주 로스앤젤레스 근처의 패서디나에 사는 한상만 씨(65)는 2009년 북한 사리원과 평성 보육원 어린이들에게 포장음식 14만여 개와 겨울옷 1000점을 보냈다고 한다. 또 그는 탄자니아 캄보디아 등에 보육원을 짓는 일도 지원하고 있다. 그에게 무슨 사연이 있는 걸까?

6·25 전쟁고아 출신인 한 씨는 12세 때 서울에서 한 미국인을 만나 극진한 도움을 받는다. 1961년에 미국인은 귀국했고, 같이 따라간 그는 입양된다. 미국에서 대학을 마친 뒤 한 씨는 화학제품 무역회사를 창업해 크게 성공하지만, 또다시 짓궂은 운명에 휘둘리게 된다. 어느 날 갑자기 암 선고를 받은 것이다. 복(福)과 화(禍)가 동시에 온 경우라고나 할까.

뜻밖의 암 판정은 그의 삶을 완전히 바꿔 놓는다. 그가 전쟁고아로 있을 때 미국인 양아버지의 도움을 받았듯, 중국을 떠도는 탈

북 고아의 미국 입양을 촉진하는 법안 통과를 위해 의회를 찾아다니는 등 적극적으로 로비활동을 편 것이다. 그의 활동은 AP통신에도 소개돼 많은 사람을 감동시켰다.

한 씨는 말한다. "내가 하는 일이 나에게는 암을 낫게 하는 치료약"이라고. 그의 컴퓨터에는 12세 북한 고아의 사진이 붙어있다고 한다. 같은 나이 때 자신이 겪었던 삶의 아픔을 일깨우기 위해서라는 것이다.

그의 행적을 보면서 문득 캐나다 워털루대학의 철학교수이자 인지과학자인 폴 새가드(Paul Thagard)의 이론이 떠오른다. "남을 즐겁게 만드는 것이 자신을 행복하게 하는 것이고, 다른 사람을 괴롭히는 것이 자기 자신을 불행으로 몰게 가는 것이다"라는….

박양숙 씨(84)는 아시아 지역 어린이들을 위한 교육 사업에 써달라며 유니세프에 100억 원을 기부한 할머니이다. '개인의 기부 액수로는 역대 최고의 금액'인데도 "보잘 것 없는 도움이라 드러내고 싶지 않다"면서 언론에 노출되는 것을 한사코 거부했단다. 박 할머니는 2007년에도 100억 원을 고려대학교에 기부했다. 발전기금으로 써달라면서….

남을 위해 큰돈을 서슴없이 내놓는 다는 것은 쉬운 일이 아닐 것이다. '남의 어려운 입장을 배려하는 긍휼지심(矜恤之心)이나 봉사정신, 그리고 남을 위해 모든 것을 비치려는 희생정신이 없고서야 어찌 엄두를 낼 수 있겠는가 싶다.

큰돈은커녕 길거리나 지하철 안에서 가끔 딱한 사정을 호소하는 장애인들조차 그냥 지나치기 일쑤였던 내가 부끄럽다. 박남준의

시 '아름다운 관계'엔 이런 구절이 있다.

> 삶의 어느 굽이에 나/ 풀꽃 한 포기를 위해
> 몸의 한편 내어준 적이 있었는가/ 피워본 적 있었던가

이 해의 마지막 날, 정말 남을 위해 밥 한 끼를 굶어볼 수도 있는가를 자문하고 싶어진다. 365일 매일 한 끼를 굶을 수는 없을지라도, 몇 끼는 가능하지 않을까. 그 굶음이 남을 위한 온정으로 이어진다면 얼마나 큰 행복인가.

박 할머니의 얘기 바로 옆에는 70대 할머니가 박사 학위를 받았다는 기사가 실려 있었다. 화제의 주인공은 김경자 씨(72). 김 할머니는 고등학교를 졸업한지 40년 만에 대학에 진학했고, 다시 10년 만에 박사모를 쓰게 됐다고 한다. 영어영문학을 전공한 입장으로 '제임스 조이스의 정치의식'이란 주제로 논문을 작성했다. "늙어서 공부하는 것은 자식들 인생에 길잡이가 되기 위해서였다"는 것이다. 아무나 흉내 낼 수 없는 할머니의 향학열과 끈기가 존경스럽다.

그러니 나도 무덤덤하게 새해를 맞이해서는 안 될 것 같다. 건강을 열심히 돌보는 외에, 그동안 소홀히 해 왔던 외국어 학습에도 관심을 둬야겠다는 생각이다. 뭐, 새해까지 기다릴 필요도 없을 것이다. 지금 당장 실천하자. 그런데 바깥 날씨가 저리 차가우니 운동은 곤란할 듯싶고…외국어 학습이 어떻겠나? 영어, 중국어, 일본어, 독일어, 스페인어 가운데 어느 것부터 시작할까? 돌이켜 보니 도전했던 외국어가 적지 않구나. 변변히 익히지 못해서 탈이긴 하

지만…. 그래, 찬찬히 생각해서 다음 주부터 시작해볼까.

어? 그런데 이건 또 뭐야? 다음 주 월요일이면 벌써 새해 3일이 되지 않나?

2010. 12

시(詩)를 만지작거리다

분수(分數)에 관한 얘기를 하려는 참이다. 물론 수학의 '분쑤'와는 한자만 같을 뿐이고 의미는 다르다. 내가 말하려는 분수란 '자기의 처지에 마땅한 한도'를 가리키기 때문이다. 능력에 부쳐 일을 감당하기 어려운데도 괜스레 넘성대거나 달려들 때 우리는 흔히 '분수에 어긋난다'는 표현을 쓴다. 그래서 제 분수를 아는 것을 지분(知分)이라 하고, 분수를 지켜 본분에서 벗어나지 않는 것을 수분(守分)이라 일컫는다.

우리가 잘 아는 고사성어에 '당랑거철(螳螂拒轍)'이 있다. '게아재비(螳螂)가 앞발을 들어 수레를 막는다'는 뜻이다. 제 분수도 모른 채 강자에게 겁 없이 덤벼들 때 이 말을 쓴다.

느닷없이 왜 분수타령인가? 이유가 있다.

지난 11월 중순이었던가 보다. 대학 동기인 L군에게서 전화가 왔다. 그런데 내용이 좀 엉뚱했다.

"자네 수필집을 보고 생각이 났지. 연말에 동기 송년회를 가지려

하는데, 시 한 편을 낭송해 주면 고맙겠네."

친구는 동기회에서 총무 역을 맡고 있다. 교우행사와 관련해서 수고하고 있는 것은 익히 알지만, '시 낭독'을 부탁하다니? 나로서는 의외였고 당황스럽기도 했다. 이제까지의 송년회 행사에서 시 낭독 프로그램이 없었던 데다, 나로서도 시를 써본 예가 없기 때문이다.

"수필은 여러 편 긁적거려 봤지만 시하고는 거리가 뭐네. 모처럼의 부탁을 못 들어줘서 미안하이" 하고 거절할 참인데 친구가 말을 덧붙인다.

"직접 써서 읽으면 더 좋겠지만, 정히 어려우면 다른 사람의 시라도 낭독해 주기 바라네"

"다른 사람의 시를? 시 낭독 모임도 아니고 우리끼리의 송년회에 다른 사람의 시를 읽는다고? 말이 안 되지. 그게 무슨 의미가 있겠나? 그렇다면, 내가 한 번 써 볼께."

혼자 흥분하여 불쑥 내뱉은 말 한 마디가 어쩔 수 없이 시를 쓰고 낭독까지 한 이유가 돼 버린 것이다. 전화를 끊고 나니 금방 후회가 됐다. 능력에 벅찬 일을 자청해서 떠맡았으니 이런 못난이가 있는가. 뜻있는 행사에, 그것도 부인을 동반한 모임에서 100여명의 눈길을 받으며 시를 낭독해야 한다고 생각하니 갑자기 가슴이 떨려왔다.

혹시 친구는 30년도 더 된 아나운서로서의 내 경력을 떠 올렸거나, 동기 송년회 때면 흔히 사회를 담당했던 이력을 고려한 것은 아닐까. 그래서 나를 적임자라고 낙점한 것인가? 아니다. 그럴 리는 없을 것이다. 7년 전 뇌경색을 맞아 언어 구사력이 현저히 떨어지고 걸음걸이조차 시원치 않다는 점을 잘 알고 있을 테니까…. 다시 연락을 해야겠구나. "도저히 안 되겠어"라고.

그러나 이 말은 실천에 옮기지 못했다. 하느니 마느니 수선을 피우는 것이 경망스럽다는 생각이었고, '시라는 게 뭐 그리 대단한 존재냐? 그래 이 기회에 한 번 지어 보자'라는 오기마저 생긴 까닭이다.

그리고 다시 보름 정도가 지났는가. 이제는 슬슬 작업할 때가 아닌가 싶어 컴퓨터 앞에 앉았다. 그런데 참 별 일이었다. 머리를 아무리 굴려도 단 한 줄 '시'가 써지지 않는 것이었다. 잡동사니 같은 생각만 들락거릴 뿐이었다. 앉았다 일어서기를 여러 차례, 나중에는 마당에 나가 11월의 앙상한 나무와 잿빛 하늘을 번갈아 쳐다봤다. 마음을 가다듬기 위해서였다. 그리고 다시 컴퓨터 앞에 앉았다. 하지만, 시상(詩想)은 여전히 꿈쩍하지 않았다.

그런 날이 또 며칠 지나갔다. 이제 송년회가 열린다는 날도 고작 열흘 정도를 남겨두고 있을 뿐, 죽이든 밥이든 지어 내야 할 판국이었다. "이번에도 안 되면 어떡하지?" 불안감이 스치는 가운데 문득 김종삼(金宗三)의 시 한 대목이 떠올랐다.

> 누군가 나에게 물었다. 시가 뭐냐고
> 나는 시인이 못 됨으로 잘 모른다고 대답하였다.

그러나 그는 사람들로 북적이는 무교동과 종로, 남산, 서울역 앞을 걷고, 남대문 시장 안에서 빈대떡을 먹으면서 시를 생각해 낸다. 결국 이 얘기는 '시의 신비성'이나 '난해함'보다는 '시의 평범성'을 에둘러 표현한 것이라고 여겨진다. '시가 무엇인지를 알고 나면 시를 못 쓰게 된다'는 말도 있잖은가. 다만, 시 쓰기에 앞서 반드시 고려해야 할 사항은 있을 것이다.

첫째, 시 창작의 목적성이다.

지금 내가 쓰려는 시에 접할 사람들은 다음 달 송년회에 참석할 고려대학교 법대 61학번 교우와 그 아내들이다. 따라서 송년회 분위기에 어울리는 시를, 그것도 모교의 창학(創學)이념이나 학풍에 걸맞은 시를 지어야 할 것이다. 아울러 1961년부터 지금까지 맺어 온 돈독한 우정도 내용에 곁들여야 할 터이다.

둘째, 시가 담고 있는 메시지에 관한 문제이다.

묵은해를 보내고 새해를 맞이하기 위해 갖는 송년회의 취지를 염두에 둘 필요가 있을 것 같다. 사람마다 제각기 다르겠지만, 이 무렵에는 흔히 보람과 아쉬움을 동시에 느끼게 된다. 70줄에 가질 송년회는 쇠잔해 가는 건강 탓으로 유쾌함과 즐거움보다는 언짢고 서글픈 일이 더 진하게 느껴질 수도 있을 것이다. 하지만, 빈약하고 쓸쓸한 가슴에도 희망의 아지랑이가 피어날 수 있음을 알려야 되겠지.

셋째, 시의 구성과 표현의 신중성이다.

이 시는 문자가 아닌 음성만으로 단 1회에 걸쳐 전달된다. 그러기에 되도록 쉬운 말로 지어야 할 것이다. 게다가 연회장이란 예외 없이 어수선하고 시끄럽게 마련이다. 어려운 어휘나 여러 가지로 뜻풀이가 가능한 어구는 삼가는 게 좋겠다.

위와 같은 취지와 자세로 시 한 편을 지어냈으니 '화려한 준비'가 그것이다.

12월 15일. 송년회가 열리는 날은 날씨가 여간 춥지 않았다. 영하 15도라던가? 기상대의 발표로는 올겨울 들어 가장 추운 날씨란다. 긴 외투에 목도리, 털모자와 장갑의 중무장 차림으로 집을 나서 삼성동 르네상스 호텔로 향했다. 연회장인 2층 그랜드볼룸에는 벌써부터 많은 교우들이 와 있었다. 진행을 맡은 L군이 다가와 오늘의 식순을 알려준다. 내 차례는 제2부 연예행사의 첫 번째란다.

제1부의 공식행사 그리고 식사가 끝나면서 마침내 내 이름이 호명되었다. 순간 나는 아랫배에 힘을 주었다. 깊이 숨도 들이마셨다. 그래서인가. 무대 위로 오르는 내 발걸음은 당당했다. 짧은 인사말에 이어 낭독이 시작되었다.

'화려한 준비'

1961년 4월 1일.
북악산 기슭, 안암의 언덕에서
뛰는 가슴, 총명한 눈빛으로
너와 나, 그리고 우리는 운명 같이 만났지.

더운 가슴에 품었던 뜻은 오직 하나
자유, 정의, 진리의 수호였다네
왜 우린 법학을 익히고 행정학과 씨름했나?

올곧은 기백 때문이었을 거야. '맹호는 굶주려도 풀을 먹지 않는다'는….

세월이 이만큼 흐른 지금,
난 자주 뒤 돌아본다네
이룩한 일 하찮고,
가끔은 풀까지 뜯었던 지난날을 부끄러워하며.

우람한 바위가
하나의 조약돌로 바뀔 때
나는 알 것 같네.
허무가 무엇이며. 상실이 어떤 것인가를….

그러나 친구여,
후회는 하지 마. 더욱 절망은 마세나.
우리 열정 아직 뜨겁고, 우정 역시 끈끈하잖은가
오래되어 귀한 것을, 귀하기에 가치 있음을 당당히 증명하세.

며칠 뒤면 경인년도 가고 말테지.
그래도 일몰이 곧 존재의 끝은 아닐 거야
굳게 다짐하세. '지는 해를 결코 두려워하지 말자'고.
희망찬 신묘년. 이제 우린 그 화려한 준비에 바빠야 되지 않겠나?

2010년 12월 15일 황유성

시 낭독이 끝나자 뜨거운 박수가 터져 나왔다. 벌떡 일어나 손을 흔들며 환호하는 교우들도 적지 않았다. 걱정을 많이 했는데, 정말로 노심초사했는데 다행이었다. 그런데 나는 왜 그리도 철부지인가? "시답잖은 시를 경청해 주셔서 감사합니다."라고 인사한 뒤 무대를 내려오면 될 것을…내 입에서는 전혀 엉뚱한 말이 튀어 나오고 말았다.

"중・고등학교 때부터 시에 관심을 가졌습니다. 앞으로는 수필만이 아니라 시도 써볼 참입니다!"

나도 모르게 헛소리를 하고 만 것이다. 수필 한 꼭지를 쓰는데도 비지땀을 흘리는 주제에 시 창작을 들먹거리고 만인 앞에 공표하다니! '여백(餘白)과 잔상(殘像)의 시로 널리 알려진 김종삼조차 "나는 시인이 아니므로 시를 잘 모른다"고 했는데, 나라는 팔푼이는 같잖은 시 한 편을 만지작거렸다고 왜 가당찮은 망언을 주절댔을까. "하지도 못하는 주제에 솜씨를 보이려 한다"는 말을 중국말로는 "야바 아이 슈어화(啞巴愛說話)"라고 표현한다. 바로 그 짝이었다.

그러나, 그러나 말이다. 이참에 시를 만지작거려 봄도 좋지 않겠는가. 구태여 "애들이 불장난하면 오줌 싼다"고만 타박할 일이 아닐 것이다. "삶의 흐름을 읽고 진단하며 처방해 가는 사고의 과정과 그 결실'이 시라면, 더욱 시와 친해지고 싶다. 이 늘그막에.

2010. 12

사라지는 기차

- 경춘선 무궁화호

조금은 지쳐 있었나봐 쫓기는 듯한 내 생활/ 아무 계획도 없이 무작정 몸을 부대어보며/ 힘들게 올라탄 기차는 어딘고 하니 춘천행

대중가요 '춘천 가는 기차'의 한 대목이다.

'아무 계획도 없이 무작정 올라 탔다'는 노랫말과 달리, 나는 지난 10일 아침 청량리역에서 '작정하고' 춘천행 무궁화호에 올랐다. 친구와 함께 '뜻있는 기차여행'을 해볼 요량으로.

이 완행열차는 20일까지만 운행하고, 그 이후엔 복선 전철이 들어서 달리게 된다고 했다. 사라지는 것들이란 으레 아쉬움과 서글픔을 남기는 법, 춘천행 무궁화호 열차가 없어진다니 옛 추억에 젖고 싶은 마음이 불쑥 들었던 것이다. 이참에 머리도 식히면서….

경춘선은 1939년 7월 25일에 개통했다. 중・일 전쟁이 일어난 지 이태 뒤였다. 전쟁으로 물자가 달리자 '조선'의 자원을 수탈해

갈 목적으로 일제가 개설한 것이다. 이후 경춘선은 6·25 동란이 터지면서 강원지역에 산재한 군부대의 군수물자와 군인들을 주로 실어 나르는 역할을 맡아 왔다.

운송 대상이 일반인으로 바뀌기 시작한 것은 1970년대 중반으로, 대성리 청평 강촌 등이 유원지라는 이름으로 개발되고부터였다. 증기기관차로 시작했던 열차는 비둘기호, 통일호를 거쳐 무궁화호로 바뀌더니, 이젠 그 무궁화조차 경춘선에서 역사 속으로 사라지려 하는 것이다.

사라지는 것은 아쉬움에 곁들여 덧없음을 동반시킨다. 때로는 아련한 서글픔을 가슴에 안기기도 한다. 그래서인가. 지금 신문과 방송 등 대중매체들은 곧 없어질 춘천선 무궁화호의 낭만과 추억을 더듬기에 여간 바쁘지 않다. 청량리역을 출발한 기차가 마석을 지나 대성리역에 이르면 영락없이 나타나던 북한강, 알 수 없는 정감을 불러일으키던 아담하고 조용한 역사(驛舍)들, 대학생들의 MT 장소로 널리 알려지던 청평, 가평, 대성리, 강촌 등은 매체들이 단골로 다루는 낭만과 추억의 소재들이었다. 주말이면 콩나물시루 같이 빼곡히 들어찼던 대합실, 기차 안 어디서나 들을 수 있던 통기타 반주와 노래들, 일찌감치 동나버린 소주와 맥주, 그래서 경춘선은 이들의 떠들썩함과 수선스러움으로 들떠 운행되었다고 회상한다.

그러나 사라지는 경춘선에 관한 추억거리가 어디 그 뿐이랴. 굴곡진 철길을 덜커덩거리며 달리던 기차의 소음, 시장기를 달래주던 삶은 달걀과 김밥, 역마다 역무원들이 나와 흔들어주던 깃발들도 옛 경춘선의 또 다른 모습일 것이다.

내가 경춘선을 처음 타본 것은 1966년 겨울이었다. 대구 영천의 육군부관학교에서 소정의 행정 실무교육을 마치고 춘천 102보충대로 가면서 탄 열차가 경춘선이었다. 하지만, 당시의 기억은 뚜렷하지 않다. 육체적으로 피곤하기도 하려니와, 어떻게 해야 2년여의 군 생활을 의미 있게 마칠 수 있는지를 염려하고 걱정하느라 기차 밖의 풍광엔 관심이 없었기 때문일 것이다. 다만, 기찻길이 하도 구불구불해서 구절양장(九折羊腸) 같았다는 것만은 기억에 또렷하다.

원주에 있는 제1군사령부에 배치된 나는 휴가 때마다 경춘선을 이용했다. 서울의 누님 댁이나 파주 고향집을 가려면 만만한 교통수단이 기차가 유일했기 때문이다. 돈을 아낀답시고 가끔은 몰래 기차를 훔쳐 탔던 일도 있었다. 지금 생각하면 부끄러운 일이지만 그 당시에는 왜 그런 일이 무용담으로 느껴졌는지 모르겠다.

청량리역을 출발한 시각이 오전 11시 10분. 평일인 탓일까. 뜻밖에 기차 안은 한산했다. 내가 탄 칸에는 고작 열 명 안짝의 승객들만이 동승했을 뿐이었다. 다른 칸도 사정은 비슷했다. "추억의 경춘선 완행열차가 사라지면서 이를 타보려는 사람들로 붐비고 있다"던 신문 방송의 보도와는 딴판이었다. 꽤나 손님들이 붐벼 몇 시간 대기라도 하지 않을까를 걱정했는데….

차가운 날씨 때문인가. 기차가 도심을 벗어났는데도 바깥 풍경은 을씨년스럽기만 하다. 잎을 내린 나무들의 쓸쓸한 모습이 그러하고, 녹지 않은 채 산자락에 희끗희끗 남아 있는 눈들의 모습이 또한 그러하다.

바깥 풍경과는 아무 상관 없이 문득 시장기를 느낀다. 마침 밀차 아줌마가 통로를 지나기에 우유와 샌드위치를 주문하여 아침 식사를 대신했다.

청량리역을 출발한지 1시간쯤 됐을까. 멈춘 기차의 통유리 너머로 대성리라는 역명이 잡힌다. 첫 직장이었던 동아방송(DBS) 아나운서실이 야유회를 가졌을 때 이곳을 방문했었다. 돌아오는 길에 은행나무 묘목 한 그루를 사서 안마당에 이식한 기억이 난다. 그러나 당시의 대성리역은 작년 6월에 헐렸단다. 역 뒤에 서 있던 전나무 두 그루도 그때 베어졌다는 것이다. 낡은 존재가 스러져야 새로운 것이 들어선다는 천리(天理)를 왜 모르랴만, 있는 것, 있어야 할 것이 사라졌다는 점이 아쉽고 서운하다.

다음 역은 청평, 대성리에서 6km의 거리를 두고 있다. 춘천시는 경춘선 가운데 경관이 가장 좋은 이 구간을 레일바이크(페달을 밟아 철로 위를 달리도록 하는 자전거)로 활용할 계획이라 한다. 경춘선의 무궁화호는 시속이 47km. 느린데다 굴곡진 길을 달리느라 자주 덜컹거린다. 사실은 이런 심심파적이 있어 경춘선을 타는 지도 모르겠다.

이제 기차는 청평 상천을 지나 가평역에 닿는다. 가평역에서 내리는 관광객의 대부분은 남이섬을 방문하기 위해서라고 봐도 좋을 것이다. 버스로 10분이면 갈 수 있는 남이섬은 자작나무 산책길과 영화 '겨울연가'로 널리 알려진 곳. 하지만 가평역도 복선철도가 운행되면 제 구실을 잃고 역사 속으로 사라진다.

다음에 도착할 경강, 백양리, 강촌역도 마찬가지다. 경강역은 경기도의 '경'과 강원도의 '강'자를 따서 역의 이름을 지었지만, 복선 전철이 개통되면 아예 다른 이름인 '굴봉산역'으로 바뀐다. 게다가 '제이드 가든'이라는 부기(附記)를 달고…. 역의 위치까지 바뀌는 경강역은 영화 '편지'와 드라마 '천국의 계단'을 촬영한 장소로 유명하다. 하늘색 지붕, 빨간 벽돌의 조촐한 경강역이 저쪽에 못마땅한 모습으로 서 있다. '난 아직 괜찮은데 내 역할 벌써 끝나버렸다면서요?" 무언의 항변이 들리는 듯하다.

백양리역은 일자(一字) 형태의 아주 작은 역사. 특이하게도 철로와 철로 사이에 세워져 있어 눈길을 끈다. 21일부터는 자리를 옮겨 '엘리시안 강촌'이란 이름으로 여객을 맞을 예정이다. 문득 최금녀의 시 '간이역 푸른 불빛'이 생각난다.

누워 있는 강 허리 너머
자는 듯 깨는 듯
어딘가에 닿으면
간이역 푸른 불빛

역무원이 흔드는 깃발
조용히 닫히는 문
종착역은 어디쯤일까
잠들지 못하는 사람들

그러나 아무리 둘러봐도 백양리 간이역에는 푸른 불빛도, 역무원이 흔드는 깃발도 눈에 띄지 않는다. 아쉽고 쓸쓸하다.

지금 무궁화호는 강촌을 향해 달린다. 강촌역은 북한강을 굽어보는 검봉산(530m)의 절벽을 깎아 만든 역사로, 밖에서 보면 마치나 달리는 열차의 차창 같은 모양새이다. 1939년 개통 당시에는 무인 역사이던 것이 1953년과 1979년의 신・개축을 거듭하여 오늘에 이르렀다. 3.7km 떨어진 봉화산(487m) 기슭에는 구곡폭포가 있어 해마다 겨울이면 빙벽타기 마니아들을 불러 들이고 있다. 10여 년 전 겨울 이곳을 방문했다가 높이 50m의 얼음벽을 오르는 모습을 보고 절로 오금이 저렸던 기억이 새롭다. 어쨌든 강촌은 젊음과 낭만, 그리고 꿈을 키우고 사랑을 일궜던 곳으로 많은 사람들의 머릿속에 남아 있을 것이다. 저마다의 사연과 추억을 심어 주던 젊은이의 메카 강촌, 하지만 이 강촌역도 복선 전철이 운행되면 새 역사로 옮겨진다.

열차는 계속해서 달린다. 이제 종착역인 남춘천까지 남아 있는 역은 김유정역 뿐. 강촌역에서 김유정역까지의 거리는 8.2km이다. 당초에는 신남역이었으나 2004년 지금의 역으로 이름을 바꿨다. 강원도 춘천 출신 작가인 김유정(金裕貞)의 '문학에 대한 열정과 업적'을 기리자는 뜻에서였다. 우리나라 역 가운데 인명을 역명으로 사용한 첫 케이스로 기록된다. 푸른 기와에 베이지색으로 벽을 칠한 조그마한 역사. 그 앞 소나무 잎이 청청하다.

드디어 종점인 남춘천역에 도착했다. 본래는 춘천역이 경춘선의 마지막 역이지만 복선전철공사로 잠시 그 기능을 남춘천역으로 넘긴 때문이다.

87.3km의 거리를 1시간 50분에 걸쳐 달려온 무궁화호. 그도 12월 20일이면 경춘선 철로를 떠날 것이다. 그리고 그 자리는 전동

차가 맡게 되리라.

서울 중랑구의 신상봉역과 춘천역을 잇는 복선 전철에는 일반과 급행의 전동차가 들어선다. 소요시간은 각각 79분과 63분. 운행하는 횟수도 현재의 38회에서 137회로 대폭 늘어난다.

경춘선이 복선 전철화 되면 다양한 효과를 기대할 수 있다. 교통이 편리해 짐은 물론이고 관광산업은 신장될 것이다. 또 지가(地價)도 향상될 테니 지역 간의 균형발전에 도움이 되리라 생각된다.

그러나 그 모든 장점과 긍정적 평가에도 불구하고 무언가 귀중한 것을 잃어버린 것 같은 아쉬움과 상실감은 무엇 때문인가? 철로 위의 덜컹거리는 소음, 볼품없이 초라한 간이 역사, 역무원이 흔들던 깃발이 그립고 아쉬운 추억으로 떠오르다니 별나지 않은가?

춘천에도 명동이란 데가 있었다. 택시 기사에게 물어 소문난 '닭갈비'집을 찾았다. 그런데 그렇게 먹고 싶던 본토박이 닭갈비를 앞에 두고도 군침은 돌지 않았다. 이미 기차 안에서 샌드위치로 초다짐을 해두어서인가. 아니, 그보다는 아쉬움과 섭섭함이 짙어서가 아닐까. 사라지는 기차에 대한….

2010. 12

밤참의 추억

겨울밤에는 가끔 밤참 유혹에 빠진다.

찬바람은 밖에서 윙윙거려 마음까지 스산해지는데 밤은 왜 그토록 길기만 한가. 게다가 뱃속까지 텅 비어 출출함을 느낄 때 뚝딱 해치우는 밤참은 큰 위로이자 행복이다.

밤참은 사람의 취향에 따라 제 각기 다르다. 따끈한 장국에 국수를 말아 먹을 수도 있고, 한 잔의 주스나 물을 마시어 밤참을 대신할 수도 있다. 또 살아가는 형편이 어떤가에 따라 밤참의 질과 내용도 달라진다. 최상급 요리에 희귀한 포도주를 곁들여 출출한 뱃속을 달랠 수도 있는가 하면, 식어빠진 감자 한 덩이로 길고 긴 밤의 무료를 풀어가는 경우도 있을 것이다.

시대적 상황이나 분위기에 따라서도 밤참의 종류와 내용은 바뀐다. 얼마 전까지만 해도 겨울철 밤이면 골목길을 누비며 "메밀묵! 찹쌀 떡!"을 외치던 소리를 들을 수 있었는데, 요즘에는 그 골목길을 피자나 치킨을 싣고 오토바이가 달린다. 밤참의 문화까지도 달라졌음이다.

밤참의 분위기? 그것도 물론 제각각이다. 문풍지 울리는 소리를 들으며 고즈넉하게 찬 무를 홀로 벗기는 사람이 있는가 하면, 친구들과 어울려 푸짐한 음식을 게걸스럽게 먹는 사람들도 있을 것이다.

국어사전은 밤참을 '밤중에 먹는 군음식'이라고 간단히 풀이한다. 그러니 물 한 잔이나 푸짐한 식사 등을 밤참 대상에 포함시킨다는 것은 좀 무리일 수도 있겠다.

'밤참'이라면 나에게도 생각나는 게 있다. 다름 아닌 순두부이다. 1954년 중학에 입학한 나는 1965년에 대학을 졸업할 때까지 서울 신촌의 작은누이 댁에서 지냈다. 당시 작은누이 내외분은 3거리 코너집의 좋은 몫을 활용하여 잡화점을 열고 계셨는데, 위치도 위치려니와 내외분의 근면과 성실로 가게는 언제나 손님들로 북적였다. 가게 문이 열리는 시각은 아침 6시를 넘지 않았고, 자정을 넘어 새벽 1시께나 돼야 문이 닫히게 마련이었다. 물론 이른 새벽과 늦은 저녁에야 무슨 손님들이 그리 많으랴만 내외분은 이 철칙을 거스르는 일이 별로 없었다.

고등학교에 1학년 때 쯤으로 기억된다. 작은누이 댁에서 도보로 5~6분 떨어진 곳에 두부공장이 하나 들어섰다. 그 공장의 두부는 누이 내외분의 가게에서도 납품을 받아 팔아왔다. 16개 들이 두부 한 판을 하루에도 두세 개씩 처분할 정도였던 걸 보면 맛과 품질도 우수하지 않았나 생각된다. 뭐, 반드시 그래서만은 아닐 테지만 작은매형은 자정이 가까우면 나를 부르시고, "순두부나 같이 먹을까?" 하며 돈을 건네는 것이었다. 그 시간 두부공장에 가보면 네모진 대형 용기에서 두부가 만들어지고 있었다. 무럭무럭 김을 내면서…. 콩을 갈아 콩물을 내고 이것을 끓이다가 간수를 넣으면 몽글몽글한 고형체(固形體)가 생기는데 이게 바로 순두부인 것이다. 인심 좋은 주인은 내가 갈 적마다 바가지로 듬뿍 떠서 냄비를 채워주고는 했다.

순두부는 두부에서 맡을 수 없는 독특한 향을 풍긴다. 끓인 콩물이 간수와 섞이면서 생기는 냄새인 듯싶다. 이 순두부에 김장김치를 얹어 먹거나 양념간장을 곁들여 먹는 맛은 그야말로 일미이다. 맛만 그런 게 아니다. 소박한 운치도 느낄 수 있다. 출출한 뱃속이 든든해짐은 물론이다. 이런 이유들로 해서 그 무렵 나는 순두부를 밤참으로 자주 먹었던 것 같다. 미처 매형이 순두부 심부름을 안 시키면 내가 먼저 “순두부 잡수셔야죠?” 하고 말할 정도였으니까.

그러던 어느 겨울날 저녁이었다. 아마 고등학교 3학년 때였던가 싶다. 냄비를 들고 순두부 심부름에 나선 것이다. 개똥모자에 헐렁한 유엔 점퍼를 걸친 차림으로…. 두부공장에 갔지만 그날따라 웬일로 문이 닫혀 있었다. 그냥 돌아가기는 그렇고…. 문득 큰길가의 국수집이 생각났다. 순두부 대신 따끈한 우동을 밤참으로 먹어보는 것도 좋을 듯싶었다.

국수집 문을 열고 안으로 한 발짝 들어서려는 참이었다. 그런데 아! 이게 뭔가? 이럴 수도 있단 말인가? 나는 황급히 뒤돌아서 도망치듯 국수집을 나오고 말았다. 왜? 무슨 이유로? 바로 국수집 홀에는 내가 그토록 짝사랑하며 가슴을 태워 오던 ‘혜경’이 있었기 때문이다. 그러나 그녀는 혼자가 아니었다. 놈팡이가 있었다. 나도 잘 아는…. 그들은 탁자를 마주해서 다정스레 얘기를 건네고 있었다.

혜경은 누님 댁 바로 건너편에 사는 여고 3학년의 학생으로, 갸름한 얼굴에 이마와 뺨 그리고 눈 코 입술 모두가 아름다운 여인이었다. 그녀의 미색이 하도 뛰어나 나는 그녀를 볼 때마다 이런 생각까지 했었다. "호메로스의 시 일리아드에 나오는 헬렌이 환생한 것이 아닐까?" 하는. 그녀에게 홀딱 반해 가슴을 태워오던 세월이 대체 얼마였던가. 밤새워 쓴 러브레터까지 썼다가 용기가 없어 전하지 못한 일도 있었다. 좋은 대학에 입학한 뒤 본때 있게 구애 작전을 펼 참이었는데 엉뚱한 다른 녀석과 어울리다니? 분노가 불같이 치밀었다.

함께 있던 녀석은 당시 영어교사였던 혜경의 아버지로부터 영어 특별과외를 받는 입장이어서 피차 접근하기가 수월했는지 모른다. 그래도 그렇지. 혜경은 대학입시 준비생이잖은가. 그런데 어떻게 국수집에서 노닥거릴 정도로 여유가 만만할까. 아니, 그보다도 저들은 어떤 사이일까. 어울려 시시덕거리고 있으니 사랑하는 사이인가. 질투심이 부글부글 끓어 오르는 것이었다.

그런데, 그런데 말이다. 내 꼴은 대체 뭐란 말인가? 도망치듯 국수집을 나온 주제에 치미는 분노는 무엇이며, 용솟음친 질투가 무슨 말라빠진 뼈다귀 같은 얘기인가? 왜 당당히 음식점 주인에게, "우동 한 그릇 담아 주시오!"라는 말을 못 했는가. 헐렁한 유엔 점퍼를 입었거나 검댕 냄비를 손에 들었던 부끄러움 때문이었을까. 아마, 그랬을 것이다. 제 꼴에 자신이 없어 후다닥 국수집을 뛰쳐

나왔을 것이다. 지금도 그 생각을 하면 못나빠졌던 자신이 밉고 후회가 된다.

"추억은 젖지 않는다!"

어느 캠코더의 광고 카피(copy)이다. 방수 처리가 잘 되어 있으므로 수심 3m의 물속에서도 영상 촬영이 가능하고, 그래서 추억어린 사진과 동영상을 좋은 품질로 간직할 수 있다는 게 광고내용의 핵심인 것 같다. 그러나 대부분의 추억이란 오랜 세월을 거치면서 젖게 마련이다. 젖으면서 옛 모습을 잃고 사라져 간다. 그런데도 밤참으로 즐겨 먹던 50여 년 전의 순두부와 그 순두부 때문에 더욱 뒤틀려 버린 짝사랑의 추억은 아스라한 세월 속에서도 또렷하게 남아 있다. 젖지 않는 추억으로. 시인 이채도 나와 비슷한 마음이어서 이런 시를 쓴 것은 아닐까.

오늘처럼 비가 내리는 날에는
메마른 가슴에
그리움이 돋아나 안달을 한다
죽은 줄 알았던 추억도
비에 젖어 파릇이 싹이 튼다
(후략)

2011. 8

타자기여, 안녕!

이 지구상에서 인류가 발명한 물품들은 대체 그 수가 얼마나 될까. 아무리 헤아려 봐도 정확히 그 수를 파악해 내기란 좀처럼 어려울 것 같다. 하늘에 떠 있는 별만큼 그 가짓수가 많고 많을 터이므로.

그 많은 발명품 가운데 사람들의 생활에 매우 중요한 역할을 했거나, 지금도 우리들 인류 문명 발달에 크게 기여하고 있는 것들에는 무엇이 있을까. 그 발명품의 기원과 과학적인 원리는 무엇인가. 더 나아가 인류 사회문화에는 어떤 영향을 끼쳤을까.

독일 헬무트 슈미트 대학의 한스 요아힘 브라운(Hans Joachim Braun) 교수는 자신의 저서 ≪세계를 바꾼 가장 위대한 101가지 발명품≫에서 그 해답을 보여준다. 주먹도끼 망치 칼 화살 도자기 문자를 비롯해서 피임약 전자레인지 마이크로 프로세서 MRI 인터넷 등 101종목의 발명품이 인류 문명 발달에 절대적인 기여를 했다는 것이 그의 주장이다.

그렇다면 '글자를 찍는 기계'인 타자기의 경우는 어떨까. 브라운 교수는 '위대한 발명품' 가운데 타자기를 '문서작성의 신기원'이라는 부제를 달아 콘크리트와 전차 중간인 57번째에 소개하고 있다. 발명품이 나온 차례에 따라 소개됐으므로 순위는 중요하지 않지만, 사무용품의 총아인 타자기가 목록에 올라 있음은 분명하다.

타자기의 역사는 만만치 않다. 1714년 영국 출신의 엔지니어인 헨리 밀(Henry Mill)은 타자기에 관한 기본적 아이디어로 특허를 얻어 냈다. 그 후 많은 사람들이 타자기를 제작하는 일에 매달린다. 그러나 실용단계까지 끌어 올리지는 못했다.

오늘날 우리가 사용하는 타자기를 만들어낸 사람은 바로 미국 출신 크리스토퍼 숄즈(Christopher L. Sholes · 1819-1890)이다. 신문사의 편집인으로 근무하던 그는 동료 글리든(Carlos Glidden)과 함께 페이지 번호 인쇄기에 대한 특허를 갖고 있었다.

"번호만 달 것이 아니라 글자까지 사용한다면 더 좋지 않을까?"

이런 창의적 발상은 결국 '움직이는 인쇄기'로 불리는 타자기를 더욱 실용적으로 개발하는 계기가 된다.

1968년 6월. 숄즈와 글리든, 그리고 각종 연구 자료와 자금지원을 담당했던 소울(Samuel W. Soule)은 이전의 타자기를 개선시킨 실적으로 특허를 받아낸다. 그러나 제품은 여전히 불안정했다. 자판을 피아노 건반처럼 흰색 검은 색 두 줄로 배열한 것은 그렇다쳐도, '0'과 '1'을 놓을 자리가 없다는 것은 작은 문제가 아니었다. 어쩔 수 없이 스펠링 'O'와 'I'가 대신해야 했다.

문제는 또 있었다. 걸핏하면 타자기가 고장을 일으킨 것이다. 그런데 고장의 원인이 좀 엉뚱했다. 글자의 배열이 평범하여 타자수들은 너무 빨리 쳐댔고, 이 바람에 타자기는 과부하를 이기지 못해 고장나 버린 것이다.

숄즈는 연구를 거듭한 결과 1873년, 지금 우리가 사용하는 것과 같은 방법으로 왼쪽 윗부분에 'QWERTY'의 알파벳을 배열함으로써 타자수가 천천히 칠 수 있도록 만들었다. 이 디자인은 자주 사용되는 글자들을 가깝게 배치할 경우 자칫 글쇠가 엉키는 현상도 없게 해 주었다. 숄즈의 '쿼티 키보드'는 오늘날 까지 표준 디자인으로 남아 컴퓨터 자판에서도 사용하고 있다.

숄즈는 이듬해인 1874년 자신의 특허권을 재봉틀과 총기 제작회사인 레밍턴 앤 선즈사에 1만 2천 달러를 받고 넘겨주었다. 그 때문일까. 레밍턴사가 처음 만들었던 타자기는 재봉틀과 닮은 모습이었다. 새 발명품을 널리 홍보할 목적으로 레밍턴은 ≪톰소여의 모험≫의 작가인 마크 트웨인에게 타자기로 작품을 써달라고 권하기도 했지만, 초창기의 판매 실적은 그리 신통치 않았다고 한다.

어쨌든, 타자기를 실용화하고 상업화시킨 사람은 숄즈였다. 숄즈 이전에도 많은 사람들, 정확히 말해 51명이나 되는 사람들이 특허를 받는 등 타자기에 매달렸지만 중도에 포기한 채 나가떨어진 것이다. 그럼에도 숄즈만이 '타자기의 발명자'로 우리 기억에 남아 있는 것은 "기필코 해 내고야 말겠다"는 그의 끈기와 노력 때문일 것이다.

우리나라는 1914년에야 한글 타자기를 개발했다. 레밍턴사가 본격적으로 타자기를 생산한지 200년이 지난 뒤였다. 미국에 거주하던 이원익에 의해 한타가 개발되기는 했지만, 미국 타자기 자판에 한글을 덮어씌우는 형태에 지나지 않았다. 그 뒤에도 몇 사람이 한글 타자기를 선보이는 했으나 처음부터 한글 서체를 달고 개발된 타자기는 1949년 안과의사 공병우에 의해서였다.

공병우는 1947년 타자기 개발에 착수한지 2년 만에 초성, 중성, 종성을 각기 한 벌씩 지닌 한글 타자기를 고안해 냈다. 이 타자기는 1950년 일반에 보급되어 크게 인기를 누렸다. 특히 1961년 "모든 공문서는 타자기로 작성하라"는 정부의 지시가 있고부터 타자기는 존재가치를 더욱 높여 나가게 되었다. 당시에는 타자기가 젊은 여성들에게 큰 인기를 끌었을 뿐더러, 화이트칼라 조직에 들어가는 디딤돌 역할을 하기도 했다. 도심 번화가에 경쟁하듯 개설된 타자 관련 학원이 이를 반증한다.

그랬던 타자기가 1980년 말 컴퓨터의 사용이 늘어나면서 퇴락의 길을 걷기 시작한 것이다. 우리나라는 1996년부터 타자기를 생산하지 않고 있다. 글쓰기의 단순한 도구가 아니라 서구의 새로운 문명이었던 타자기, 이제 그를 보려면 고물상이나 박물관을 찾아가야 될 것이다.

엊그제 신문을 보니 지구상에서 유일하게 타자기를 생산해 오던 인도 뭄바이의 고드레즈 앤드 보이스(Godrej & Boyce) 회사가 문을 닫았다고 한다. 인도 공업화의 상징이라 불리던 이 회사가 문을 닫은 것은 더 이상 타자기 주문이 없어서라는 것이다. 3년 전인 2008년 10월만 해도 "고성능 슈퍼컴퓨터와 첨단 사무용품이 즐비한 요즘에도 타자기는 건재를 과시하고 있다"고 인도의 경제 일간

≪비즈니스 스탠더드≫가 보도했었는데…. 하기야 컴퓨터에 비해서는 편의성에 상대가 되지 않고 가격 면에서도 밀리는 터라 곧 무대에서 사라지리라는 건 일찌감치 예견되었던 일이다. 그렇다 해도 수세기 동안 없어서는 안 될 타자기가 자취를 감췄다는 사실에는 아쉬움과 섭섭함을 느끼지 않을 수 없다.

내가 처음 타자기를 이용해 문서를 작성한 때는 1981년이었다. 네덜란드 RNTC(Radio Netherlands Training Center)에서 방송관련 원고를 작성하려면 어쩔 수 없이 타자기를 쓸 수밖에 없었던 것이다. 허나, 방송국 생활 10년이 지났어도 단 한 번 키보드를 두드려 보지 않은 나로서는 난감한 일이었다. 그렇다고 혼자 육필 원고를 제출하기도 그렇고…. 도리 없이 곁에 있는 동료의 도움을 받았지만 그때 일을 생각자면 아직도 부끄러움이 잔등에서 스멀거린다. 귀국하면 학원에라도 다녀 한타 영타를 반드시 마스터하리라 굳게 마음을 먹었다. 그런데도 이 약속은 지켜지지 않았다. 타이피스트가 있는데 굳이 번거롭게 유난을 부릴 게 뭐 있느냐는 생각이 들었던 것이다.

그래도 남의 손을 빌리지 않고 내 스스로 타자를 쳐서 문서를 작성해야겠다는 마음에는 변함이 없었다. 결국 타자기는 1984년 홍콩대학에서 유학생활을 마치고 돌아올 때 이삿짐에 부쳐 서울로 들여왔다. 하지만, 방송국 생활이 워낙 바쁜데다 게으름까지 겹쳐 타자기는 제대로 사용도 못한 채 컴퓨터시대를 맞게 된 것이다.

지구상의 마지막 타자기 회사가 문을 닫았다기에 문득 27년 전에 사 두었던 타자기가 어디에 있는가를 찾아봤다. 두어 차례 집

수리를 하는 과정에서 혹 내다 버린 것은 아닐까를 염려하면서…. 반나절이나 집 안을 뒤적인 끝에 지하실 입구 2층으로 올라가는 계단 밑에서 겨우 찾아낼 수 있었다. 조심스레 케이스를 열었다. 눈에 익은 상표 'Olympia(올림피아)'. 그리고 '카리나 2'가 금방 눈에 잡혔다.

일제 타자기인 올림피아를 얼마에 샀는지는 모르겠다. 또 다른 타자기, 일테면 올리베티나 레밍턴 또는 스미스-코로나, 브라더에 비해 품질과 성능에 어떤 차이가 있는지도 알 수 없다. 하지만 이 타자기를 보니 젊었을 적 무언가를 이루기 위해 꿈틀대며 안간힘을 다하던 일들이 추억으로 피어오른다.

지금의 나는 잡문 한 줄을 쓰는 경우라도 타자기를 사용하진 않는다. 다만 어떤 어려움이 있어도 끈질긴 집념과 노력으로 타자기를 실용화 시키고 상용화시킨 크리스토퍼 숄즈의 정신력만큼은 삶의 귀감으로 삼고 싶다. 공장 문이 닫히는 바람에 더 이상 새 타자기는 구경할 수 없을지 모른다. 그러나 쓸모 있는 타자기를 위해 굽힘 없는 노력을 다했던 숄즈의 장인정신은 두고두고 많은 사람들의 가슴 속에 살아 있을 것이다.

2011. 4

석가탑에 불 밝혀

해가 떨어지자 갑자기 날씨가 추워지기 시작한다. "날씨 한 번 변덕스럽네. 한낮에는 그리 덥더니만…." 옷섶을 파고드는 바람에 제법 차가움을 느끼면서 불평이 절로 나온다. 미처 일교차를 생각지 못한 채 훌쩍 벗어버린 내복 생각이 간절하지만 이제 와서 뭐 어쩔 것인가. 그나마 근처 식당에서 동태 매운탕으로 저녁밥을 맛있게 먹은 탓으로 아까보다는 추위가 덜 느껴진다.

밥집이 있는 북창동을 나와 행사장인 서울시청 앞 광장으로 향했다. 횡단보도를 건너면서 청사 정면에 달린 디지털시계를 보니 6시 45분. 광장에는 벌써 4~500 명의 스님과 불자들이 미리 와 있었다. 스산한 날씨에도 사람은 계속 불어난다. 7시에 시작될 행사까지는 아직 15분이나 남았으니 광장은 곧 행사 참석자들로 넘쳐날 것이다.

어둠이 깔리기 시작한 행사장 안. 갖가지 차림의 의상들이 눈길을 끈다. 회색 장삼에 붉은색 가사를 두른 스님들의 법복이 있는가 하면, 우아하고 맵시 있는 불자들의 전통 한복도 눈에 띈다. 그런가 하면 개량한복을 연상케 하는 포교 스님들의 복식도 간간이 보인다. 동자승의 깔끔한 승복은 얼마나 앙증스럽던지. 옷차림만으로도 이 행사의 비중을 짐작할 수 있을 것 같다.

광장 서남쪽에는 불국사의 석가탑을 닮은 큰 탑이 세워져 있다. 국보 21호인 3층 석탑이 이 행사장에 등장한 까닭은 무엇일까. 불기 2555년(서기 2011년) 5월 10일, '부처님 오신 날'을 봉축하기 위해 서울시청 앞 광장에서 베풀어지는 점등식 얘기이다.

오늘은 4월 16일. 석탄일까지는 보름을 남겨두고 있다. 점등식은 중생의 어리석음을 깨우치고자 고뇌했던 부처의 숭고한 뜻을 기리기 위해서 갖는 의식이다. 말하자면 '부처님 오신 날'의 사전 행사이다.

이날 점등식은 봉축위원회 위원장이자 조계종 총무원장인 자승 스님, 포교원장인 혜총 스님, 봉축위원회 집행위원장인 영담 스님을 비롯해 한국불교 종단협의회에 딸린 20여 개 종단 스님과 불자 등 1300여 명이 참석한 가운데 '삼귀의(三歸依)'를 첫 순서로 시작되었다. 삼귀의란 진정한 불자가 되겠다는 종교적 약속이자 계명을 말함이다.

고백하지만 나는 불교 신도가 아니다. 그렇다고 기독교나 다른 어떤 종교를 갖고 있는 것도 아니다. 다만 오늘 내가 참석한 것은 순전히 점등식에 대한 궁금증과 호기심 때문이다. 대로를 누비며 갖는 연등행렬도 지금껏 단 한 차례 구경하지 못한 입장인데, 점등식엔들 참여했겠는가.

어쨌든, 불교에서 설명하는 '삼귀의'란 이렇다.

인간이 무명(無明)의 사슬을 끊고 지혜의 길로 나서려면 삼보(三寶)에 귀의해야 한다. 삼보란 불타와 그 가르침 그리고 불타의 가르침을 믿고 따르는 사람들의 모임인 승가 공동체를 말한다. 따라서 불교의식에서는 이 삼귀의가 맨 앞머리에 치러지게 마련이다.

삼귀의 뒤로는 '반야심경(般若心經)' 낭독이 이어졌다.

'반야'란 큰 지혜 또는 완전한 지혜라는 뜻. 반야심경은 짧은 경문이어서 글자 수는 모두 260자에 불과하지만 불교의 우주관과 세계관을 담고 있는 핵심 경전이다. 삼귀의와 더불어 예불이나 각종 의식에서 빠짐없이 읽혀진다. 무엇보다, 큰 지혜를 얻어냄으로써 모든 고통으로부터 벗어나려는 인간적 고뇌가 절실하기 때문일 것이다.

다시 식순이 찬불가로 바뀌더니 드디어 오늘의 하이라이트인 점등이 시작된다. 마치나 카운트다운이라도 하듯 참석자들이 입을 모아 "불(佛)! 법(法)! 승(僧)!"이라 외치자 번쩍! 석가탑이 불을 밝히는 것이었다. 휘황하고도 찬란하게. 어둠에 빠진 시청 주변의 건물들 속에서 밝혀진 석가탑의 모습은 너무도 아름다웠다. 이제 저 불은 자비로운 광명이 되어 어리석은 중생들의 시름을 달래주고 괴로움을 어루만지며, 희망과 용기를 샘솟게 할 것이다.

부처님 오신 날을 기리기 위해 설치하는 봉축 조형물은 해마다 바뀌어 왔다. 불기 2551년(서기 2007년)에는 국보 20호인 다보탑, 2552년에는 국보 29호인 성덕대왕 신종(에밀레종)을 본 따 조형물이 들어섰고, 2553년에는 국보 11호인 미륵사지 석탑이, 2554년에는 국보 5호인 법주사의 쌍사자 석등이 세워지기도 했다. 그렇다고 반드시 국보들만이 장엄등의 모델 역할을 한 건 아니다. 불기 2550년(서기 2006년)에는 그 해의 캐치프레이즈인 '진리와 화합'에 걸맞도록 국보가 아닌 일반 석등이 조형물로 선정되기도 했다.

불국사 3층 석탑이 올해의 봉축 조형물로 선정된 것은 국보 21호라는 점 이외에 다른 이유가 하나 더 있다. 지난 2010년 12월 3일, 문화재청은 석가탑의 갑석(甲石: 돌 위에 뚜껑처럼 포개어 얹어놓은 납작한 돌)에 길이 132cm, 최대 폭 5mm의 균열이 간 것을 확인한 것이다. 석가탑에 균열이 가다니? 우리나라 석탑 가운데 최고의 걸작이요 유네스코 세계문화유산에도 올라 있는 석가탑에 금이 가다니? 많은 사람들이 놀랐다. 특히 이를 직접 관리하는 불교 측의 걱정과 염려는 남다를밖에 없었다. 해서 불교계의 자성론과 함께 민족 문화에 더욱 깊은 관심을 갖자는 뜻에서 '석가여래상주설탑(釋迦如來常住說塔)'인 석가탑을 올해의 장엄등으로 삼게 된 것이다.

석가탑의 다른 이름은 무영탑이다. 무영탑에는 아사달과 아사녀의 슬픈 전설이 서려 있다. 경상북도 경주시 외동읍 괘릉리의 영지(影池)에는 팻말 하나가 세워져 있는데, '슬픈 전설'의 내용을 이렇게 전한다.

> 영지(影池)는 경덕왕 10년(751) 재상 김대성(金大成)이 불국사를 지을 때, 옛 백제지역 출신의 석공 아사달(阿斯達)과 그의 아내 아사녀(阿斯女)의 애달픈 전설이 서린 곳이다.
>
> 불후의 걸작인 다보탑과 석가탑을 완성하기에 여념이 없던 남편

아사달을 찾아 서라벌로 온 아사녀는 이 연못가에서 탑이 완성되기를 기다리다 지쳐 못에 비친 탑의 환영을 보고 아사달을 그리며 물속에 뛰어 들었다.

탑을 완성하고 아사녀가 기다리는 영지를 찾아 온 아사달은 아내의 죽음을 알고 아사녀를 부르며 못 속에 뛰어들어 죽었다 한다.

그 뒤로 이 못을 영지라 하였고, 그 때 못에 그림자가 비친 다보탑을 유영탑(有影塔), 비치지 않는 석가탑을 무영탑(無影塔)이라고 하였다.

(하략)

이곳 시청 앞 광장에 놓인 석가탑등은 실제 크기의 1.6배 쯤 되는 것으로 전체 높이가 18m에 이른다. 지난 4개월 동안 전통 특수 한지를 이용해 제작한 것이다. 이 조형물은 5월 10일 부처님 오신날까지 자비광명의 밝은 빛을 이 땅 위에 비출 것이다.

어둠이 무겁게 내린 서울시청 앞 광장. 민족의 위대한 유산 석가탑을 형상화한 장엄등의 존재가 더욱 뚜렷하게 느껴진다. 저 불빛이 유별나게 환한 까닭은 형광등 300개를 내부에 설치했다는 이유만은 아닐 것이다. 석가탑이 있음으로 해서 부처님의 가호를 받고, 자신과 가족 그리고 국가 민족의 안녕까지 기대한다는 믿음이 있어서일 것이다. 석가탑 다보탑을 안고 있는 불국사의 창건 이념이 그러하듯….

허나, 보다 중요한 것은 제 자신이 밝히는 빛이 아닐는지?

부처님의 입멸(入滅)이 가까워질 때 4촌 동생이자 제자인 아난(阿難)이 슬퍼하며 물었다고 한다.

"부처님이 돌아가시면 제자들은 누구를 의지하며 살아야 합니까?"

부처님이 미소를 띠며 대답한다.

"나를 의지하지 마라. 세상에 의지할 건 오직 자신밖에 없다. 남에게 의지한 사람은 남이 쓰러질 때 함께 무너지는 법, 스스로를 등불 삼아 자신의 길을 비추도록 해라."

이제 점등에 이어 "한국불교의 발전과 대한민국의 화합 및 평화를 기원한다"는 내용의 '축원문 발표'도 끝났다. 지금은 '탑돌이' 차례.

칠흑 같은 어둠 속, 밝게 빛나는 석가탑 장엄등이 서럽도록 찬란하다.

2011. 4

제5부

까치를 그리는 사람

까치를 그리는 사람

– 순수의 미학… 장욱진(張旭鎭) 화백

40년을 그림과 술로 살았다. 그림은 나의 일이고 술은 휴식이니까. 사람의 몸이란 이 세상에서 다 쓰고 가야 한다. 산다는 것은 소모하는 것이 아니겠나. 나는 몸과 마음을 죽을 때까지 그림을 그려, 다 써버릴 작정이다. 남는 시간은 술을 마시고….

- 장욱진, '그림과 술과 나', ≪조선일보≫, 1973. 12. 8

장욱진 화백만큼 술을 사랑하고 아낀 사람이 있을까. 일단 시작했다 하면 하루 종일 술을 마신다. 시와 때를 가리지 않고 열흘 보름씩 연달아 들이킨다. 주종(酒種)이나 안주에 신경을 쓰는 일도 없다. "술을 마시는 것도 황송한데 안주를 어떻게 먹느냐."고 말한 그였다. 아니다. 안주가 전혀 없지는 않았다. 소금이었다. 한잔 술에 소금을 찍어 입맛을 다시곤 했으니 그것도 안주라면 안주가 아니겠나? 술을 마시면 아예 며칠씩 밥을 거르기도 한다. 독특한 주

법이 아닐 수 없다.

"그림과 술로 고생하는 나나 그런 뒤치다꺼리를 해야 하는 내처나 고생을 사서 하는 걸 거야. 그래도 좋은 데 어떡하나?"

얼핏 그의 얘기를 들으면 술이나 퍼마시고 자학으로 소일하는 망나니쯤으로 이해하기 쉽다. 허나, 그건 오해이다. 그림을 그릴 때의 몸가짐은 확 달라진다. 작품을 마칠 때까지 그는 한 방울의 술도 입에 대지 않는다. 누구를 만나는 일도 없다. 집안 식구와도 얘기를 나누려 하지 않고 오직 그림에만 몰두한다. 그러고 보면 술에 탐닉했던 것도 그림과 예술에 자신의 몸을 불태우기 위한 고뇌와 저항의 한 표출이 아니었을까 싶다.

장욱진 화백(1917~1990).

그는 48년간이나 나와 함께 동시대를 살아온 사람이다. 하지만 한 번도 만나본 적은 없다. 그의 그림이 유명하단 얘기는 오래 전에 들어서 알고 있지만 돈 주고 작품을 샀다거나 인연을 구실로 거저 얻어 본 일도 없다. 장 화백에 대해 아는 것은 술을 무척 좋아하고 괴짜 그림을 잘 그려 기인(奇人)으로 알려지고 있다는 정도이다. 하여, 오늘 내가 경복궁 옆 현대갤러리를 찾아 '장욱진 20주기 회고전'을 관람하려는 것은 그의 그림을 좀 더 찬찬히 살펴봄으로써 이제까지 내가 갖고 있던 오해 같은 것을 털어내고 싶어서일 것이다.

평일이고 낮시간인 탓일까. 갤러리가 관람객으로 붐빌 정도는 아니었다. 1층에는 작품 16점이 걸려 있다. 이번 회고전에는 '자화상'(1951), '자전거 있는 풍경'(1955), '가로수'(1978), '닭과 아이'(1990) 등 주옥같은 대표작 60여 점의 유화와 종이에 그린 먹그림 등 70여 점이 전시되었다. 장 화백의 작품은 소장자들이 내놓기를 꺼려서 수집에 많은 애를 먹었다고 한다. '소'(1953), '반월'(1988) 등 5점은 미공개작으로 이번에 처음 선을 보인 작품들이다. 1940년대의 초기 그림부터 1990년 타계하기 2주 전까지의 작품을 활동 시기별로 분리하여 전시한 것이 특색이었다. 관람자들에게 작품의 경향과 흐름을 체계적으로 이해시키려는 의도인 듯하다.

첫 번째 나를 맞이한 작품은 1947년에 그린 '마을'이었다. 세로 15.6cm, 가로 16cm의 소품으로 하얀 옷을 입은 두 여성의 뒷모습과 옆모습이 사실적 구도로 그려져 있다. 장욱진의 처남이 미국 유학길에 오를 때 "집 생각이 나면 보라"면서 직접 건네준 것이란다.

'독'과 '붉은 소'를 지나니 그 유명한 '자화상'이 걸려 있다. 1951년도의 작품으로 크기는 세로 14.8cm에 가로는 10.8cm, 역시 소품이었다. 누렇게 익은 보리밭(아니, 밀밭인지도 모른다) 사잇길을 연미복 차림의 신사가 걸어온다. 오른손에는 가방이, 왼손에는 우산이 들려 있다. 그 뒤를 한 마리 검정개가 따른다. 밭 너머 저쪽에는 산일까 구름일까, 두루뭉술한 물체 사이에 나무 두 그루가 걸쳐 있다. 이름을 알 수 없는 네 마리 새가 바삐 날아온다.

장 화백이 이 그림을 그릴 때는 6·25전란 중이었다. 그림과 현실은 딴판인데, 왜 그는 이런 자화상을 그렸을까. 혹 자신의 모습을 역설적으로 그린 것은 아니었을까. 전쟁이 어서 끝나 연미복

차림이 어울리는 때가 왔으면 하는 기대와 소망으로….

장욱진은 늘 작은 그림만을 고집한 화가였다. '마을'이 그렇고 '자화상'이 그랬으며, 그의 대표작 '진진묘(眞眞妙)'가 또한 그러하다. 아무리 커도 30호를 넘지 않는다. "큰 화면에선 참다운 회화성이 살아날 수 없다"는 것이 그의 주장이다. 1층에서 본 작품 가운데 가장 크다는 게 '붉은 소'였는데, 그것도 가로 세로가 53cm에 지나지 않았다. 그러고 보면 장 화백의 예술관은 '간단한 말로 큰 뜻을 나타낸다'는 미언대의(微言大義)와 맥을 같이 하는 게 아닐는지.

2층에 오르니 정통회화의 경향을 보이기 시작한 서울 명륜동의 작업실 시대(1975~1979)와 수묵화풍의 유화로 관념적 세계를 묘사한 충북 수안보의 작업실 시대 등 40여 점의 그림들이 눈을 사로잡는다. 1층에서 봤던 그의 초기 작품, 향토성이 짙게 배어난 그림들과는 아주 다르다는 생각이었다. 색채의 배합이나 붓놀림이 더 세련되게 느껴졌다.

장욱진 예술의 주제는 나무, 초가집, 강아지, 까치, 어린이 등 우리 주변에서 흔히 만나는 것들이다. 여기에 선을 긋고 색깔을 입혀 작품 하나를 완성하는 것이다. 언젠가 장 화백의 제자도 얘기한 적이 있다. "선생님은 화면 구성이나 물감을 바르는 방법은 물론, 형태를 파악해서 소묘하는 것조차도 엉뚱하다"고. 명암이나 면(面)이 없고, 투시법이나 화면을 분할하는 것도 무시되어 마치 어린이가 사물을 파악하는 것과 비슷하다는 게 장 화백의 화풍에 대한 그의 설명이었다.

1978년에 그린 '소와 나무'를 한 번 감상해 보자.

남보랏빛 바탕의 캔버스 위쪽에 흰색 타원형 테두리가 자리를 잡는다. 그 안에 그려진 것은 소. 눈과 입의 윤곽이 강조되어 있지만, 사나워 보이지는 않는다. 소가 서 있는 앞쪽에는 붉은 개가, 뒤쪽에는 검정개가 서 있다. 소의 오른쪽 화면 위에는 어린이가 보인다. 양팔을 무릎에 얹은 자세이다. 소의 아래쪽엔 큰 나무가 보인다. 잎도 가지도 없는 채 큰 부채 형상을 하고 있다. 그 나무 중앙에 새가 한 마리 그려져 있다. 크기는 소와 거의 비슷하다. 나무의 밑가지 부근에는 완곡한 지평선이 보인다. 그 지평선 위에 일렬로 그려져 있는 집들. 그런데 거꾸로 세워져 있다. 그리고 왼쪽 집들 위에는 붉은색 태양이, 오른쪽 집들 위에는 파란 빛깔의 하현달이 떠 있다.

언뜻 보면 꽤 기발한 착상 같기도 하고, 또 어찌 생각하면 장난끼 많은 어린이가 제멋대로 그려낸 그림 같기도 하다. 그러나 찬찬히 보면 가슴이 훈훈해진다. 그리고 물씬 정감을 느낀다.

이번엔 1980년에 그린 '가족'에 눈길을 돌려보자.

봉우리가 2개 달린 산 둘이 약간의 거리를 두고 위쪽에 배치되어 있다. 산꼭대기 위에는 태양이 떠 있다. 산 아래, 가로로 퍼진 운무 속을 4마리의 새가 힘차게 날고 있다. 화면 중앙엔 기둥 두 개만 보이는 기와집이 한 채. 그 안에 부모와 어린이가 그려져 있다. 집 앞에는 고무신이 한 켤레 놓여 있다. 검정개는 주인집 옆에서 어슬렁대고…. 그런데 이건 또 뭔가. 그림 아래쪽엔 씨름판을 반쪽으로 갈라놓은 것 같은 공간이 설정돼 있는데, 호랑이 한 마리가 웅크린 자세로 엎디어 있다.

그림은 그게 전부다. 사람과 강아지 그리고 호랑이를 공존시킨 장욱진은 어떤 메시지를 우리에게 전하려 했을까. 동화 같고 전설 같은 그림에서 그는 모든 생명체들의 순수와 사랑을 말하고 싶었던 것은 아니었을까.

장욱진의 그림을 보면 마음이 편해진다. 그리고 즐거움을 느낀다. 그것은 장욱진이 자연의 삼라만상을 맑은 눈, 따뜻한 가슴으로 대한 때문일 것이다. 때로 그의 그림은 우화적이고 도식화되었다는 지적을 받기도 한다. 그런데도 그가 사랑을 받는 이유는 무엇인가. 자연의 신비와 순수가 화폭에 배어 있기 때문일 것이다. 1976년 9월. 장욱진은 ≪조선일보≫ 기자의 탐방을 받고 이런 얘기를 한다.

> 그림을 그린다는 것은 고통스럽지만 그것만큼 좋은 것은 없어. 내가 그림을 그려서 오래 살지. 다른 것 했으면 오래 살지 못했을 거야. 자신을 한 곳에 몰아넣고 감각을 다스려 정신을 집중하면 거기에는 나 이외에 아무 것도 없어.

그의 말이 거짓 아닌 진실이란 점은 1970년의 작품 '진진묘(眞眞妙)'가 증명한다. '진진묘'는 그의 아내 이순경(李舜卿)의 초상화이다. "초상화 하나 그려 달라"는 얘기를 들은 장 화백은 그해 1월, 새벽에 무릎을 꿇고 참선하는 아내를 물끄러미 바라보다 말고 덕소에 마련된 화실로 들어간다. 그리고는 1주일 동안 그림 그리기에 몰두한다. 물 한 방울 마시지 않았으니 하물며 밥인들 먹었겠나. 잠 한 숨 자지 않고 불기 없는 화실에서 긋고 칠하며 닦고 뭉

개면서 오직 작업에 열중한 끝에 완성, 귀가하여 부인에게 작품을 건네고 쓰러진다. 그리고 3개월간 몸져눕는다. 대체 '진진묘'를 어떻게 그렸기에 그 같은 신고(辛苦)를 겪었을까.

그가 그린 아내의 초상화는 한 군데도 아내를 닮지 않았다. 그 형태는 불상(佛像)에 가까웠다. 장욱진이 그린 것은 얼굴이 아니라, 바로 묵묵히 내조만 할 뿐인 아내의 마음이었던 것이다. 그 마음에 감사하기 위해 1주일이나 식음을 전폐하고 '진진묘'를 그린 것이다. "그린다는 건 고통스러우나 즐겁다"거나, "뜻한 바를 위해 정신을 집중한다"는 그의 말을 이해할 것 같다.

갤러리 지하층에는 경기 덕소와 용인에서 작업할 때 찍었던 장 화백의 사진 6점과 수묵화 8점, 그리고 용인 아틀리에서 사용한 화구와 가구 등이 재현되어 있었다. 그릇에 담긴 여러 자루의 붓과 튜브 속에 눌어붙은 물감들, 그리고 장 화백이 사용했을 '조선 촛대'를 보니 왠지 가슴이 뭉클해진다. "목숨이 끝날 때까지 다 써버리고 가겠다"던 그의 예술혼이 저 유품들과 뒤범벅되면서 어떤 연민을 느끼게 한 탓인지 모른다.

벽에는 장 화백의 연보가 상세히 소개되어 있었다. 1917년 충남 연기군에서 태어난 장욱진은 8살에 경성사범부속보통학교에 입학했으나 공부는 하지 않고 그림만 그려 집안 식구들로부터 눈총을 받았다 한다. 10살 때인 보통학교 3학년, 장욱진은 일본 히로시마 고등사범학교가 주최한 전국 소학교 미전에서 1등상을 받는다. 일찌감치 그림에 두각을 나타낸 것이다.

경성제2고등보통학교(현 경복고교)와 양정고등보통학교를 거쳐 일본 제국미술학교(현 무사시노미술대학)에 유학하는 등 미술학도로서 그가 갖춘 이력은 우뚝하다. 2년간 국립박물관에서 근무했고, 서울대학교 교수로 6년간 봉직하여 많은 제자를 길러내기도 했다. 또한 저명한 역사학자 이병도(李丙燾) 박사의 사위라는 점이 그의 사회적 신분이 어떠했는지를 가늠하게 한다.

그러나 장욱진 그는 자유인이었다. 속세의 명리를 탐하지 않았다.

"나는 심플하다."

그가 항상 내세우고 있는 말이요, 큰 소리로 외치고 싶은 말이었다. 그럼 '심플'이란 무언가. 아무 것도 없어 단순함인가, 아니면 있는 것을 덜어내어 단출하게 만듦인가? 장욱진에 있어 심플함은 당연히 후자였다. 표리가 일체한 그의 행동거지가 그랬고, 허례허식 없이 진솔한 그의 그림이 또 그러했다.

> 같은 일을 한 평생 한다는 것은 정말 고통스러운 일입니다. 사람들은 콧노래라도 부르면서 그림을 그리는 것으로 알지만 사실 힘드는 일이지요.

장욱진의 말을 떠올리며 도록 한 권을 샀다. 한 예술가의 고뇌를 두고두고 음미하고 싶어서. 내 게으른 영혼에 채찍을 내리고 싶어서.

2011. 1

색채의 마술사 샤갈

꽃샘추위치고는 제법 쌀쌀하다. 어제보다 2도나 올랐다는 서울 지방의 최저기온이 영하 4도. 옷장 속에 넣은 오버를 다시 꺼내 입고 마스크와 모자까지 챙기면서 집을 나섰다. 서울시립미술관에서 열리고 있는 '샤갈전'을 관람하기 위해서다.

그의 작품은 2004년에도 서울과 부산에서 100여 점이 전시됐었다. 당시의 관람객 수는 70여만 명. 예상치 못한 관람객 숫자였다. 그래서 붙은 이름이 '미술전시의 블록버스터'였다. 하지만 나는 그들 관람객들 가운데 끼지 못했다. 갑자기 찾아온 뇌경색과 싸우느라 전람회는 엄두도 낼 수 없었기 때문이다.

6년이 흘러 작년 12월에 다시 열린 샤갈전. 이번만큼은 꼭 봐야 되겠다는 생각이 들었다. 그러나 별 볼 일 없는 데도 일상은 왜 그리 바쁘던지. 후딱 한 달이 지나는가 싶더니 올 2월도 사흘을 넘기고 말았다. 3주 뒤면 전시회가 끝난다는데…. 점점 조바심이 났다. 게다가 이번엔 전보다 훨씬 많은 164점이 전시된다지 않는가.

환상적이고 몽환적인 샤갈의 독특한 화풍(畵風)을 눈으로 확인하고 싶은 마음이 굴뚝같이 일었다. 전시장으로 발걸음을 재촉한 이유일 것이다.

2층부터 시작하는 전시장의 입구 왼쪽 벽에는 샤갈과 그의 가족 사진 10점이 걸려 있었다. 오른쪽 벽을 따라 길게 붙여진 것은 샤갈의 연보. 얼핏 몇 줄을 읽어본 것 가운데 두 가지 사실을 새로 알게 되었다.

하나는 1887년 러시아의 비테프스크에서 태어나 1985년 프랑스의 생폴드방스에서 사망했다는 점이다. 샤갈이 태어난 비테프스크는 옛 소련에서 독립한 신생국 벨라루스의 작은 도시이다. 벨라루스란 이름은 우리 귀에도 낯설지 않다. 작년 5월이던가. 남아공 월드컵에 대비해서 한국 축구 대표 팀이 평가전을 가진 나라이다. 그러나 사람들은 비테프스크를 벨라루스보다 더 많이 기억하고 있는 것 같다. 위대한 화가 샤갈의 고향이기 때문일까?

다른 하나는 13살 때 중학에 입학한 샤갈이 기하와 데생에 능했다는 점이다. 어렸을 때부터 미술에 재능이 있었다는 얘기이다.

연보 옆에는 샤갈 작품에 대한 개요가 이렇게 소개되어 있다.

> 샤갈의 작품은 미술 사조를 따르는 방식으로는 쉽게 설명되지 않는다. 그의 예술은 긴 세월 마치 둥근 원을 돌듯이 같은 길을 지나고 또 지나고 같은 주제를 반복하고 또 반복하는 순환적인 흐름으로 전개되어 왔다.
>
> 예술 인생 70년 동안 샤갈은 20세기 예술의 모든 장르를 뛰어넘

어 탈 시대적이고 독창적이며 독보적인 작가의 길을 통해 자신이 경험하고 느낀 한 세기 동안의 인간사에 있어 다양한 삶의 모습과 시대정신을 흡사 자신의 그림일기를 써 내려가듯이 차곡차곡 그려 감으로써 화가로서의 위대한 사명을 다한 20세기의 드문, 그래서 더욱 독보적인 화가로서 여겨지고 있다.

왜 그가 '독보적인 존재'로 평가받는지를 알아볼 필요가 있을 것 같다. 쉬엄쉬엄 그의 작품을 둘러보면서.

이번 전시는 작품의 시기보다 주제에 따라 구성한 것이 특색이다. 샤갈 작품을 총체적으로 이해시키기 위한 배려로 여겨진다. 제1부 '나와 마을', 제2부 '성서 이야기', 제3부 '사랑과 연인', 제4부 '유대인 예술극장 장식화', 제5부 '서커스', 제6부 '종이작품'이 그것이다. 이 가운데서 가장 뛰어난, 그래서 대중들에게 널리 알려진 몇 점을 골라 소개한다.

먼저, 샤갈의 토속적인 삶과 일상이 담겨진 '나와 마을(61.8×48.9)'을 감상해 보자. 1912년에 그린 이 수채화 작품은 전시장의 첫머리에 걸려 관람객을 맞고 있다.

화면 왼쪽에는 소가, 오른쪽에는 사람의 얼굴이 마주 보듯 크게 그려져 있다. 서로 얘기를 주고받는 모습이다. 사람의 얼굴은 큰데 머리에 쓴 모자는 아주 작아 보인다. 목걸이의 십자형 펜던트가 늘어져 있다. 소의 뺨에도 그림이 그려져 있다. 소젖 짜는 농부 아내의 모습이다. 그림 위쪽을 보면 성당과 네 채의 집들이 떠 있는 형태로 그려져 있다. 성당은 비잔틴 양식이고 집 두 채는 거꾸로 선 자세다. 그 아래를 남녀 농부가 걸어간다. 여자를 거꾸로 그려

놓았다. 그림 아래에는 한 그루의 나무가 방울을 달고 서 있는 모습이다. 이들 피사체들은 모두 원과 3각, 4각형의 기하학적인 구도 속에 이미지를 평면화 시키고 있다.

언뜻 봐서는 그림이 좀 어수선해 보인다. 하지만 보면 볼수록 재미있고 신비롭게 느껴진다. 마치 동화의 한 대목을 읽는 기분이다. 소, 젖 짜는 사람, 소박한 차림의 농부들, 교회와 마을…. 푸른색, 녹색, 빨간색, 그리고 밝은 톤의 베이지색도 주제와 잘 어울린다. 샤갈은 고향 비테프스크의 정겨움을 머릿속에 그리면서 이 작품을 만들었다 한다.

이번에는 유화 '도시 위에서(139×197)'를 관람해 보자. 이 그림은 샤갈의 대표작으로 입장권, 팸플릿, 홍보용 배너, 그리고 미술관 홀의 대형 현수막에도 그려져 있다. 이 작품에서 샤갈은 아내 벨라를 뒤에서 포옹한 채 훨훨 하늘을 난다. 그 밑에는 샤갈의 고향 마을 비테프스크가 단정한 모습으로 그려져 있다. 마을은 조용하다. 그저 염소 한 마리가 어슬렁댈 뿐이다. 그 적막한 분위기를 깨기라도 하듯 한 남자가 엉덩이를 드러낸 채 볼일을 본다. 나무 울타리 후미진 곳에서.

'도시 위에서'는 샤갈이 연인 벨라와 결혼한 뒤 그린 작품으로 행복에 넘쳐 하늘이라도 날고 싶은 마음을 잘 드러내고 있다. 푸른색과 하늘색이 앙상블을 이루면서 안정되고 평화로운 느낌을 갖게 한다.

샤갈은 그의 작품에 아내 벨라를 자주 등장시키고 있다. '장갑을 낀 피앙세, 벨라'나 '부채를 든 신부'가 그렇고, 벨라와 결혼한 1915

년에 그린 '생일'이 또한 그러하다.

벨라 로젠펠드는 샤갈보다 9살이나 나이가 어리고, 예쁜데다가 총명했다. 샤갈은 가난했지만 벨라는 보석상을 하는 부잣집의 막내였다. 그녀를 처음 본 것은 1909년. 샤갈은 첫눈에 반해버리고 만다. 그로부터 벨라는 샤갈의 예술에 있어 뮤즈(미의 여신)로 자리잡는다. 벨라는 샤갈의 작품을 완성시키는 결정자이자 동료이기도 했던 것이다.

샤갈의 작품 가운데서 우리는 무중력 상태로 하늘을 날고 있는 모습을 자주 볼 수 있다. 앞에서 소개한 '도시 위에서'를 비롯하여 보따리를 둘러메고 회색빛 비테프스크 마을 위를 날아가는 '비테프스크 위에서', 또 오른 손으로 연인의 왼손을 잡고 있는 '산책'도 둥실 하늘에 떠 있다. 하늘을 나는 이미지는 오랫동안 외국에서 부평초같이 지내온 샤갈의 삶을 상징적으로 나타내는 것 같다. 아니면, 바람처럼 자유로워지고 싶은 샤갈의 속마음일지도 모를 일이다.

작품 '비테프스크 위에서'는 '사갈의 마을에는 3월의 눈이 온다'로 시작되는 김춘수의 시 '샤갈의 마을에 내리는 눈'의 모티프가 된 것으로도 유명하다. 뉴욕현대미술관이 최초로 한국에 대여했다고 한다.

3층 전시장에서 눈여겨 볼 작품은 '유대인 예술극장 소개'이다. 2004년 전시 때는 작품 일부가 왔는데, 이번엔 화재로 소실된 1점을 빼고 7점 모두가 전시되어 장관을 이루고 있었다. 높이가 2m 84cm, 폭이 7m 87cm인 이 작품은 샤갈이 모스크바의 유대인 예술극장 내부를 장식하기 위해 제작한 것이다. 작품 앞에 서면 그

규모에 압도당하면서 샤갈 예술의 철학을 가늠하게 된다. 사랑 또는 자유분방 같은….

그러나 이 장식품은 스탈린이 유대인을 혹독히 탄압하던 1937년에 철거되어 국립 트레티아코프미술관 창고에서 50년간이나 햇빛을 못 보는 고난을 겪었다. 샤갈이 사망한 뒤 5년간의 복원작업을 마치고서야 1991년 세상에 공개되었다. 화폭에는 팔레트를 든 샤갈 자신을 비롯해서 악기를 다루는 악사, 물구나무를 선 광대 등 많은 인물과 동물들이 담겨 있다. 7점으로 이루어진 '유대인 예술극장 소개'의 보험가액이 2천 8백억 원이라니 놀라지 않을 수 없다.

전반적으로 샤갈의 그림은 현실에서 벗어나 꿈을 꾸고 있는 것 같은 느낌을 갖게 한다. 하늘을 나는 사람이나 거꾸로 서 있는 집, 사람이 동물과 대화하는 모습 또는 머리는 새이고 몸은 사람인 괴물이 휘장 같은 시계를 차고 춤추는 광경은 우화에서나 있을 수 있는 일이다. 하여, 샤갈의 그림은 보는 이에게 까마득히 잊어버린 동심과 때 묻지 않은 순수를 찾게 해 준다. 서툰듯하면서도 자연스런 윤곽 처리, 화려하고 풍부한 색채 역시 샤갈 작품의 독특성을 나타내는 요소일 것이다.

마르크 샤갈(Marc Chagall · 1887~1985).

그는 러시아의 비테프스크에서 태어나 프랑스로 망명한 화가이다. 98세라는 긴 생애를 통해 꿈, 사랑, 성경에 이르는 다양한 주제를 화폭에 옮기며 그만의 색깔과 형상으로 독특한 세계를 구축한 화가이다. 어렸을 때부터 그림 그리기를 좋아한 그는 바이올리니스트, 무용수, 시인에도 관심이 높았다. 이렇듯 풍부한 감성은 미술에도 고스란히 드러나, 샤갈은 유화, 판화, 벽화, 스테인드글라스를 비롯해 무대장식, 오페라하우스, 미술관의 천장화에 이르기까지 폭넓은 예술 활동을 펼쳤다.

"우리네 인생에서 삶과 예술에 진정한 의미를 주는 단 하나의 색깔은 바로 사랑의 색이다"라고 말했던 샤갈. 그의 그림을 보면 아내 벨라와 고향 마을 비테프스크를 극진히 사랑했던 따스한 마음이 여과없이 전해진다.

관람을 마친 뒤 아트 숍에서 복사작품인 '나와 마을'을 한 장 샀다. 소와 사람이 얘기를 나누는 것 같이 보이는 그림이다. 천 원짜리로 엽서만한 크기지만 어느 것보다도 '샤갈다운' 분위기가 물씬 넘치는 작품으로 여겨졌기 때문이다. 소와 사람이 대화를 하다니? 그들 대화 속에 이런 얘기는 없을까?

"저 사람, 샤갈 좋아하나봐. 그치? "

2011. 3

법정(法頂) · 자야(子夜) · 백석(白石)

나는 단 한 번도 법정(法頂) 스님을 만나본 적이 없다. 불자가 아니기도 하려니와 딱히 만나지 않으면 안 될 일이 있는 것도 아닌 때문이었을 게다. 그 분을 가까이서 대한 것은 책을 통해서였다. 1980년대 말인가. 범우사가 펴낸 문고판 가운데 ≪無所有(무소유)≫가 있었는데, 우연히 그 책을 구입해 읽으면서 저자인 법정 스님에 관심을 갖게 된 것이다.

"무엇인가를 갖는다는 것은 다른 한편 무엇인가에 얽매인다는 것"이라는 그의 주장이 이슬처럼 영롱하게 들렸고, 문장도 수월해서 단숨에 그 책을 읽어낼 수 있었다. 단조로운 산중 삶을 어쩌면 그리 섬세하고 투명한 감성으로 그려낼 낼 수 있는지. 또 단순한 일상을 손쉽게 글로 표현하는 것에 그치지 않고, 읽는 이로 하여금 무언가를 깨닫게 한다는 점이 마냥 신기하게 느껴지기도 했다. 뒤늦게 '에세이'라는 이름을 붙여 책 3권을 내면서 법정의 글을 간간히 인용한 것은 아마도 그런 이유 때문일 것이다.

법정의 글 속에는 구도자로서 수행하며 그가 기거했던 장소들이 짧게나마 소개되고 있다. 송광사(松廣寺), 불일암(佛日庵), 다래헌(茶來軒), 길상사(吉祥寺) 등이 그것이다. 아예 이름조차도 없이 산골의 오두막으로만 표기된 곳도 있었다. 생전에 그가 인연을 맺은 여러 수행 공간 가운데 특히 내가 주목한 곳이 있었으니 바로 길상사였다.

길상사는 1997년에 세워진 사찰로 서울 성북구 성북2동 323번지가 지번이다. 본래 대원각(大苑閣)이란 이름의 유명한 요정이었던 이 자리가 불도량으로 바뀌게 된 것은 소유주 김영한(金英韓)과 법정의 인연에서 비롯된다. 법정의 산문집 ≪무소유≫를 감동 깊게 읽은 김영한이 대원각을 청정한 도량으로 만들어 달라며 시주를 자청했기 때문이다. 당시의 대원각은 부속 토지를 합해 그 시가가 1000억 원에 해당하는 재산적 가치를 지니고 있었다. 이 어마어마한 재산을 바친 뒤 김영한이 받아낸 것은 길상화(吉祥華)라는 법명과 108 염주 한 벌.

"그 많은 재산을 내놓다니 아깝지 않느냐?"고 주변 사람들이 말했을 때 김영한은 이렇게 말했다 한다. "그분의 시 한 줄에 비하면 아무 것도 아니다"라고.

그렇다면 '그분'은 누구일까? 김영한이 말한 그분이란 바로 천재 시인 백석이었다. 1995년 김영한이 펴낸 ≪내 사랑 백석≫에서 그녀는 백석(白石)과의 가슴 아픈 사랑을 고백한 것이다. 그와의 사랑이 얼마나 절절하기에 그녀 김영한은 "백석문학상"까지 만들어 옛 연인의 이름을 먼 후대에 남기려 했을까.

오늘 내가 문득 길상사를 찾은 까닭은 이 불가사의한 사랑이 대체 어떻게 이루어질 수 있었을까가 궁금해서였다.

길상사.

성북동 가파른 언덕배기 위에 서 있는 조촐한 가람. 지하철역에서도 30분 이상을 걸어야 한다기에 택시를 잡아탔다. 다리가 불편한 입장이어서 도보로는 도무지 엄두가 나지 않아서였다.

'삼각산 길상사'라는 일주문을 들어서니 전면에 극락전이 보인다. 본래는 대원각 요정의 본채로 사용해 왔던 건물이다. 개보수를 거쳐 아미타부처를 봉안한 뒤 현재는 길상사의 본 법당으로 활용하고 있단다. 깨끗하게 비질한 앞마당 너머로 독경 소리가 들려온다. 그 오른쪽에 보이는 전각은 대규모의 설법이 이루어지는 설법전(說法殿). 극락전 왼쪽에도 우람한 전각이 세워져 있는데 지장보살을 주존(主尊)으로 섬기는 지장전(地藏殿)이다. 그 뒤쪽에는 많은 선방(禪房)들이 고즈넉한 자세로 내방객을 맞고 있었다.

설법전 아래에는 가녀린 몸매의 관음보살상이 서 있어 눈길을 끈다. 얼핏 성모 마리아상을 연상케 한다. 머리에는 화관을 쓰고 왼팔로는 정병(淨甁·정화수를 담는 병)을 안고 있다. 오른 손을 들어 그 손바닥이 보이게 한 까닭은 세상의 고통을 구한다는 뜻이라던가. 불기 2544년(서기 2000년)에 건립된 이 조각상은 높이가 1m 80cm, 재질은 화강암이었다. 천주교 신자인 최종태 교수가 조각한 것으로 소개되어 있다. 종교 사이의 화합을 다지는 뜻에서 이렇듯 독특한 모습의 관음보살상이 태어났다는 얘기를 들었다.

극락전 오른쪽은 법고루인데 극락전의 추녀 끝에 이어서 기둥을 세우고 지붕을 얹은 생김새이다. 법고(法鼓), 운판(雲版), 목어(木魚) 등이 갖추어져 있다. 그 앞쪽의 단아한 건물은 범종각. 갓 구워낸 듯 깨끗하고 커다란 종의 모습이 우아하다. 길상사가 처음 문을 열었을 때 김영한이 했다는 말이 생각난다.

"저의 소원은 이곳에서 맑고 장엄한 범종소리가 울려 퍼지는 것입니다."

지장전 옆으로는 작은 개울이 보인다. 계절 탓인가, 개울은 바싹 말라 있는 채 낙엽만 쌓여 있다. 7~8m 길이의 좁다란 다리를 건너가면 김영한이 머물렀다는 길상헌(吉祥軒)이 나온다. 아담하고 차분한 자태의 한옥이다. 출입이 금지돼 있어 들어갈 수는 없다. 아예 쪽대문 고리에는 나무토막 빗장이 걸려 있다.

대문 사이로 안을 살펴본다. 아무 것도 눈에 잡히는 게 없다. 멀리서 본 길상헌의 모습은 왠지 고적하고 신비롭게 보인다. 나무들 속에 기와지붕만 눈에 띄어서일까. 아니면, 한 평생 오로지 백석 한 사람만을 사랑했던 한 여인의 애절함이 서려 있어서인가. 그녀는 84세로 세상을 떠나기 전인 1999년 11월 14일에도 목욕재계 후 길상사를 찾아 참배하고 이곳에서 생애 마지막 밤을 보냈다 한다.

김영한의 육신은 다비(茶毘)되어 49재를 지낸 뒤 길상헌 뒤쪽 둔덕에 뿌려졌다. 그녀가 유언한 그대로. 유해가 뿌려진 자리에는 아주 조촐한 비(碑)가 세워졌으니 '시주 길상화 공덕비'가 그것이다. 평생 모은 재산을, 그것도 1000억에 해당하는 막대한 재산을 아무런 대가(代價) 없이 시주한 여인. 그녀는 대체 어떤 사람인가.

김영한.

1916년 서울에서 태어난 그녀는 일찍 아버지를 여의고 할머니와 홀어머니 슬하에서 성장했다. 16살 때 김영한은 조선 권번(券番)에 들어가 진향(眞香)이란 이름의 기생이 된다. 금광을 한다는 친척에게 속아 알거지가 돼버린 가족을 돕기 위해서였다. 글솜씨가 좋았던 진향은 바쁜 일상을 보내면서도 문학지에 수필을 발표하는 등 인텔리 기생으로 이름을 알리기 시작한다.

1935년, 진향은 일본 도쿄로 건너간다. 그녀의 능력을 높이 샀던 조선어학회의 회원 신윤국이 유학을 주선했기 때문이다. 그러나 신윤국이 일제에 의해서 투옥됐다는 소식을 듣고 서둘러 귀국한다. 스승과의 면회는 여의치 못했다. 원천적으로 면회가 봉쇄되었기 때문이다. 진향은 끝내 스승을 면회하지 못했지만 천재 시인 백석과 운명적으로 만나게 된다. 함흥 영생고보 교사들의 회식장소에 나갔다가 영어교사인 그와 사랑에 빠지고 만 것이다. 진향의 나이 스물하나, 백석은 스물다섯 살 때였다,

어느 날 백석은 진향이 사들고 온 ≪당시선집≫ 가운데 이백(李白)의 시 '자야오가(子夜五歌)'를 발견하고 그녀에게 '자야(子夜)'라는 아호를 지어준다. 자야오가는 오랑캐를 물리치러 멀리 출정한 낭군을 기다리는 아내의 애절한 심정을 묘사한 시로, 뒷날 김영한은 자신의 저서 ≪내 사랑 백석≫에서 이렇게 회상하고 있다.

"아마도 당신(백석)은 두 사람의 처절한 숙명이 정해질 어떤 예감에서, 혹은 어떤 영감에서 이 '자야'라는 이름을 지어 주셨던 것은 아닐까 하고 생각된다"라고. 당시 백석은 불후의 시집 ≪사슴≫

을 발간하고 조선일보사를 나와 영생고보에서 영어교사로 근무할 때였다.

1937년, 자야는 함흥을 떠나 서울로 돌아온다. 정확히 표현하자면 백석을 피해 몸을 숨겨버린 것이다. 부모의 강요로 결혼한 백석이 초례만 치르고 그녀를 찾았지만, 그를 반겨 맞기에는 양심이 허락하지 않았기 때문이다. 1939년, 백석이 2번째 결혼을 했을 때도 상황은 비슷했다. 백석을 뜨겁게 사랑하고 있음에도 짐짓 멀리하지 않으면 안 되었던 자야의 고뇌와 갈등이 짐작된다.

마침내 백석은 만주로 도망 가 함께 살자고 자야를 설득하기에 이른다. 하지만 자야는 이를 거절한다. 자신의 존재가 백석의 삶에 걸림돌로 작용하리라는 우려 때문이었다. 백석이 자야에게 전했다는 시 '나와 나타샤와 흰 당나귀'는 바로 그 때의 심정을 그린 것이다.

가난한 내가
아름다운 나타샤를 사랑해서
오늘밤은 푹푹 눈이 나린다

나타샤를 사랑은 하고
눈은 푹푹 날리고
나는 혼자 쓸쓸히 앉아 소주를 마신다
소주를 마시며 생각한다
나타샤와 나는
눈이 푹푹 쌓이는 밤 흰 당나귀 타고
산골로 가자 출출이 우는 깊은 산골로 가 마가리에 살자

눈은 푹푹 나리고
나는 나타샤를 생각하고
나타샤가 아니 올 리 없다
언제 벌써 내 속에 고조곤히 와 이야기한다
산골로 가는 것은 세상한테 지는 것이 아니다
세상 같은 건 더러워 버리는 것이다

눈은 푹푹 나리고
아름다운 나타샤는 나를 사랑하고
어데서 흰 당나귀도 오늘밤이 좋아서 응앙응앙 울을 것이다

'나타샤'는 물론 자야를 말한다. '눈이 푹푹 쌓이는 밤 흰 당나귀 타고 산골로 가 마가리(오두막)에 살자'는 시구에서 우리는 봉건적 인습에 억눌려 갈등하고 번뇌하는 백석의 고뇌를 읽어낼 수 있다.

1940년, 백석은 만주의 신징(新京: 지금의 長春〈장춘〉)으로 훌쩍 떠난다. 시 100편을 써서 돌아오겠다는 말을 남기고…. 이때 백석의 나이는 스물아홉, 자야는 스물다섯이었다. 그러나 그것이 끝이었다. 3·8선이 그어지고 전쟁이 터지면서 영영 이별이 되고 만 것이다.

백석은 1963년 52세의 나이로 북한에서 사망한 것으로 알려지기도 했으나, 실제로는 1995년 84세 때에 사망했다. 자야는 4년 뒤인 1999년에 타계했다. 우연일까. 그들이 이승에서 누린 나이는 84세로 똑같다.

연보를 보면 백석은 만주국 국무원 경제부에서 잠시 일했는가 하면 측량서기, 중국인 토지의 소작인 생활까지 하면서 고생했다

고 한다. 한 때는 만주 안동에서 세관업무에 종사하기도 했다는 것이다.

해방과 더불어 귀국하여 고당 조만식 선생의 통역비서로 일하기도 했던 백석은 아동문학에 특별한 관심을 갖고 "동화문학의 발전을 위하여" 등의 평론을 발표하기도 했다.

백석은 다른 어느 분야보다 어학에서 탁월한 면모를 보였다. 전공한 영어 이외에도 일본어 러시아어 프랑스어 등 여러 외국어에 통달함으로써 많은 문학작품들을 번역해 냈다.

백석 시의 두드러진 특징 가운데 하나는 토착어를 사용하고 있다는 점이다. 한자어나 외래어 사용은 극히 제한되어 있고 서북 방언들을 노골적으로 사용한 것이다. 그의 시에는 "바람이 불고 구름이 떠있으며 시냇물이 흐르고 달이 뜬다"고 말한 평자도 있는데 그건 사실이다. 모닥불 겨울밤 찰거머리 물닭 머루 백설기 등의 소재들이 그의 시에서는 꾸밈없이 등장함으로써 고향의 옛 추억을 스멀거리게 한다.

"길상사는 가난한 절이면서도 맑고 향기로운 도량이 되었으면 좋겠다"고 말하던 법정 스님이나, "나에게 있어 백석의 시는 맑고 신선한 생명의 원천수였다"고 술회하던 자야, 그 자야를 사랑해 "깊은 산골로 가 마가리에 살자"던 백석은 모두 이 세상을 떠나고 없다.

그러나 법정같이 진정한 수도자가 없었더라면 길상사는 여전히 대원각으로 남아 있을 터이고, 백석이 자야를 끔찍이 사랑하지 않았던들 '나와 나타샤와 흰 당나귀'는 이 세상에 존재하지 않았을 것이다. 뿐인가? 백석의 생일인 매년 7월 1일마다 음식을 입에 대지 않았을 정도로 연인에 대한 그리움이 절절하지 않았다면 '백석문학상'도 구경할 수 없었을 것이다.

참, 세월은 무심하기도 하구나. 법정이 입적한 지도 한 해가 훨씬 지났고 백석과 자야가 사망한 지는 각각 16년, 20년을 헤아린다. 가을볕 따사로운 길상사 한 귀퉁이에 피어 있는 담홍색의 상사화, 그리고 하늘거리는 코스모스, 저들은 내년에도 또다시 피어날 테지. 왠지 독한 술이라도 몇 잔 마시고 싶어진다. 모던 보이였던 백석도 가끔은 비슷한 심사여서 '나 취했노라'는 시를 쓴 것은 아닐까.

나 취했노라
나 오래된 스코틀랜드의 술에 취했노라
나 슬픔에 취했노라
나 행복해진다는 생각에 또한 불행해진다는 생각에 취했노라
나 이 밤의 허무한 인생에 취했노라

2011. 9

■ 이 글을 마친 한 달 뒤 다시 길상사를 방문했다. 특별한 이유가 있어서는 아니다. 1주일 전 '간송미술관'에서 단원과 혜원 그리고 오원 등의 그림을 감상한 적이 있는데 당시 곁두리 삼아 둘러봤던 서울성곽이 너무 인상에 남아 다시 찾게 됐고, 그 참에 부근의 길상사를 두 번째 들른 것이다.

가을 복판에 방문한 길상사는 또 다른 모습으로 나를 맞고 있었

다. 나무마다 진한 단풍이 들고, 어떤 나무는 벌써 낙엽을 우수수 땅위에 뿌리고 있었다. 법당 극락전의 앞뜰에도, 자야(子夜)가 묵었다는 길상헌의 지붕 기왓골에도 낙엽은 쌓이고 뒹굴었다.

'시주 김영한 공덕비'를 다시 보고 싶어 개울 위에 높게 걸린 콘크리트다리를 건넜다. 누가 갖다 놓았을까. 예의 자그마한 빗돌에는 한 송이의 국화 장미 수국 등이 놓여 있었다. 한꺼번에 1000억에 해당하는 재산을 아무 대가 없이 바친 여인. 그리고 그 어마어마한 재산적 가치를 '백석의 시 한 줄만도 못하다'고 말했던 여인, 자야.

오늘 같은 날엔 정말 흠뻑 술에 취하고 싶다.

‘형사 콜롬보’와 성우 최응찬

더부룩한 머리에 후줄근한 트렌치코트 그리고 코맹맹이 소리. 그런 모습 그 목소리로 ‘형사 콜롬보’의 주인공 피터 포크(Peter M. Falk)는 70~80년대의 텔레비전 시청자들로부터 폭발적인 인기를 끌었다. 추리물인 이 드라마의 타이틀 롤을 맡은 그는 사건을 해결하는 방법도 특이했다. 유력한 용의자가 시치미를 뻑 뗄 때에도 그는 실토하기를 보채거나 윽박지르는 일이 없었다. 오직 명쾌한 논리와 완벽한 수사를 통해서만 범죄자의 손에 수갑을 채웠다.

‘형사 콜롬보’에서 가장 극적인 대사의 하나는 아마도 “한 가지만 더요(Just one more thing)”일 것이다. 지목한 용의자와 오랜 시간 대화를 나눈 뒤 돌아서려는 찰나에 던지는 이 한 마디로 시청자들은 알아차린다. 뭔지는 모르지만 그가 이미 감을 잡고 있다는 것을. 그리고 그 뻔뻔한 용의자의 손목에도 곧 차디찬 팔찌가 채워지리라는 것을.

1971년 미국 NBC방송의 일요 추리드라마로 시작된 ‘형사 콜롬보'는 그 인기에 힘입어 한국을 비롯한 26개국에서 방영됐을 뿐 아니라 주인공 피터 포크는 에미상(EMI Awards)을 무려 네 차례나 받아냈다. 그 피터 포크가 지난 23일 세상을 떠난 것이다. 누린 나이는 83세. 그는 최근까지 알츠하이머병을 앓아 왔다고 알려져 안타까움이 더하다.

피터 포크의 부음을 들으니 얼핏 성우 최응찬이 생각난다. '형사 콜롬보'의 주인공인 피터 포그의 목소리를 더빙(dubbing)한 성우가 최응찬이었기 때문이다. 그의 목소리는 가라앉은 듯 침착했고 코믹했으며, 시니컬한데다 쓸쓸해서 시청자들을 한껏 매료시켰다. 그러기에 '형사 콜롬보'는 피터 포크요, 피터 포크는 곧 최응찬이라는 등식이 성립할 수 있었던 것이다. 때문에 그 최응찬이라는 성우가 없었다면 '형사 콜롬보'는 한국 땅에서 그토록 높은 인기를 누리지 못했을 것이라는 판단이다.

불멸의 성우 최응찬.

바로 그는 내 중학교 때의 동창이었다. 나는 1954년 서울 종로구 내수동에 있는 보인중학교에 입학하여 1반에 배정되었는데, 그때 함께 공부한 친구가 최응찬이었던 것이다. 응찬은 키가 큰데다 체격도 당당했고, 미남인데다 성격까지 좋아서 많은 친구들이 그를 따랐다. 특히 입담 좋은 얘기꾼이고 장난기도 심했던 까닭에 그가 있는 곳에선 늘 웃음이 터졌던 것으로 기억된다.

중학 1학년 영어시간에 있었던 일이다. 응찬이 뭔가 딴전을 피우다가 임갑(林甲) 선생님의 눈에 걸려들었다.

"임마, 너 이리 나와!"

교탁 옆으로 걸어 나가자 선생님은 다짜고짜 그에게 '두 손으로 걸상을 들고 있으라'는 벌을 내리셨다.

당시의 걸상이란 요즘과는 달리 굵은 목재로 만든 것이어서 여간 무겁지 않았다. 따라서 의자를 들고 서 있으라는 것은 가벼운 체벌이 아니었다. 특히 60명가량의 학우들 앞에서 얼마나 쑥스럽고 창피했겠나. 그래서 그랬을까. 한동안 잘 서있던 그가 표정이 바뀌는가 싶더니 씨익 웃어버리고 만 것이다. 선생님이라고 이 모습을 놓치시겠나. 대뜸 다가서시더니,

"벌 받는 놈이 웃어? 왜 웃는지 그 이유를 말해 봐!"

하며 벼락같이 호통을 치셨다.

교실 안은 찬물을 끼얹듯 조용해졌다. 그리고 어떤 대답이 나올지를 궁금하게 여기며 그를 바라봤다. 헌데, 그는 겁도 없이 큰 소리로 이렇게 말하는 것이었다.

"명랑하게 벌을 받으려고 웃었습니다!"

기상천외한 답변에 교실이 떠나갈듯 한 폭소가 터져 나왔다. 선생님도 따라 웃으셨다.

"이렇게 배포가 유들유들한 놈이 다 있나. 명랑하게 벌을 받으려고 웃어? 한 대 터지면 껄껄대고 웃겠구먼? 한 번 맞아 볼래?"

표정을 바꾸고 선생님이 하신 말씀이었다. 그제야 응찬의 입에서 "잘못했습니다. 다시는 그러지 않겠습니다."라는 사과의 말이 삐져나왔다.

1학년 1학기 여름방학을 끝내고 다시 학교에 돌아온 첫날, 김용

서(金容瑞) 담임선생님은 "방학동안 잊을 수 없는 체험이 있다면 나와서 얘기해 보라"는 말씀을 하셨다. 그러나 서로 얼굴들만 쳐다볼 뿐 선뜻 나서서 발표하는 학우가 없었다. 이때였다. 저 뒷자리의 최응찬이 손을 번쩍 들고 앞으로 나선 것이다.

"저는 이번 여름방학 때 아이스케키(아이스케이크)통을 메고 아이스케키를 팔았습니다."

"뭐, 아이스케이크를 팔아?"

순간 아이들의 눈동자가 반짝였다. 그리고 호기심에 차서 그의 다음 말을 기다렸다.

"날씨가 더워서 아이스케키는 날개 돋친 듯 팔렸지요. 저는 그 돈을 모아 나이롱(나일론) 신발을 한 켤레 샀습니다."

교실에서는 우레 같은 박수가 터져 나왔다. 학생의 신분으로 아이스케이크 통을 메었다는 것도 그러려니와 찜통 같은 날씨에 제 힘으로 돈을 벌어 신발을 샀다는 얘기가 대견하고도 훌륭하게 느껴진 때문이었을 것이다. 그가 다시 말을 잇는다.

"그런데 그 나이롱 신발이 엉터리였어요. 이번 땡볕 더위에 바닥이 전부 녹아버렸습니다. 나 원 참, 이상입니다!"

학우들의 폭소와 박수 속에 응찬은 다시 제자리로 돌아갔다. 그의 얘기가 사실인지 여부는 누구도 확인할 수 없었지만, 그때부터 응찬은 '나이롱 신발'이라는 별명으로 불리게 되었다.

1957년 그가 서라벌고등학교로 전학한 이후 우리는 단 한 차례도 서로 만나지 못했다. 그를 다시 만난 것은 내가 동아방송(DBS)에 아나운서로 입사한 얼마 뒤였다. 극단 '실험극장'의 멤버이기도 했던 그는 이미 방송국의 주요 드라마에서 인기 있는 성우로 크게 활약하고 있었다. 햇병아리 아나운서로 고작 콜사인(call sign)이나 드라마의 출연진을 소개할 정도였던 나와는 비교조차 할 수 없었던 것이다.

그는 '목소리'의 선배답게 나에게도 충고의 한 마디를 잊지 않았다.

"방송은 흐름이 중요해. 드라마에 출연한 성우들 이름을 소개할 때도 마찬가지야. 해당 드라마의 엔딩 부분이 어떤 분위기로 끝나느냐에 따라 감정 처리는 달라야 할 것이네."

스튜디오에서 녹음되는 드라마 내용은 들어보지 않고 불쑥 출연진만을 소개함으로써 분위기를 튀게 만든 것에 대한 그의 지적이었던 것이다. 그를 잘 아는 어떤 이는 말한다. "성우 최응찬 씨는 능청스러우면서도 인간미 넘치는 음색을 지녔다"고.

그랬던 그가, '형사 콜롬보'시리즈를 통해 독특한 아우라(aura)를 발산함으로써 흔들리지 않는 스타덤을 구축한 그가 어느 날 갑자기 혈압으로 쓰러진 것이다. 그리고 그게 끝이었다. 1984년 고작 43세라는 나이로 그는 영면했다. 참으로 아까운 나이에.

내 친구 최응찬이 타계한 이후 그를 대신해서 '형사 콜롬보'의 타이틀 롤을 맡았던 배한성 씨는 그를 이렇게 기억하고 있다.

"제가 성우로 데뷔한 뒤 매너리즘에 빠졌을 때 그분은 '당신이야말로 성우를 해야 할 사람'이라고 격려해 주더군요. 자신의 자리를 위협할 수도 있는 후배가 그만두려 할 경우, 말리기는커녕 쾌재를 부르는 것이 상례일 텐데 말입니다."

구겨진 코트에 고물 자동차를 타고 어수룩한 말씨를 구사했던 피터 포크, 독특한 코맹맹이 소리로 피터 포크의 이미지를 완벽히 재현시켰던 최응찬도 지금은 이승 사람들이 아니다. 눈에 띄지 않는 존재란 잊기가 쉬운 법. 세월은 그들의 얼굴을 더욱 희미하게 만들고야 말 것이다.

그렇지만 후줄근한 트렌치코트에 "한 가지만 더요" 하며 미제사건을 해결해 가던 피터 포크의 명연기와, '형사 콜롬보'를 더욱 인기 있는 드라마로 만들었던 성우 최응찬의 코맹맹이 소리는 우리들 기억 속에 계속 남아있을 것이다. 아주 오랫동안.

그들의 명복을 빈다.

2011. 6

왕오천축국전

– '실크로드와 둔황(敦煌)–혜초와 함께하는 서역기행'

전람회 기간은 작년 12월 18일부터 올 3월 17일까지였다. 굳이 서두를 필요는 없다고 생각했다. 달수로는 아직 석 달이나 남아 있으니까.

"아무 때고 편할 때 보면 되겠군."

그러나 세상사가 어디 마음대로 된다던가. 백수건달인데도 연말연시는 왜 그리 바쁘던지. 세월의 빠름을 미처 느낄 새도 없이 홀연 3월 18일 새벽을 맞은 것이다. 이런 낭패가 있나? 하필이면 마감 다음날에 생각날게 뭐람?

안내에 전화라도 걸어볼까? 서둘러 다이얼을 돌렸다. 아무도 받지 않는다. 새벽 6시인데 사람이 있을라고? 또 있다 한들 무슨 소용이 있겠나?

"전시회 관람은 다 틀렸군. 평생 있을까 말까한 기회를 놓치다니!"

낙심해서 코가 빠져 있는데 신문을 보던 아내가 말한다.

"전시기간이 연장됐네요. 20일까지."

"응, 그래? 어디?"

신문을 보니 아내 말 그대로였다. "이런 행운도 있다니?" 연장을 하게 된 이유는 알 수 없지만, 아무러면 어떠랴. 하마터면 놓쳐버렸을 전시회를 관람할 수 있다는 게 나로서는 큰 행운이었다.

국립박물관에서 전시하고 있는 '왕오천축국전(往五天竺國傳)'. 신라 혜초(慧超) 스님의 뜨거운 구도(求道)의 혼이 배어 있는 '실크로드와 둔황-혜초와 함께하는 서역기행'의 관람은 그렇게 극적으로 이루어졌다.

1층 전시실에서 처음 나를 맞이한 것은 도자기 제품인 '삼채 낙타'를 비롯, '공양인 두상', '붉은 색 빗 주머니' 등 실크로드에서 발굴된 유물들이었다. 실크로드란 아시아와 유럽을 잇는 동서 문명 교류의 젖줄을 가리킨다. 특히 파미르 고원 동쪽 지역의 실크로드는 서역에서 둔황(敦煌)을 거쳐 장안(長安)에 이른 뒤 동쪽으로 신라 경주까지를 잇는 길로, 공간의 한계를 넘어 삶과 문화를 교류한 역사의 길이다. 이번 전시회에서는 '오아시스길', '초원의 길', '바닷길' 등 실크로드의 3대 간선도로 가운데 중앙아시아 지역 일대의 여러 오아시스를 경유하는 루트를 중점적으로 소개하고 있었다.

중앙아시아를 비롯한 실크로드는 대부분 건조한 지대이다. 전형적인 생활방식은 농경과 유목이다. 생활에 필요한 여러 가지 물품을 구하기 위해서는 물물교환이 유일한 방법이었다. 이러한 상행위는 낙타를 이끌고 사막을 오갔던 대상(隊商)들에 의해 더욱 발전한다. 대상들은 부피가 작고도 가치가 높은 비단이나 보석 또는 향신료 등을 운송했고, 이 길이 바로 비단길인 실크로드(Silk Road)가 된 것이다.

이번 전시는 8세기 혜초가 직접 지났던 길인 파미르 고원 동쪽의 실크로드를 따라가는 형식으로 꾸몄는데, 1부 '실크로드의 도시들', 2부 '실크로드의 삶과 문화', 3부 '둔황과 왕오천축국전', 4부 '길은 동쪽으로 이어진다'가 그것이다. 따라서 관람객은 혜초의 '왕오천축국전'은 물론이려니와 중국 신장(新疆), 간쑤(甘肅), 닝샤(寧夏) 지역의 11개 박물관이 소장한 실크로드 유물 220여 점도 덤으로 살펴볼 수 있는 기회를 갖는 것이다.

1부에 전시된 유물들은 타클라마칸사막 일대의 카슈가르, 쿠차, 투르판, 호탄, 누란과 톈산산맥 북쪽 우루무치 등의 오아시스에서 발굴된 것들이다. 이 가운데서 가장 뛰어난 유물은 허리띠 잠금장치인 황금허리띠고리일 듯싶다. 1~2세기 때 신장 위그르자치구 카라샤르에서 출토된 것으로 큰 용 한 마리와 작은 용 일곱 마리가 노는 모습을 표현하고 있다. 머리카락같이 가는 황금실을 용접해 만든 용들의 모습이 매우 역동적이라고 느꼈다.

1부 전람실에는 '왕오천축국전'의 내용을 부분적으로 발췌해서 벽에 붙여 놓았는데, 이는 혜초가 지났던 실크로드의 각 도시에서 발견된 유물들을 소개함으로써 '왕오천국전'에 대한 관람자의 이해와 관심을 더 높이기 위한 배려라고 생각된다. 한 대목을 소개한다.

다시 안서(安西) 남쪽에서 우기(于耆)호탄까지는 200리이다. 이곳에도 많은 중국 군사가 주둔하고 있다. 절이 많고 중도 많으며 대승법이 행해지고 있다.

2부에서는 인물조각, 회화, 생활 공예품 등을 전시하고 있었다. 실크로드 주변에 살았던 사람들의 삶과 문화는 여기서 알아볼 수 있다. 나로서는 구리 안대가 인상 깊었다. 7세기 때 투루판 아스타나에서 출토된 이 유물은 출토 당시 죽은 사람의 눈 위에 놓여 있었다고 한다. 그런데, 양쪽 눈가에 작은 구멍이 촘촘하게 나 있는 것은 왜일까. '바깥을 볼 수 있고, 모래와 바람을 막기 위해서'라는 것이 안내인의 설명이지만 죽어 눈 감은 자에게도 바깥세상은 관심꺼리이고 모래와 바람은 귀찮은 존재였는지.

3부에서는 이번 전시의 하이라이트인 혜초의 '왕오천축국전'을 만날 수 있었다. 전시실은 온통 관련 자료로 가득하다. 중앙 탁자 위에는 '왕오천축국전'이 유리 상자에 보관된 채 놓여 있고, 그 옆에는 이 여행기를 알아내는데 결정적인 역할을 했던 '일체경음의(一切經音義)'라는 불경 주석서가 전시되어 있다. 또 그 옆에 설치된 것은 '왕오천축국전'이 발견된 중국 둔황의 17호굴 모형. 그 밖에 '왕오천축국전'의 전문 복사본과 '왕오천축국전'에 실린 오언시(五言詩)도 눈에 띈다.

'왕오천축국전'.

프랑스 국립도서관에 소장돼 있는 이 여행기는 신라의 승려 혜초가 쓴 것이다. 마르코 폴로의 '동방견문록', 이븐 바투타의 '여행기'와 더불어 세계 3대 여행기라는 평가를 받고 있다.

혜초(704~780년경)와 '왕오천축국전'. 이들을 소개하기에 앞서 그토록 빼어난 존재가 왜 남의 나라 도서관에서 잠들어 있고, 앞으로도 되돌아오기가 좀처럼 쉽지 않은 이유를 먼저 설명해야 할 듯싶다.

1908년 2월 프랑스의 동양학자 펠리오(Paul Pelliot)는 중앙아시아 조사단을 이끌고 중국 둔황의 막고굴(莫高窟)을 방문한다. 고문서를 찾기 위해서였다. 현지 조사를 하던 중 그는 17호굴에서 높이 3m에 이르는 엄청난 양의 고문서더미를 찾아내는데 성공한다. 대부분 6~10세기의 문서들로 하나같이 높은 문화적 가치를 지니고 있는 것들이었다. 펠리오는 바로 구체적인 조사에 들어간다. 조사는 3주 동안 계속됐다. 그런 어느 날, 그는 앞 뒤 일부가 떨어져 나간 필사본 두루마리 하나에 주목한다. 글의 제목이나 글쓴이의 이름도 없었지만 그건 틀림없이 '왕오천축국전'이었다.

혜초의 후배로 중국인 혜림이 엮은 '일체경음의'를 읽은 적이 있는 펠리오는 대뜸 그 두루마리가 '왕오천축국전'이란 것을 안 것이다. 불교 관련 전적의 어려운 낱말들을 골라 주석을 붙인 이 책에는 혜초의 '왕오천축국전' 어휘 85개도 함께 소개되어 있는데, 그 가운데 몇 개를 펠리오가 생생히 기억하고 있어서이다. 그는 '왕오천축국전'을 다른 중요문서 6000건과 함께 500냥이라는 헐값에 구입한다. 같은 해 10월 이 문서들은 베이징(北京)에서 프랑스로 발송되었다.

이듬해인 1909년 5월 펠리오는 이 모든 사실을 학계에 보고한다. 이어서 1915년 일본인 학자 다카구스 준지로(高楠順次郞)는 혜초가 신라의 승려라는 사실을 밝혀낸다. 아울러, 고문서를 찾아낸 곳은 '각종 경전이 산더미같이 보관되어 있던 굴'이라 하여 장경동

(藏經洞)이라 부르고….

'왕오천축국전'은 발견 이후 지금까지 단 한 차례도 공개적으로 전시되지 않았다고 한다. 따라서 2010년 12월 한국에서의 전시는 혜초가 집필을 끝마친 727년으로부터 1283년 만의 일인 것이다. 본래의 원본은 3권이었을 것이라고 전문가들은 추정한다. 그러나 현재 남아 있는 것은 1권의 두루마리 필사본 뿐, 폭 28.5cm에 총 길이는 358cm. 5893자가 227행에 담겨 있다.

혜초는 723~727년 동쪽 서쪽 남쪽 북쪽 그리고 중앙의 다섯 천축국(인도의 옛 이름)과 페르시아 중앙아시아 등 서역을 기행하면서 여행기를 남겼는데, 그가 지났던 지역의 정치 경제 문화 종교 풍습 등을 생생히 '왕오천축국전'에 기록하고 있다.

그가 여행한 거리는 모두 2만km. 신라의 수도 계림(오늘의 경주)을 출발해 뱃길로 중국 광저우(廣州)를 거쳐 인도에 도착한 뒤, 육로로 페르시아 중앙아시아를 지나 당(唐)나라 수도인 장안(오늘의 시안・西安)까지, 실로 험난하고 광범한 지역을 홀몸으로 누빈 것이다. 당시의 천축국은 가기가 쉽지 않은 나라였을 뿐 아니라, 살아 되돌아오기란 더욱 어려운 나라였다. 오죽하면 타클라마칸사막을 사람들은 '들어가면 나올 수 없는 곳'이라고 불렀겠는가. 실제로 404년에는 15명의 스님이 구법(求法)을 위해 장안을 떠나 천축 여행을 했지만 도착한 사람은 5명뿐이었고, 그나마 몇 명은 돌아오는 길에 목숨을 잃어 장안에 되돌아온 스님은 2명뿐이었다고 한다. 더욱이 동양에서 아시아 대륙의 중심부를 해로와 육로로 일주한 사람은 없으며, 현지 견문록을 남긴 사람은 더욱 없다는 것이

이 분야를 연구한 사람들의 얘기이다. 혜초의 '왕오천축국전'이 더욱 돋보이는 이유이다.

구법승으로 먼 먼 여행길에 올랐지만 고향을 그리는 마음은 혜초라 해서 다르지 않았다. 중천축국에서 석 달이나 걸려 남천축국으로 갈 때였다. 스무 살 젊은 나이의 혜초는 달밤의 고적함과 흘러가는 구름에 짙은 향수를 느낀다. 그리고 시 한 수를 읊는다.

月夜瞻鄕路(월야첨향로)/ 달 밝은 밤 고향 길 바라보니
浮雲颯颯歸(부운삽삽귀)/ 뜬구름 너울너울 돌아가네.
緘書忝去便(함서첨거편)/ 그 편에 감히 편지 한 장 부쳐보지만
風急不聽廻(풍급불청회)/ 바람이 거세어 회답이 들리지 않는구나.
我國天岸北(아국천안북)/ 내 나라는 하늘 끝 북쪽에 있는데
他邦地角西(타방지각서)/ 남의 나라 땅 끝 서쪽에 있네.
日南無有鴈(일남무유안)/ 일남(월남)에는 기러기마저 없으니
誰爲向林飛(수위향림비)/ 누가 소식 전하러 계림(경주)으로 날아가나.

혜초는 704년 신라의 수도인 계림에서 태어났다. 그리고 719년 15세의 어린 나이에 밀교(密敎·불교의 한 종파)를 공부하기 위해 중국으로 건너간다. 그로부터 4년 뒤인 723년 천축국인 인도로 구법기행을 떠난 것이다. 그의 나이 19세 때였다.

그의 관심은 불교에 그치지 않았다. 실크로드의 바닷길과 모랫길에서 보고 듣고 느끼는 모든 것을 '왕오천축국전'에 아주 간단하고 명료하게 적어나갔다.

소설가 김탁환은 말한다.

혜초는 대부분의 여행기에 그득 차고 넘치는 길 위에서의 희로애락을 담지 않았다. 그 모든 아우성들을 침묵의 영역으로 밀어 넣은 혜초는 담담하게 '북쪽으로 이레를 가면', '서쪽으로 한 달을 가면'이라고 적었다. 나는 이 단순한 문장들의 무게를 혜초의 길을 따르며 뒤늦게 깨달았다. 공포와 배고픔을 감추기란 얼마나 어려운가. 그러나 혜초는 손끝까지 밀려온 감정을 발바닥으로 밟은 채 지나갔다. 이 참기 힘든 고통마저도 수행의 과정으로 받아들인 학승의 젊음이 빛나는 대목이다.

아무리 수행 중인 학승이라도 그렇지. 인간사 108 번뇌를 어찌 다 털어낼 수 있겠는가. 그 머나먼 낯선 길을 공포와 배고픔에 시달리면서 걷고 또 걷게 한 원동력은 무엇이었을까. 그걸 단지 '젊음이 빛나는 대목'이라고만 표현할 수 있을까?

그러므로 혜초가 남긴 두루마리 글 '왕오천축국전'을 보면 구도자 이전의 한 인간의 여린 모습을 몰래 훔쳐본 것 같은 기분을 느낀다. 그리고 괜히 서러워진다. 뿐만이 아니다. 부끄러워지기까지 한다.

4부에서 전시하는 간쑤(甘肅)와 닝샤(寧夏)지역의 유물을 보고 나오니 날씨가 제법 차갑다. 꽃을 시샘하는 봄바람이 불어서인가. 아니다. 감동을 안긴 '왕오천축국전'도 사흘 뒤면 남의 나라 프랑스로 돌아가야 한다는 사실이 애석하게 느껴진 때문일 것이다. 그렇지 않고서야, 춘분이 내일 모렌데 이토록 춥게 느껴질라고?

2011. 3

금문교(金門橋)

뛰어난 아이디어라 해서 그것이 곧 성공으로 이어지는 것은 아니다. 우선 그 아이디어 자체를 못 마땅히 여기거나 어깃장을 놓으려는 사람들이 있을 수 있다. 이들을 설득시킨다 해도 문제점은 따라다닌다. 주변 상황이 제대로 돌아가 주지 않을 경우…. 그렇다면 이 모든 것들이 해결되면 성공이 보장되는 걸까. 그렇지도 않다. 그 아이디어가 뜻했던 바를 관철시키기 위해서는 뼈를 깎는 노력이 부어져야 한다. 그것이 바로 관심과 배려이다. 그러므로 창조적 아이디어가 성공하는 길은 멀고도 험난하다. 금문교(金門橋)를 보면서 느낀 생각이다.

금문교(金門橋)는 'Golden Gate Bridge(골든게이트 브리지)'를 한자로 번역한 이름이다. 미국 샌프란시스코의 북쪽과 캘리포니아 주 마린 카운티(Marin County)를 연결하는 이 다리는 길이 2737m, 노폭 27.4m의 현수교(懸垂橋)이다. 현수교란 현교(懸橋) 또는 조교(弔橋)의 다른 이름으로, 기둥을 세운 뒤 그 기둥 꼭대기에서 늘어뜨린 쇠줄로 매달아 놓은 다리를 가리킨다.

주탑의 높이는 227.5m이고 주탑과 주탑 사이의 거리는 1280m, 다리의 가운데는 바다에서 70m 가량 떠 있기 때문에 비행기도 드나들 수 있다. 금문교는 시속 160km의 바람에도 끄떡하지 않고, 진도 6의 지진에도 아랑곳하지 않는다. 그만큼 견고한 것이 금문교이다. 과연 '세상에서 가장 큰 미술 조각상'이라는 평가를 들을 만하다.

인터내셔널 오렌지라는 페인트로 칠해진 이 다리는 평상시에 붉은 빛을 띠다가 땅거미가 질 무렵에는 황금색으로 변한다 해서 '골든게이트'라는 별명이 붙었다고 한다. 하지만, 이는 입담 좋은 사람들의 얘기일 뿐 설득력은 없다.

다리가 세워진 곳은 미국의 샌프란시스코 만과 태평양을 잇는 목으로 골드러시 때 금을 실은 배가 오간다고 해서 '금문해협(Golden Gate)'이라 불렀는데, 뒤에 세워진 다리 역시 그 이름을 따서 금문교가 된 것이다. 물론 붉은 빛이 저녁놀을 받아 황금색으로 바뀔 수도 있겠지만….

어쨌든 금문교는 다리 자체의 아름다움과 주변 경관이 함께 어우러진 까닭에 샌프란시스코의 상징처럼 되어 있다. 한 해 동안 900만 명의 관광객이 이 다리를 찾는다니 그 드높은 인기가 짐작된다.

내가 금문교를 방문한 것은 2006년 5월이었다. 쌍둥이 큰딸 윤정(允禎)이 칼아트(California Institute of Arts)에서 두 번째 석사학위를 받을 때 아내와 함께 미국 서부를 여행하면서 그 다리를 구경한 것이다.

열게 드리워진 구름에 거세게 부는 바람을 맞으며 본 금문교는 예상했던 대로였다. 규모는 그리 크지 않았지만 짜임새는 빈틈없어 보였다. 우뚝 솟은 두 개의 주탑과 자연스럽게 늘어진 케이블, 물고 물려진 강철의 교직(交織), 출렁이는 바닷물 위에 곡선으로 떠있는 금문교는 범접하기 어려운 신의 소유물같이 느껴졌다. 먼 여행으로 노곤해진 심신이 퍼뜩 깨는 기분이었다. 날씨가 쾌청했더라면 더 좋겠다는 생각을 하려는 참인데 가이드가 말한다. "이 정도의 날씨도 샌프란시스코에서는 큰 행운이에요." 그만큼 이곳은 안개가 자주 끼고 바람이 부는 등 날씨가 사납다고 한다.

서둘러 기념사진을 몇 장 찍고 피셔맨스 워프(Fisherman's Wharf)로 향했다. 39번 부두에서인가. 유람선을 타기 위해서였다. 마음이 들떠 있어서인지 승객은 대부분 뱃전으로 나와 주변 모습을 카메라에 담느라 바빴다. 유람선은 금문교 바로 밑에 까지 갔다가 돌아오는 크루즈였다. 선착장을 떠나 3km쯤 왔을까. 배는 알카트라즈(Alcatraz) 섬을 가까이 지난다. 1934년부터 1962년까지 연방정부가 은행 강도, 마피아, 상습 탈옥수 등 흉악범들의 형무소로 사용한 곳으로 '밤의 대통령' 알 카포네도 이곳에서 4년간이나 있었다고 한다.

저쪽에 보이는 것은 소살리토(Sausalito). 리조트지역인 이곳은 샌프란시스코의 부촌으로도 알려져 있다.

거센 바람을 가르면서 달리던 유람선이 드디어 금문교 밑에 이른다. 가로, 세로 혹은 대각선으로 촘촘하게 얽어맨 강철 구조물의 모습은 장관이었다. 차가우면서 빠른 물살, 그리고 짙은 안개와 복잡한 지형 때문에 건설하기가 무척 어려웠을 텐데 어떻게 이런 훌륭한 다리가 세워질 수 있을까. 그 해답은 유람선에서 내려 사우스 포인트를 방문해서야 얻을 수 있었다.

금문교 옆의 사우스 포인트는 일종의 기념공원이다. 규모는 작지만, 여기서 우리는 한 인물의 동상을 만나고 큰 감명을 받게 된다. 바로 이 금문교를 설계한 조셉 스트라우스(Joseph B. Strauss)를 통해서이다. 그는 정장 차림에 두루마리 도면을 왼손에 들고 서 있었다. 고개를 약간 들고 멀리 시선을 주고 있는 그의 눈은 무언가 굳은 신념에 차 있는 듯했다.

샌프란시스코 만에 교량을 건설하자는 얘기는 1872년부터 꾸준히 있어 왔다. 그러나 아무도 엄두를 내지 못했다. 이미 앞에서 말한 대로 다리를 놓기에는 자연조건이 너무 안 좋았기 때문이다. 결국 사람들은 다리 건설이 불가능하다고 생각할 밖에 없었다.

그런데 1921년 토목기술자인 조셉 스트라우스가 등장하면서 상황이 바뀐다. 만의 양쪽에 기둥을 세운 뒤 케이블로 다리를 들어올리는 현수교 방식을 제안한 것이다. 아울러 그는 공사비 3500만 달러를 조달하기 위해 도면을 들고 이 은행 저 은행을 찾아다니며 교량 건설의 안전성을 설득하는데 온 힘을 쏟는다.

허나, 사업 추진은 쉽지 않았다. 온갖 반대가 빗발친 것이다. 국방성은 다리가 세워질 경우 배가 항해하지 못한다고 반대했고, 남태평양회사는 자회사가 운영하는 여객선 운항에 지장이 있다며 소송을 걸어왔다. 그뿐만이 아니었다. 다리 건설로 경관이 해칠 터이므로 부동산값도 떨어지지 않겠느냐며 자그마치 2000여 건의 민원이 접수되기도 했다. 그래도 스트라우스는 뜻을 굽히지 않았다.

그러나 의지가 강하다고 해서 모든 일이 해결되는 건 아니었다. 다리 건설과 관련해서 600만 달러의 채권을 발행할 수 있다는 승인은 받았지만 대공황 때라 누구 하나 선뜻 사려는 사람이 없었다. 그는 다시 한 은행을 찾아간다. 진지한 설명을 들은 은행장 잔니니(Amadeo P. Giannini · 뱅크 오브 아메리카의 설립자)가 스트라우스에게 묻는다.

"그래, 다리는 얼마나 버틸 수 있나요?"

스트라우스가 단호하게 대답한다.

"영원히(Forever)죠!"

"캘리포니아는 그런 다리가 필요하겠군요. 우리가 그 채권을 사겠습니다."

이래서 금문교의 역사적 기공은 1933년 1월 5일 시작된다. 그로부터 4년 여의 세월이 흐른 1937년 4월 공사는 끝났고, 5월 27일 시민 20만 명이 참석한 가운데 마침내 역사적인 개방식을 갖게 된 것이다. 차량통행은 그 다음날 루즈벨트 대통령이 워싱턴 DC에서 전신으로 개통신호를 보냄으로써 이루어졌다.

당시의 금문교는 총연장, 주탑과 주탑 사이의 거리, 높이 등 모든 면에서 세계 최고의 기록을 보유하고 있었다. 지금은 그 기록들이 다 깨진 입장이지만, 지닌 역사와 미학적 가치 때문에 아직도 많은 사람들이 금문교를 생생히 기억하고 있는 것이다.

흔히 금문교의 성공은 케이블에 있다고 말한다. 이는 스트라우스의 동상 옆에 샘플로 전시해 놓은 케이블의 단면(斷面)이 증명한다. 원통형 케이블의 굵기가 92.4cm이고, 케이블 안에 빽빽이 들어 있는 철사의 수가 2만 7천 572개이다. 육중한 다리를 견고하게 잡을 수 있도록 케이블에 얼마나 세심한 배려를 했는지가 짐작된다. 어떤 사람은 강철을 연결시킬 때 용접이 아닌, 볼트와 너트만을 사용한 것이 다리의 생명을 영구적으로 만든 요인이라고 말하기도 한다. 다 맞는 얘기일 것이다.

그러나 조셉 스트라우스라는 빼어난 엔지니어가 있음으로 해서 금문교의 건설공사는 성공했고, '가장 아름다운 다리', '세계 7대 불가사의'라는 말을 들을 수 있다는 걸 부정할 사람은 아무도 없을 것이다. 스트라우스의 뛰어난 아이디어와 집념, 그리고 노력이 아니었다면 금문교는커녕 은문교, 동문교도 없었을 것이다. 사우스 포인트에 그를 기리는 동상이 세워진 이유일 것이다.

6차선 금문교에는 연간 4100만 대의 차량들이 지나간다. 당초 국방성이 우려했던 다리 밑의 선박 통과도 아무런 문제가 없다. 물론 비행기도 지나갈 수 있다. 금문교가 건설되면 부동산 가격이 떨어질 것이라는 예측도 물론 빗나갔다. 관광의 1등 품목인 금문교 옆에 부동산을 지니고 있었다면 당연히 큰 부자가 되지 않았겠나.

지금 이 순간에도 튼튼한 다리, 아름다운 다리 금문교 위에는 많은 차량과 보행자가 달리거나 걷고 있을 것이다. 샌프란시스코에서 북으로 통하는 유일한 길로서 미연방 고속도로의 핵심 노선인 금문교. 그러나 그 금문교가 다리 이상의 어떤 생명체, 일테면 철학적 사고능력을 가진 존재로 느껴짐은 무슨 이유에서인가.

준공을 1년 앞둔 채 심장마비로 타계한 조셉 스트라우스의 죽음이 너무나 안타깝다.

2011. 1

그렇게 그는 떠나고

– 해병 중령 이상권(李相權)의 영면

잘못 들은 줄 알았다. 아득한 미몽 속에서 들은 얘기 같기도 했다. 그렇지 않고서야 "돌아간 분이 국방대학원에서 학생과장을 지낸 분 맞느냐?"고 물을 리 없고, "그럼, 자네가 바로 서울대학교를 졸업했다는 이 중령의 아들인가?"하며 재차 묻지도 않았을 것이다.

지난달 2일에도 만났던 그가, 그렇게 건강하던 그 친구가 갑자기 세상을 등졌다니 믿어지지 않았다. 충격이었다. 쇠뭉치로 한 방 머리를 얻어맞은 것 같았다.

"어떻게 이런 일이? 어떻게 이런 일이 일어날 수 있다지?"를 혼잣말처럼 되뇌면서 아들에게 사인(死因)을 물어봤다.

"안방에서 쓰러지셨다나 봐요. 뇌진탕으로…." 전화속의 아들은 뒷말을 잇지 못했다.

"당장 내가 도울 일이 뭐지?"

"지금 당장은…괜찮습니다."

그렇잖아도 나는 지금 바로 자리를 벗어나 빈소로 찾아갈 입장은 못 되었다. 지난 4일 하와이에서 결혼한 큰 딸의 혼주로 친구 10여 명을 불러 피로연을 갖고 있는 입장이기 때문이다. 게다가 술도 몇 잔 한 터이고 넥타이나 옷차림 역시 상가를 방문하기에는 어울리지 않다는 판단이었다.

"잘 알겠네. 나는 내일 아침에나 갈 수 있을 것 같군. 정신 차리고 힘을 내게."

전화를 끊고 나서도 너무 기가 막혀 머리가 멍멍했다.

이상권(李相權).

그는 내 친구였다. 더 정확히 말하면 연세대학교 행정대학원 46기의 동문이었다. 현역 해병중령으로서 국방대학원의 학생 과장이자 교수이던 그의 전공분야는 외교행정. 방송국에 몸을 담고 있으면서 언론행정을 전공한 나와는 직업과 전공분야가 달랐지만 우리는 비교적 자주 만나 여러 가지 얘기를 나누면서 친교를 맺어 왔다. 당시 그는 내가 살고 있는 북가좌동에서 멀지 않은 국방대학원 아파트 관사에 살고 있었다. 아마 그래서였을 것이다. 다른 어느 누구보다 모임을 자주 가질 수 있었던 까닭은.

때로 우리는 부부가 동반해서 모임을 갖기도 했는데, 술자리라도 벌이는 날엔 피날레장소가 으레 노래방이었다. 술보다는 노래 실력이 훨씬 좋았던 그의 18번은 '울고 넘는 박달재'. 그러다가 흥이 나면 해병대 군가를 신명나게 부르는 것이었다. 남이 있든 없든 그는 개의치 않았다. 그 노래 중의 하나가 '영원한 해병'이었다.

사나이 가슴에 큰 뜻 품었다
불사신 그 이름 영원한 해병
노도와 함성이 산하를 덮을 때
상륙전 선봉에서 우리는 간다
무엇이 두려우랴 무적의 사나이
겨레와 함께하는 영원한 해병

하도 자주 들은 탓에 이 노래의 가사와 멜로디는 나도 거의 외고 있을 정도이다. 평상시엔 선비같이 조용하다가도 뭔가 불의를 봤다 하면 논리 정연하게 옳지 않음을 질타하던 그였다. 이런 캐릭터는 타고난 성품일 수도 있을 테지만, '해병' 특유의 올곧고 강인한 정신이 온몸에 배어 있던 때문이라고 생각된다. 현역에서 물러난 해는 2001년으로 그는 한 때 이북5도청의 대외협력 실장으로 봉직하기도 했다.

단둘이서 만나던 모임은 1994년 대학원을 졸업하고부터 점차 확대되어 MBC 방송시설국의 류홍철 부국장, 행정안전부의 김학기 서기관(현 동해시장), 국군기무사령부의 이순규 대령 등이 회원으로 참여하게 됐다. 말하자면 연세대 행정대학원 46기의 은평구 연신내 지부 같은 것을 형성했다고나 할까. 막내격인 그는 이 모임에서 회장 없는 총무로 궂은일을 도맡아 처리했다. 아직도 내 이동전화에는 그가 보낸 '7월 모임 안내'가 메모리 되어 있는데 느닷없이 그의 부음을 듣다니 이 무슨 날벼락인가.

깔끔한 용모 그대로 부지런하고 예의가 바르던 이상권 중령. 그래서 '선비'가 그의 애칭이었다. 예의범절을 반듯하게 지켰을 뿐만 아니라 중국어와 영어 등 외국어를 계속 학원에서 익혀왔으니 '선비'라는 그의 애칭은 썩 어울린다는 느낌이 들기도 한다.

꽤 오래 전의 일이다. 어느 모임에서 '오늘은 내가 한 턱을 낼 테니 무엇이든 주문해 즐겁게 들라'는 것이었다. 알고 보니 장남이 서울대학교에 입학했단다. 그 장남이 외자 이름 일(日)이었다. 그를 핑계로 마신 술이 몇 차례 되더니, 얼마 전에는 외손자를 봤다면서 또 한 턱을 내겠다는 것이다. 정이 많아 베풀기를 좋아하던 내 친구 이상권, 부질없이 나이만 많이 먹어 10년이나 연상인 내가 더욱 부끄러운 이유이다.

6월 10일.

아침 일찍 나는 행정대학원의 동기 동문들에게 그의 부음을 문자메시지로 알렸다. 내 이동전화기는 수신자가 20명으로 제한되어 있어 두 차례나 메시지를 발송해야 했다. 그 가운데 몇 사람이 올지는 모른다. 다만, 그의 혼백이 외롭지 않도록 많은 동문들이 애도해 주었으면 하는 바람이었다.

그날 오전 9시쯤인가. 아내와 함께 빈소인 신촌 세브란스병원 장례식장을 찾아갔다. 영안실 6호. 그의 사진이 입구 오른쪽 벽에 붙어 있었다. 그런데도 그의 죽음이 실감나지 않았다. 부고가 늦게 알려지고 이른 아침인 탓인지 문상객은 별로 없었다. 조문록에 기재한 내 번호가 2번이었다.

검은 상복의 미망인이 말한다. "친구를 지켜드리지 못해 죄송합니다." 그 말에 하마터면 눈물이 쏟아질 뻔 했다. 그를 지켜내지 못한 책임이 어찌 미망인뿐이겠나? 듣거니 그가 쓰러진 것은 어제가 아니라 1주 전이었단다. 그것도 아무도 없는 집에서 홀로. 병원으로 옮길 때 그는 이미 의식을 잃은 상태라 했다. 실낱같은 희망을 안고 수술을 받았지만 결국 깨어나지 못했다며 부인이 애통해 한다. 1주 전이라면 내가 하와이에 있을 때가 아닌가. 문병조차 못 했으니 고인과 유족에 대해 더욱 미안했다. "내일 장지까지 가야 되겠다"는 생각이 든 것은 그 때문이었을 것이다. 마음의 부채를 조금이라도 덜기 위해서.

보낸 메시지를 받고 대학원 동문 몇 사람이 전화를 걸어 왔다. 놀라기는 그들도 매한가지였다. "왜 그랬느냐?, "무슨 일이 있었느냐?", "아프기라도 했느냐?"고 물으며 궁금해 했다. 문상을 7시 경에 하겠다는 친구들이 많기에 일단 장례식장을 나왔다. 집에서 잠시 쉬고 그 무렵에 다시 올 요량이었다.

허나, 저녁 때 내가 만났던 다른 동문들은 세 사람이 전부였다. 섭섭했다. 참, 다른 두 사람은 낮에 다녀갔다던가? 그렇다고 서운한 마음이 가시지는 않았다. 많은 친구들이 와주기를 그토록 바랐는데…이건 아니지 싶었다. 물론 빈소를 찾지 못한 사람들에게도 저마다 이유는 있을 것이다. 그런데도 나는 문득 "정승집 개가 죽으면 문전성시를 이루어도…"로 시작하는 속담을 떠올리며 침통한 기분을 느꼈다.

발인은 그 다음날 새벽 5시. 시간에 맞춰 장례식장에 갔더니 마침 식이 막 시작되려는 참이었다. 친구와 그 가족들이 모두 독실한 천주교 신자들이므로 식은 자연스레 천주교 의식에 따라 진행되었다.

잠시 뒤 관(棺)은, 검은 바탕에 흰색 십자가 천으로 덮여진 관은 버스 오른쪽의 어둑한 칸 속에 모셔졌다. 누군가가 조임쇠를 만지작거린다. 버스가 달릴 때 관이 움직이지 않도록 고정시키기 위해서다. 고인은 이런 사실을 아는지 모르는지 아무런 반응을 보이지 않는다.

장지로 갈 사람들이 차에 오르자 버스는 충남 연기군 남면의 은하수공원을 향해 달리기 시작한다. 2시간 쯤 걸려 도착한 은하수공원은 대지 면적 360,000㎡에 지하 1층, 지상 3층으로 세워진 현대적 시설의 장례문화센터였다. 작년 1월에 완공된 이 장례센터는 숲이 무성한 산으로 둘러싸여 분위기가 조용하고 아늑했다. 함께 따라온 상조회 직원은 "최첨단 시설을 갖추고 있어 장례부터 화장 봉안까지 원스톱으로 해결해 주고 있다"고 설명한다.

이곳 직원들에 의해 관이 어딘가로 옮겨지는 사이, 유족을 비롯한 참여자들은 2층 고별실에서 고인에 대한 묵념을 가졌다. 관이 도착한 곳은 분명 화장실일 것이다. 화장은 1시간이면 끝날 것이란다. 우리는 다시 버스를 탔다. 화장이 진행되는 동안 밖에서 아침식사를 하기 위해서였다. 아닌 게 아니라 이른 새벽에 발인을 준비하느라 배들이 고프기는 했을 것이다. 그러나 지금이 어느 때인가. 사랑했던 사람이, 가까웠던 친구가 화장을 하고 있는 때가 아닌가. 김치찌개에 밥 한 그릇을 냉큼 비우고 생각자니 살아 숨쉬는 자들의 몰인정함이 참으로 딱하고 부끄럽게 느껴진다.

2층 로비에 갔더니 전자 게시판에 '7번 화로 이상권의 현재 상황'이 '완료'로 표기돼 있다. 화장이 끝난 모양이다. 그렇다면 그의 아들이 들고 있는 저 작은 상자가 유골함이란 말인가. 유골함, 뼛가루를 담은 그릇. 키 1m 70cm, 몸무게 60kg의 내 친구 이상권은 어디로 가고, 그는 저 모습 저 형태로 바뀌어 우리 앞에 나타났을까.

> 죽음이란 마음속으로 그리는 상상의 세계도, 그림 속의 애매한 추상도 아니다. 죽음이야말로 우리 삶 안에 있으며 우리 삶 안에서 벌어지는 또 하나의 삶인 것이다.

≪눈물의 편지≫라는 책의 서문에서 시인 신달자가 했던 말이다. 그러기에 죽음을 두렵거나 무서운 것으로 생각지 말고, 아름답고 편안한 것으로 여겨야 한다고 말했는지 모른다. 그러나 짧은 순간, 한 사람의 온전한 몸뚱이가 한 줌 가루로 변했을 때의 경악스러움에 어찌 아름다움과 편안함을 들먹일 수 있는지.

그래도 밥 때는 거르지 않고 찾아오는가보다. 12시에 다시 점심을 먹고 2시부터 현충원에서 베풀어지는 합동 안장식에 참석했다. 이날 안장식에서는 친구의 계급이 가장 높았는지 무대 위의 1번이 그의 자리였다. "몸은 사라져도 혼은 나라를 놓지 않고, 숨은 끊어져도 겨레 속에 살아…." 나라를 위해 봉사한 그의 희생정신을 기리고 유족들에겐 자긍심을 안겨주기 위해 마련한 안장식은 30여분 만에 끝났다. 영정을 따라 초췌하게 걸어가는 미망인의 모습은 왜 그리도 보는 이의 가슴을 미어지게 하던지.

이윽고 친구 이상권의 유골함은 저쪽 옥녀봉 아래인 애국지사 제4묘역과 제3묘역의 중간인 장교 제3묘역으로 옮겨졌다. 312구역, 왼쪽에서 36번째가 그의 자리이다. 앞으로 그는 이곳에서 휴식을 취하며 영면하리라. 이승에서 짊어졌던 무거운 짐 다 내려놓고…. 유족들 틈에 끼어 나도 흙 한 삽을 뿌렸다. 그와 사귀면서 보냈던 지난 20년 세월이 번개인양 스친다. 더 자주 만나 친근히 사귈 것을, 그리하여 10년 터울의 형으로서 인생의 좋은 선배가 됐어야 했을 걸…. 그러지 못한 아쉬움에 탄식이 절로 나온다.

다져진 흙무덤 위에 비목이 세워졌다. 비명의 중앙에는 '해병중령 이상권의 묘', 그 왼쪽 귀퉁이에는 일련번호 '제10288호'가 보인다. 뜨거운 6월의 햇살이 임시로 세운 흰색 비목 위에 쏟아지고 있다. 이제 저 비목은 얼마 뒤 화강암 비석으로 바뀔 것이다. 그리고 생몰일자와 유가족 이름들이 덧붙여지겠지. 말할 수 없는 쓸쓸함과 그리움이 가슴을 시리게 한다.

죽음이란 무엇인가. 정말로 죽음은 살아 있는 것의 끝일까. 죽음을 통해 그리움이 짙어지고 죽은 이의 존재가 더욱 뚜렷해지며 살아 있는 자들이 서로를 사랑하게 되고 그들의 세계가 발전할 수 있다면, 죽음은 그렇게 무의미한 것만은 아닐지도 모른다. 죽음이 이렇게 의미 있는 것이라면 하물며 살아 있는 존재는 그 얼마나 존귀(尊貴)하랴.

고 이상권 학형의 명복을 빈다. 그리고 유족들의 건강과 앞날의 행복을 기원한다.

2011. 6

제6부

더불어 산다는 건…

더불어 산다는 건…

버킷리스트(The Bucket List)란 말을 들어 보셨는지 모르겠습니다.

영화제목 아니냐고요? 맞습니다. 시한부 삶을 사는 두 남자가 죽기 전에 해보고 싶은 것의 목록을 만들어 하나하나 실행해 나가는 과정을 그린 휴먼 코미디 영화죠. 잭 니컬슨(Jack Nicholson)과 모건 프리먼(Morgon Freeman) 두 명배우의 연기력과 롭 라이너(Rob Reiner)의 섬세한 연출이 돋보였던 이 영화는 2008년 한국에서도 상영되어 적잖은 화제를 모았습니다.

하지만, 나는 지금 영화 얘기를 하려는 것은 아닙니다. 지난 4년간 악성 종양인 호지킨 림프종(Hodgkin Lymphoma)과 사투를 벌여온 15세의 영국 소녀 앨리스 파인(Alice Pyne)의 얘기를 하고 싶어서입니다. 그녀는 그동안 방사선 치료를 비롯해서 화학요법, 골수이식까지 받았지만 효과가 없어 시한부의 생명을 이어가고 있지요.

그런 그녀가 "암이 몸 전체로 퍼지고 있다"면서 '앨리스의 버킷리스트'를 작성해 자신의 블로그에 올린 것입니다. 죽기 전에 꼭 이루고 싶은 17가지 소원을 담아서 말이죠.

먼저, 독자 여러분에게 묻겠습니다. '앨리스의 버킷리스트'에는 어떤 것들이 들어 있으리라 짐작하시는지요? '명품 의상에 화려한 수식을 걸치고 사교파티에 참석하기'라든가 '백마 탄 유럽의 왕자와 함께 초록빛 평원을 달리기' 같은 게 포함돼 있을 것 같다고요? 아닙니다.

그럼, '영혼을 울리는 열창 속에 관중들로부터 뜨거운 박수갈채를 받기'는 어떠냐고요? 그것도 아닙니다.

나이로 보아 꿈 많은 소녀일 테니 '우주 탐색선을 타고 화성 위에 우뚝 선 사람 되기'가 들어 있지 않겠느냐고요? 틀렸습니다.

'복권에 1등으로 당첨되어 수십억 달러의 벼락부자 되기'일 듯싶다고요? 그건 더욱 아닙니다.

'앨리스의 버킷리스트'에는 그렇게 터무니없고 황당무계한 소원은 전혀 없습니다. 그녀는 애완견 '마벨과 예쁜 사진 찍기', '마벨과 애완 쇼에 나가기', '상어와 수영하기', '돌고래 조련사 되기', '바다 고래 보러 가기', '가족과 사진 찍기'가 고작이었습니다. 조금 욕심을 부린 게 있기는 있지요. '미용실에서 머리 해 보기', '케냐 여행하기', '캐러밴에 머물기'를 비롯해서 그녀가 우상으로 알고 있는 영국 팝그룹의 '테이크댓 만나기'와 '우리 모두 골수기증 서명하기'도 있으니까요.

'앨리스의 버킷리스트'를 보면 영락없이 15세 소녀의 청결하고 풋풋한 감성을 대하는 느낌입니다. 그 중에서도 '골수기증 서명하기'는 바로 남을 위한 이타적 행동이라는 점에서 우리를 자못 감동케 합니다. 물론 그녀는 자신의 난치병을 치료받기 위해 골수이식을 받았던 경험이 있었던 것은 사실입니다. 그랬기로서니 '우리 모두 골수기증에 서명하기'라는 그녀의 소원을 가리켜 스스로의 빚을 갚겠다는 뜻이라든가, 그 뜻을 더욱 연장시켜 다른 사람까지 끌어들인 것이라고 폄하할 수 있겠습니까. 나 아닌 남을 위해 자신의 골수를 이식하겠다는 앨리스의 얘기는 진심일 겁니다.

'앨리스의 버킷리스트'가 블로그에 오르자마자 "돕고 싶다"는 내용의 메시지가 1500여 개나 세계 곳곳에서 답지했다고 외신은 전하고 있지요. 특히 그녀가 좋아하는 테이크댓은 앨리스를 만나기로 이미 약속을 했고, 영국의 데이비드 캐머런 총리는 골수기증 서명운동과 관련해서 "대책을 마련하고 있다"는 말까지 했습니다.

그러므로 앨리스의 나머지 소원도 순조롭게 이루어질 것으로 생각됩니다. 아울러, 그녀의 생명을 옥죄고 있는 호지킨 림프종도 뚝 떨어져 나가 옛날의 건강을 되찾았으면 합니다. 애완견 마벨과 함께 찍은 앨리스의 천진난만한 얼굴을 보니 그런 바람이 더욱 진하게 드는군요.

엊그제는 아프리카에 깨끗한 물을 주겠다던 한 소녀의 간절한 소원이 이승이 아닌 저 하늘나라에서 이루어진 얘기를 신문에서 읽었습니다.

레이철 백위드(Rachel Beckwith)는 9살짜리 소녀지요. 미국 시애틀 근교에 살았습니다. 레이철은 나이 5살 때에 '사랑의 자물쇠(Locks of Love)'라는 단체를 알게 됩니다. 이 기구는 암이나 다른 질병을 앓아 머리카락을 잃어버린 어린이들에게 머리카락을 기부

함으로써 가발을 만들어 주기 위한 조직체였습니다. 해서, 그녀는 자신의 긴 머리카락을 잘라내게 한 뒤 그것을 '사랑의 자물쇠'에 보냈습니다.

"그 애는 암을 앓는 어린이들을 돕고 싶어 했죠."

그녀 어머니의 말입니다. 머리카락을 자른 뒤 레이철은 "머리카락이 길게 자라면 다시 그것을 '사랑의 자물쇠'에 기부하겠다"고 약속했고, 실제로 그렇게 했습니다.

그녀가 8살이 되었을 때였지요. 다니던 교회에서 모금운동을 벌였습니다. "물이 곧 자선(charity : water)"이라는 기구를 통해 아프리카에 우물을 만들어 주자는 운동에 참여하기 위해서였죠. 레이철은 아프리카의 어린이들이 깨끗한 물을 마실 수 없다는 사실에 놀랐습니다. 해서, 그녀는 9번째 생일을 앞두고 친지들에게 부탁했죠. "'물이 곧 자선'이라는 웹사이트에 내 생일 페이지를 설정했으니 생일선물 대신 9달러씩 기부해 달라"고 말입니다. 레이철의 목표액은 300달러였죠. 그러나 그녀의 생일인 6월 12일까지 들어온 돈은 220달러에 그쳤습니다. 조금은 실망했을 밖에요.

그런데 7월 20일, 레이철은 13중 추돌이라는 교통사고를 당했고, 그 3일 뒤에는 숨을 거두고 말았습니다.

이 가슴 아픈 사연을 듣고 많은 미국인들이 마음을 움직였죠. 할리우드의 여배우인 알리사 밀라노(Alyssa J. Milano), NFL(미 프로 풋볼 리그)의 스타인 매트 하셀벡(Matt Hasselbeck) 등이 이 사연을 트위터로 전하면서 모금을 독려했던 것입니다. 25일에는 미전역에서 14만 달러의 성금을 보내왔고, 27일에는 1만 명 이상이 동참함으로써 50만 달러가 모였다고 MSNBC가 보도했지요. 50만 달러? 당초 레이철이 목표로 삼았던 300달러의 1666배 이상을 모은 겁니다. 대체 이런 결과가 어떻게 해서 생긴 걸까요.

시한부 삶을 살고 있는 앨리스 파인 양 그리고 아프리카에 맑고 깨끗한 물을 주고 싶다던 레이철 백위드 양은 다 같이 이타적 행동(altruistic act)을 몸과 마음으로 우리 모두에게 보인 사람들입니다. 비록 여성인 입장인데다 나이 또한 어린데도 말이죠. 그야말로 촛불 하나로 수천 개의 촛불을 밝힌 예가 아니고 무엇이겠습니까. 더불어 산다는 것, 그리고 너와 내가 우리로 바뀌어 더 밝고 더 아름다운 세계를 만들어 가는 게 결코 쉽지는 않을 텐데 그들은 해냈습니다. 우리가 감동하는 이유이지요.

지난 3월 말쯤으로 기억됩니다. 한국청소년정책연구원은 아주 의미 깊은 통계자료 하나를 발표했지요. 36개국 청소년의 사회적 상호작용 역량을 계산한 결과 한국이 1점 만점에 0.31점으로 35위에 그쳤다는 것입니다. 이는 국제교육협의회(IEA)가 2009년 세계 중학교 2학년생 14만 600여 명에게 물은 '국제 시민의식 교육연구(IOCS)에 나온 내용을 바탕으로 한 것이었죠. 상호작용 역량 지표는 관계지향성, 사회적 협력 그리고 갈등관리 3개 영역에서 얻은 국가별 평균 점수였습니다.

민주주의와 시민의식을 묻는 갈등관리 영역에서 한국 청소년들은 비교적 높은 점수를 받았지만, 관계지향성(참여)이나 사회적 협력(신뢰) 부분은 모두 0점으로 나타났다 합니다. 36개국 가운데서 최하위였던 것이지요.

사회적 상호작용 역량이란 이질적인 상대와 조화롭게 살아가는 능력에 다름 아닙니다. 이 능력이 세계 36개국 가운데 맨 꼴찌라니 큰 문제가 아닐 수 없습니다.

에리히 프롬(Erich Fromm)은 그의 저서 ≪소유냐 삶이냐(원제: To Have or To Be)≫에서 인간이 생존해 가는 양식을 두 가지로 구분하고 있지요. 재산이나 지식, 사회적 지위 혹은 권력을 좇는 등 자기소유에 전념하는 삶이 그 하나라면, 나누고 베푸는 것을 삶의 가치로 여기면서 기쁨을 추구하는 존재 중심의 삶은 다른 하나라는 겁니다.

따라서 소유에 전념하는 삶은 자신이 가진 것을 혹시나 잃을까봐 두려워하는 까닭에 대인관계에서도 타산적이거나 방어적이라고 하는군요. 그러나 존재중심의 삶은 남에게 베풀고 봉사하며 더불어 사는 삶이기 때문에 너와 나 그리고 모든 존재를 하나로 만든다는 것입니다.

누가 봐도 소유양식의 삶보다는 존재양식의 삶이 바람직할 테고, 그것이 이루어져야 이 사회가 공존 속에 발전할 수 있을 겁니다. 허나, 눈을 돌려 바라보는 현실은 그게 아니니…안타깝지 않습니까?

2011. 8

"생선? 너나 잡수세요!"

노(魯)나라의 재상 공의휴(公儀休)는 높은 학문에 뛰어난 재능을 지닌 인물이었다. 법을 지키는 일에도 매우 엄정했던 그는 관리가 백성들을 상대로 이익을 다툰다거나, 뇌물을 받는 일이 없도록 하는 등 백성들을 위해 두루 신경을 썼다고 한다.

공의휴는 평소에 생선 먹기를 아주 좋아했다. 그런 그에게 많은 사람들이 생선을 사다 바쳤지만 그는 그때마다 깍듯이 거절하며 받지 않았다. 한 빈객이 그에게 묻는다.

"생선을 좋아하시는데 어째서 받지 않으시는지요?"

"생선을 좋아하므로 받지 않소."

어안이 벙벙해진 빈객이 다시 묻는다.

"좋아하셔서 안 받으시다니 무슨 말씀이신지…?"

"생각해 보시오. 사람들이 왜 내게 생선을 보내겠소. 내가 잘났거나 나를 존경해서요?"

"……"

"따로 바라는 게 있기 때문이오. 내가 덥석 생선을 받게 되면 그 사람들의 부탁을 들어줘야 하고, 그러다 보면 때로 법을 어기는 수도 있을 것 아니겠소? 그럼 나는 관직에서 쫓겨나고 패가망신을 하겠지요. 이런 상황이 될 게 빤한데 내가 어찌 생선을 받아먹을 수 있겠소?" 남이 갖다 준 생선을 그는 요즘 유행하는 말로 "너나 잡수세요!"하고 되돌렸던 것이다.

그럼, 생선 선물을 받지 않는다면? 부질없는 일에 신경을 쓰지 않아도 되고, 법도 어기지 않으니 관직도 끄떡없고, 굳이 생선을 먹고 싶다면 제 돈으로 사먹으면 되지 않겠느냐…이게 바로 공의휴의 생각이었다.

언젠가는 그가 자기 집 텃밭의 아욱을 먹어보니 맛이 썩 좋았다. 그래서 그 채소를 모두 뽑아버렸다. 또 자기 집에서 짠 베가 훌륭한 것을 알고는 그 베를 짠 직공을 집으로 돌려보내고 베틀은 불살라버리고 말았다. 이를 괴이쩍게 여기는 사람들에게 공의휴는 다음과 같이 반문하더란다.

"나 같은 사람이 베를 사서 쓰지 않는다면 대체 누가 그 베를 사쓸 것이며, 베 짜는 농민들은 어떻게 돈을 벌 수 있겠소?"

2200년 전 까마득한 옛 중국 노나라의 얘기를 새삼 떠올린 것은 어제 대통령의 신년 연설을 들으면서 안타까운 마음을 가졌기 때문이다.

이명박 대통령은 1월 2일의 새해 국정연설에서 "지난 한 해를 돌아보면서 국민 여러분께 송구스럽다는 말씀을 드리지 않을 수 없다"면서 "저 자신의 주변을 되돌아보고 잘못된 점은 바로잡고 보다 엄격하게 관리하겠다"고 말했다. 새해 국정운영의 방향과 비전을 국민 모두에게 발표하면서 '주변의 잘못'을 대통령이 사과한 것은 흔치 않은 예이다. 물론 이날 연설에서 친인척이나 측근이라는 표현은 없었지만, 최근 사회적 물의를 빚은 일련의 사건에 대해 포괄적으로 직접 사과한 것이라고 청와대는 설명하고 있다.

작년 중반 때까지만 해도 "권력형 비리가 없는 정부가 될 것"이라며 자신감을 보였던 대통령으로서는 '주변의 잘못'이 매우 황당한 치욕으로 느껴졌을 것이다. 정권 초기인 2008년에는 영부인의 사촌언니인 김옥희 씨가 공천 청탁과 함께 거액의 돈을 받았다는 혐의로 구속되었고, 작년 말에는 사촌 처남 김재홍 씨가 영업정지 위기에 빠진 제일저축은행으로부터 구명 로비를 받았다는 혐의로 구속되었다. 또 친형인 이상득 의원 보좌관의 억대 금품 수수와 비서관들의 돈 세탁 사건이 불거져 나오기도 했다. 그뿐이 아니다. 핵심 측근이었던 김두우 전 대통령 홍보수석 비서관, 신재민 전 문화체육관광부 차관, 은진수 전 감사원 감사위원의 비리 등이 줄줄이 밝혀짐으로써 국민 모두를 허탈하게 만들고 있다.

어느 정권이든 대통령의 임기 말에는 예외 없이 친인척과 측근의 비리가 있어 온 것이 사실이다. 이는 제도적 허점이나 구조적인 요인에서 비롯된 것일 테지만, 친인척을 관리하는 청와대가 그 기능을 철저히 발휘했더라면 적어도 그런 비리는 최소화되었을 것이다.

문득 ≪한비자(韓非子)≫의 '십과편(十過篇)'이 떠오른다.

충직한 관중(管仲)이 노환으로 자리에 눕게 되자 제(齊)나라의 환공(桓公)이 몸소 찾아가 묻는다.

"만일 불행히도 병환 때문에 일어나지 못하는 일이 있게 되면, 나라의 정사를 누구에게 맡기는 것이 좋겠소?"

관중이 대답한다.

"신이 듣건대 자식을 아는 것은 아비를 따를 자가 없고, 신하를 아는 것은 임금님보다 나은 분이 없다고 합니다. 전하께서 먼저 말씀해 주시면 제 소견을 아뢰겠습니다.

환공이 머리를 끄떡이더니 묻는다.

"수조(豎刁)가 어떻소?"

그는 오랫동안 환공을 측근에서 모셔온 환관이었다.

"안 됩니다. 자기 몸을 아끼는 것이 인정(人情)입니다. 그러나 수조는 스스로를 거세(去勢)하여 벼슬을 맡게 되었습니다. 자신의 몸조차 아끼지 않는데 하물며 임금님을 사랑할 수 있겠습니까?

"그렇다면 개방(開方)은 어떨는지?"

그는 이웃에 있는 위(衛)나라 출신으로 제나라에 와서 환공을 섬기고 있는 인물이다.

"안 됩니다. 위나라는 열흘이면 갈 수 있을 만큼 가까운 거리에 있습니다. 그런데도 그는 15년이 넘도록 한 번도 고향을 찾아 부모님을 뵙지 않았습니다. 부모를 공경하지 않는 사람이 임금님인들 공경하겠습니까?"

"그렇겠구려. 그럼 역아(易牙)는 어떻겠소?"

그는 환공의 요리를 담당하는 사람으로 아첨에 능했다.

"안 됩니다. 역아는 전하께서 맛보시지 못한 음식이 사람고기 뿐이라는 것을 알고 제 아들을 삶아 올렸습니다. 제 자식을 사랑하지 않은 자가 어떻게 임금님을 사랑할 수 있겠습니까?”

“그렇다면 대체 누가 적임자란 말이오?”

이에 관중이 대답한다.

“습붕(隰朋)이 좋겠습니다. 그는 진실하고 청렴하며 욕심이 없고 신용이 두텁습니다. 능히 큰일을 맡길 만합니다.”

환공은 관중의 말을 받아들여 습붕에게 정사를 맡겼다. 그러나 1년 남짓하여 관중이 죽자, 환공은 습붕을 물러나게 하고 그 자리에 수조를 앉혔다. 그로부터 3년이 되던 해에 수조는 역아・개방과 함께 난을 일으켰고, 환공은 궁에 갇혀 굶어 죽었다.

≪한비자≫의 ‘십과편’은 임금이 자칫하면 저지르기 쉬운 10가지 잘못을 역사적 실례를 들어 설명한 것으로 시공을 뛰어넘어 우리에게 각별한 교훈을 주고 있다. 특히, 높은 관직을 가진 사람은 어떤 요건을 갖춰야 할 것인가를 밝힌 관중의 혜안이 주목된다.

하찮은 생선조차 선물로 받지 않았고, 자기 텃밭의 채소가 맛있다 하여 그걸 죄다 뽑아버리게 하거나 잘 짜인 베를 마다하고 베틀까지 내다버린 공의휴는 또 어떠한가. 그렇게 청렴한 재상을 모시고 살았던 노나라 백성들은 얼마나 행복했을까? 그런 고위 공직자가 나타나줬으면 하는 바람을 단지 시대착오적인 망상으로만 나무랄 것인가?

2012. 1

샹루이모(相濡以沫)

오늘 아침 ≪동아일보≫는 중국 베이징 주재 특파원을 통해 현지의 감동적인 얘기 한 토막을 전하고 있다. '식물인간 깨운 사랑의 노래'라는 제목의 기사를 요약하면 이렇다.

산둥(山東)성 랴오청(聊城)시의 장위화(張玉華) 씨는 올해 나이가 38세이다. 그의 직업은 호텔에서 열리는 각종 행사의 사회를 보거나 노래를 불러주는 것. 한창 인기를 끌던 1999년에 당시 호텔 안내데스크에 근무하던 쑹위환(宋玉煥 · 36세) 씨와 결혼한다.

하지만 두 사람의 신혼생활은 얼마 가지 못했다. 아내가 갑자기 쓰러져 병원에 입원한 것이다. 더욱 기막힌 사실은 "소생할 가능성이 없다"는 말을 의료진으로부터 들은 점이었다. 멀쩡하던 아내는 식물인간이 되어 병원 중환자실에서 치료를 받아야 했다. 간병에 치중하느라 집안 살림은 거덜나고…. 견디다 못한 남편 장 씨는 아내를 데리고 부모가 사는 시골로 내려간다.

그렇다고 시골집이라 해서 형편이 나은 건 아니었다. 오히려 비

바람도 제대로 막지 못할 만큼 가세가 빈궁했다. 그래서 장 씨는 돈이 되는 일이라면 무엇이든 다 했고, 때로는 아내의 치료비를 마련키 위해 남의 돈을 빌리기도 했다.

찬바람이 부는 추운 겨울. 온기도 없는 방에서 그가 아내를 위해 할 수 있는 일이란 자신의 웃옷을 덮어주고 몸을 끌어안아 체온을 유지시키는 일이었다. 아니. 다른 것이 있기는 했다. '너 없이는 못 살아(不能沒有你)'라든가 '365개의 축복' 등의 노래를 불러주는 일이었다. 그러니 장 씨의 딱한 모습을 지켜본 처가 식구들조차 '이제 그만 포기하라'고 달랠 정도였다. 그러나 그의 태도는 완강했다. "사랑하기 때문에 포기할 수 없다"면서.

정성이 지극하면 하늘도 감동하는 것일까. 식물인간 3년 반이 지난 어느 날, 장 씨가 노래를 부르고 있을 때 아내가 반응을 보인 것이다. "고맙다"는 말을 눈물로 대신하면서…. 그 후 아내는 기적처럼 의식을 회복하기 시작했다. 그리고 마침내는 남편 장 씨가 바라던 딸까지 출산했다. 딸은 올해 두 돌 반이 되었다. 아내 송 씨도 휠체어를 타고 방송에 출연하여 지난 일을 얘기할 정도로 건강을 회복했다는 소식이다.

장자(莊子)의 대종사(大宗師) 편을 읽으면 샹루이모(상유이말 · 相濡以沫)라는 말과 만나게 된다. '마른 물의 물고기가 침으로 서로의 입을 적셔준다'는 뜻이다. 이는 두 말할 필요도 없이 어려운 상황에 있는 사람들이 서로서로 작은 힘이라도 보태어 힘든 입장을 벗어난다는 얘기이다. 어쨌든 요즘 중국에서는 이들의 부부애가 샹루이모의 대표적 사례로 화제꺼리가 되고 있는 모양이다.

허나, 샹루이모가 어찌 부부 사이에서만 이루어지랴. 부모와 자식, 스승과 제자, 선배와 후배 또는 친구와 친구, 이웃과 이웃 사이에서도 일어난다. 세상이라는 크고 넓은 공간에서 살다보면 힘들고 어려운 일은 누구나 얼마든지 겪게 마련이기 때문이다.

≪마음을 열어주는 101가지 이야기≫에는 이런 얘기가 실려 있다.

노인 요양원을 찾아 간 첫날 할머니는 방의 한 구석에서 혼자 멍하니 앉아 계셨다. 엘리노어는 달려가 할머니를 껴안으며 말한다.

"이걸 좀 보세요! 할머니께 선물을 가져 왔어요. 할머니가 제일 좋아하시는 딸기 아이스크림이에요!"

할머니는 컵에 든 아이스크림과 작은 나무스푼을 받아들고는 아무 말 없이 아이스크림을 드시기 시작한다. 할머니는 엘리노어가 누구인지를 전혀 모르는 듯싶었다.

다음 번에 엘리노어가 엄마와 함께 다시 할머니를 방문했을 때도 사정은 비슷했다. 할머니는 아이스크림을 드시며 엘리노어에게 미소를 보내긴 했지만 역시 아무 말씀도 하지 않으셨다.

엘리노어가 묻는다.

"할머니, 제가 누군지 아시겠어요?"

이에 할머니가 대답하신다.

"물론, 아다마다. 넌 나한테 아이스크림을 갖다 주는 아이 아니냐?"

엘리노어는 두 팔로 그 노부인을 껴안으며 말한다.

"맞아요. 하지만 저는 할머니의 손녀딸이기도 해요. 절 기억 못하시겠어요?"

"기억하냐구? 분명히 기억하지. 넌 나한테 아이스크림을 갖다 주는 아이야."

문득 엘리노어는 할머니가 자기를 영원히 기억하지 못하리라는 걸 깨닫는다. 할머니는 자기 혼자만의 세계 속에서 살고 계신 것이다. 온통 흐릿한 추억들과 고독감만이 존재하는 세계에서.

엘리노어는 할머니의 얼굴을 바라보며 말한다.

"할머니, 전 할머니를 아주 많이 사랑해요!"

그때 엘리노어는 할머니의 두 뺨에 눈물이 흐르는 것을 본다. 할머니가 말씀하신다.

"사랑? 그래, 난 사랑을 기억하지. 다른 건 기억 못해도 사랑은 기억한단다."

"주말 마다 꼭 할머니에게 아이스크림을 갖다 드리겠어요. 그리고 할머니가 저를 기억하시지 못해도 할머닐 껴안아 드릴 거예요."

아이스크림을 건네주는 아이가 누구인지는 모르지만, 티 없는 손녀딸의 사랑을 느끼며 눈물을 적시는 할머니의 얘기는 또 다른 의미의 '샹루이모'일 것이다.

내가 어렸을 때였다. 눈에 티가 들어가 어쩔 줄 몰라 하면 어머니는 당신의 부드러운 혀로 내 눈을 닦아주시곤 했다. 그러면 거짓말같이 티가 빠져나왔다. "왜 안과에 가지 않았느냐?"고 묻지 말기 바란다. 시골 벽지에 안과도 없었으려니와 어머니의 혀가 있는데, 굳이 시간을 낭비하며 돈까지 쓸 필요가 있었겠나? 어머니의 따뜻하고 부드러운 혀가 있는데….

추운 겨울 날, 밖에서 놀다가 방 안에 들어서면 어머니는 내 손을 잡아주시는 것도 부족해서 당신의 저고리 섶을 푸는 것이었다. 그리고는 땡땡 언 두 손을 젖가슴에 넣어 주셨다. 손이 빨리 녹으라고….

머지도 않은 옛날, 우리 어머니들은 당신들이 먼저 밥을 씹은 뒤 배고파 칭얼대는 아이들 입에 넣어 주시고는 했다. 그 어머니들이 할머니가 된 요즘 세상, 손자 손녀에게 같은 짓을 했다가는 "위생에 나쁜데 무슨 짓이냐!"고 며느리들이 질겁할 테지만 그땐 당연한 것으로 알았다. 모르기는 해도 나도 그런 식으로 자랐을 것이다. 어미의 타액과 사랑이 자식에게 유감없이 전달되는 것 또한 샹루이모의 다른 모습이 아닐는지.

'샹루이모'에게 다른 이름이 있다면 '극진한 사랑'일 것이다.

2011. 1

너의 그림자 되어

한 어머니가 있었습니다. 그의 아들 한 대현 씨(22)는 이태 전인 2009년에 자폐증을 앓아 지체장애 2급 판정을 받았지요.

자폐증(自閉症)이란 정신병의 한 가지로 다른 사람과 접촉하기를 싫어하고, 자기만의 세계에 틀어박히는 증상을 말합니다. 말을 더듬고 집중력이 떨어지며 똑같은 행동을 되풀이하는 것이 이 질병의 특징입니다.

혹 영화 '말아톤'을 보셨는지 모르겠군요. 얼룩말과 초코파이를 좋아하는 주인공 초원(조승우 분)은 모르는 사람 앞에서 아무렇지 않게 '붕!, 붕!' 방귀를 뀌고 동생에게는 깍듯이 존댓말을 쓰지요. 어디 그뿐입니까. 음악만 나오면 신나게 막춤을 추어댑니다. 먹은 나이는 스물이지만 지능은 다섯 살 정도에 지나지 않습니다. 그러니 초원의 어머니(김미숙 분)는 얼마나 가슴이 아플까요. 감당할 수 없는 현실을 원망하고 실망하지요.

그런 초원에게도 남다른 재주 한 가지는 있습니다. 바로 달리기이죠. 해서 그의 어머니는 아들에게 마라톤 연습을 시키고 풀코스에 도전하도록 자극하고 격려합니다.

한대현 씨도 상황은 비슷했지요. 자폐증에 걸린 뒤 언어에 대한 이해와 표현이 부족해진 겁니다. 또 혼자 있기를 좋아해서 남들하고는 좀처럼 어울리려 하지 않았습니다. 그나마 다행인 것은 향학열이 아주 높았다는 점입니다. 아들이 충남 당진의 신성대학에 지원하자 어머니도 같은 대학 같은 학과에 원서를 내고 나란히 입학합니다. 아들 혼자서는 도저히 수업을 따라갈 수 없을 테니 그의 눈과 귀가 되겠다고 결심한 때문이죠. 자폐증으로 고생하는 자식을 뒷바라지하느라 새삼 대학입학까지 하게 된 어머니, 이용숙 씨(47)의 얘깁니다.

손수 승용차를 운전하며 2년 동안 매주 4일을 아들과 함께 통학했습니다. 수업을 받거나 식사를 하는 등 모든 학교생활도 함께 했지요. 늦깎이 대학생으로 자식뻘인 동급생들과 함께 공부를 한다는 것은 정말 녹록치 않은 일이었습니다. 혼자 몸이라면 모르겠지만 집안 일에다 아들까지 챙겨야 하니 갈데없는 1인 3역이었던 겁니다. 처음엔 공학용 전자계산기도 사용할 줄 몰랐습니다. 그때마다 다른 학생들의 도움을 받아야 했죠.

수업시간엔 더욱 바짝 정신을 차려야 했습니다. 오랜만의 공부라 남에게 뒤떨어지지 않기 위해서도 그랬지만, 내용을 완전히 소화해야만 집에서 아들에게 가르칠 수 있겠기 때문입니다. 가장 어려운 것 중의 하나는 리포트를 내는 것이었지요. 홀딱 밤을 새우기가 일쑤였습니다. "포기하고 싶은 때가 한두 번이 아니었다"라는 이 씨의 실토는 그녀의 학교생활이 얼마나 벅차고 어려웠는가를 짐작케 합니다.

그랬던 어머니가 지난 2월 아들과 나란히 학사모를 쓴 겁니다. 토목 전문학사 학위를 받은 거죠. 그녀는 말합니다. '교수님과 학생들의 배려와 협조 때문'이라고. 틀린 말은 아니겠지만, 자폐증 아들에게 희망과 용기를 줌으로써 당당한 사회인으로 키우고자 했던 의지가 뜨거웠던 탓이라고 봅니다. 대학을 다니면서, 어머니가 열심히 공부하는 모습을 지켜보면서 아들의 표정도 밝아지고 생각도 긍정적으로 바뀌었다니 얼마나 다행스럽습니까.

신성대학은 학위수여식에서 어머니 이 씨에게 '특별상'을 수여했다고 합니다. 브라보!

2001년 10월 어느 날 밤. 횡단보도를 건너다 과속으로 달리던 승용차에 "쿵!"하고 들이받혀 37m나 나가떨어진 학생이 있었습니다. 충남 계룡시의 용남고등학교 1학년 안지형 군(16)입니다. 급히 병원으로 옮겼지만 안 군은 의식을 잃은 상태였지요. 두 차례의 뇌수술 끝에 겨우 목숨은 건질 수 있었습니다. 그러나 "살아났대도 식물인간이 될 것"이라는 게 병원 측의 얘기였습니다. 그런 그가 10년이 지난 2011년 2월 한남대 학위수여식에서 학사모를 쓴 것입니다.

걸을 수 없고 팔도 제대로 놀릴 수 없으며 말조차 어눌한 2급 뇌병변장애인이 학사가 되기까지에는 그를 그림자 모양 따라다니며 손발이 되어준 어머니 윤경애 씨(52)의 눈물겨운 뒷바라지가 있었기 때문입니다.

윤 씨는 삶을 비관하는 아들에게 "실망하지 마라. 너도 할 수 있다"면서 용기를 북돋아주었습니다. 그리고 여러 교재를 챙겨주고 노트북도 사 주었지요. 공부에 관심을 갖도록 하기 위해서였습니다. 어머니의 뜻을 알았음인지 아들은 비교적 잘 따라줬습니다.

4년간의 입원 재활치료를 마치고 아들은 2005년에 퇴원했습니다. 그러나 고등학교에 복학은 하지 않았습니다. 장애인 시설이 없기 때문이죠. 결국 검정고시로 고교 졸업자격을 얻어 한남대학교 사회복지과에 입학한 겁니다.

이때부터 어머니 윤 씨는 더욱 바빠졌습니다. 4년 동안 등·하교를 같이 하며 모든 수발을 다 했지요. 전동차에서 내린 아들을 부축하여 의자에 앉히는 일에서부터 수업 내용을 대신 적어주는 일까지.

본인이 노력하고 어머니가 적극 도운 보람이 있어 아들은 사회복지사 2급과 워드프로세서 2급 그리고 요양보호사 자격증을 취득했습니다. 교통사고를 당해 3개월 간 의식을 잃은 채 살던 옛날에 비하면 기적을 이룬 셈입니다. 어머니 윤 씨는 한남대로부터 '위대한 어머니 상'을 받았습니다. 아들이 다닌 사회복지과는 명예졸업장을 수여했지요.

어느새 26살이 된 아들 안지형 씨는 지금 다른 꿈을 꾸고 있지요. 다시는 어머니의 부축을 받지 않고 혼자 걸을 수 있는 꿈을….
우리는 믿어도 좋을 것 같군요. 그것은 꿈이 아니라 손에 잡히는 현실이 될 것이라고.

이원옥 씨(65)는 척추성 근위축증이라는 희귀병을 가진 아들을 두고 있습니다. 이 보기 드문 병을 아들 신형진 씨(28)는 태어난 지 7개월부터 앓았지요. 목 아래 전신이 마비되어 커서도 누워서만 생활할밖에 없었습니다.

아들은 2002년 정시모집에서 특별전형으로 연세대에 입학했지요. 컴퓨터 과학을 전공했습니다. 다른 학과도 아니고 어떻게 컴퓨터 과학을 전공하며 리포트를 제출할 수 있느냐고요? 그는 중·고등학교 때부터 수학과 과학에 재능을 보였지요. 리포트문제는 눈동자의 움직임을 읽어 컴퓨터가 작동하는 안구 마우스를 이용해서 해결할 수 있습니다. 물론 상당한 노력이 필요하긴 하지만요. 학기마다 2~3개의 과목을 수강했습니다.

어머니 이 씨는 휠체어로 등교하는 아들과 수업을 함께 들었지요. 그리고 이해하기 어려운 강의내용을 꼬박꼬박 받아 적었습니다, 다른 학생이라면 1~2시간 안에 끝낼 시험을 아들은 6~7시간이나 걸려야 했지만 묵묵히 곁을 지켜 주었지요. '한국판 스티븐 호킹'은 입학 후 9년만인 2011년 2월 28일 마침내 영예의 학사모를 쓰게 된 것입니다.

학위 수여식이 있는 날 연세대 김한중 총장은,

"누워서 생활해야 하는 신 군이 이 자리에 있기까지 그의 어머니가 흘린 눈물의 양을 헤아리기 어렵다"면서 "어머니 이 씨는 신 군이 수업을 들을 때마다 복도를 홀로 지켜냈고, 신 군이 가는 곳마다 함께 했기에 오늘 그 어떤 학위보다 빛나는 명예졸업장을 수여한다"고 말했지요. 학적을 둔 적이 없는데도 명예졸업장을 받기는 이 씨가 처음이랍니다. 아들도 아들이지만 그 어머니 이 씨의 희생과 가 없는 사랑이 가슴을 뭉클하게 하는군요.

지금부터는 저 본인의 말씀을 드릴 차렙니다.

2003년 말이었지요. 대학원 졸업을 코앞에 두고 뇌경색에 걸리고 말았습니다. 말도 어눌해지고 보행도 자유스럽지 못했습니다. 멀쩡했던 사람이 이럴 수도 있나? 박사학위 논문 심사도 통과됐으므로 퇴직 후의 새 인생을 모색하려는 참에 덮쳐온 뇌질환은 저를 천 길 나락으로 떨어뜨렸습니다. 앞으로의 내 삶은 어떻게 될까? 한 줄 희망은 있는 것일까? 온통 불안하고 걱정스럽기만 했습니다. 곧 있을 졸업식에도 참석해야 될 텐데 이 몸으로 가능할까? 다른 건 몰라도 졸업식장에는 내 발로 당당히 걸어 들어가고 싶었습니다.

그때부터 아내의 도움을 받으면서 밤낮으로 보행연습에 매달렸지요. 뒤뚱거리는 걸음걸이가 조금 나아지자 병원 측에 퇴원을 졸랐습니다. 그리고 마침내 허락을 받아냈지요. 그래도 많은 하객들 앞에서 졸업식 단상에 오르는 일이 걱정이었습니다. 졸업식 장소, 시간, 진행방법 등을 학교에 물어봤습니다. 그런데 졸업식을 운동장에서 실시한다는 것입니다. 강당이 아닌 운동장에서? 아무래도 직접 가보는 게 좋겠다 싶어 아내와 함께 이문동에 있는 한국외국어대학교 졸업식 준비현장을 찾아갔습니다. 그것도 두 차례나.

염려했던 것과는 달리 졸업식은 싱겁게 끝났지만, 병에 걸린 뒤 졸업식을 갖기까지 아내는 앞에서 소개한 세 분 어머니에 못지않은 정신적 시련과 육체적 고통을 겪었습니다. 아직도 뇌경색의 예후(豫後)는 시원치 않아 아내를 걱정시키고 있지요. 게다가 가소로운 것은 스스로의 잘못으로 뇌경색을 얻었는데도 "왜 하필이면 나냐?"라는 생각을 가끔 갖는다는 점입니다.

이 글을 쓰면서 많이 뉘우치고 있습니다. 그리고 생각의 방향을 바꾸려고 합니다. "나보다 더한 사람도 많다. 그나마 다행이지 않으냐"라는 식으로.

'내 발로 걷는 것이 꿈'이라던 뇌 병변 장애인 안지형 씨도 있는데, 나는 이미 그 꿈을 이룬 상태가 아닙니까. 좀 뒤뚱거리기는 해도 말이죠. 이제는 다른 꿈을 꾸고 싶습니다. '좋은 수필가'는 어떨까요? 살아가면서 보고 듣고 느낀 것을 지적인 언어로 다듬어 독자에게 전함으로써, 삶의 거울이 될 수 있는 그런 수필, 그런 수필가가 되고 싶은 겁니다.

흘러가는 구름 한 조각, 땅 위를 구르는 낙엽 하나에서도 우리들 삶의 가치와 진리를 이끌어낼 수 있는 좋은 수필, 훌륭한 수필을 쓰고 싶은 게 저의 간절한 꿈이지요. 이 꿈은 반드시 이루어질 겁니다. 나는 아직 70밖에 안 됐으니까요.

2011. 3

참새 모이를 주면서

이태 전 이맘때인가 보다.

참새에 관한 글을 쓴 적이 있다. 개인적으로 특별히 참새를 좋아한다든가 유별난 인연이 있어서는 아니었다. 뜰 안을 찾는 참새의 수가 해마다 줄어드는데 따른 아쉬움과 안타까움에서 쓴 글이었다. '우리 주변의 참새가 해마다 10%나 준다'니 무슨 이유일까? 환경부에 직접 전화까지 걸어 그 까닭을 알아보기도 했다. 담당부서인 척추동물연구과의 답변은 이랬다.

"환경이 오염된 데다 도시개발로 참새가 서식할 장소가 많이 줄었기 때문이죠."

마치 남의 얘기하듯 하는 답변에 조금은 실망했던 기억이 난다. 그때 나는 담당자가, 참새의 개체수가 계속 주는 점에 대해 걱정을 태산같이 하면서 그 대책까지 설명해 주기를 기대했던 것 같다.

담당자가 말했던 내용에 변화가 없어서일까. 아니면 상황이 더욱 악화된 때문인지 앞마당을 찾는 참새들의 수는 점점 줄어져만

갔다. 30마리 정도가 몰려다니던 참새가 요즘에는 기껏해야 20마리 안팎에 불과하니 속이 상한다. 아마 그래서였을 것이다. 참새들에게 모이를 주어야겠다고 생각한 것은….

이태 전 처음 시작할 때에는 재래시장에서 좁쌀을 사다 뿌려 주었다. 좁쌀은 곡물 중에서 값이 제일 헐하려니와 참새들이 먹기에도 가장 적당한 크기의 낟알로 판단했기 때문이다.

아침과 저녁 하루 두 차례 한 움큼 씩, 참새들은 잘도 쪼아 먹었다. 떼 지어 달려들어 삽시간에 먹어치우며 "더 없는가?"를 핼끔대는 모습이 귀엽고 안쓰러워 어떤 때는 보너스 삼아 한 주먹을 더 주기도 했다. 그러다보니 한 됫박은 금세 바닥이 나는 것이었다. 좁쌀 800g 한 되의 값은 3천 원, 한 달에 몇 만 원은 들어가야 할 판이었다.

그런 이유에서였을까. 모이를 줄 때 가끔은 의문이 일었다. 우선, 이렇게 찔끔 좁쌀이나 뿌려 준다고 해서 참새의 수가 늘어나겠느냐는 의문이 든 것이다. 또 참새를 사육해서 뭘 어떻게 하자는 것도 아닌데, 녀석들에게 들어가는 비용이 만만치 않겠다는 생각이었다. 그렇다고 하루아침에 "나 몰라라." 하고 먹이를 끊을 수는 없고…. 은근히 고민이었다. 무엇보다 아침저녁 모이를 줄 때마다 포르릉거리며 몰려들던 참새들의 모습이 눈에 밟혔다.

"뭐, 좋은 방법이 없나?"

"이렇게 하면 어떨까?"

"그래. 그게 좋겠어. 내일 아침부터라도 실행해야겠네."

자문자답해 얻은 결론은 '좁쌀' 대신 '건빵'을 주자는 것이었다.

건빵은 제조회사마다 각기 다른 품종을 내놓고 가격도 저마다 다르지만, 며칠 전에 내가 봐둔 것이 있었다. 500g 한 봉지에 가격은 1000원. 좁쌀 한 되 값으로 3봉지를 살 수 있고, 무엇보다 양적으로 풍성하다는 점에 호감이 갔다. 물론 건빵이라 해서 배 터지게 먹일 수는 없고, 그럴 필요도 없을 것이다. 자유롭게 훨훨 날아다니는 참새들의 경우야 건빵이 주식은 아닐 테니까.

참새의 입장에서도 그렇지 않겠는가. 무덤덤한 맛의 날좁쌀보다는 밀가루, 보릿가루, 옥수수전분에 소금, 설탕, 포도당, 쇼트닝을 넣고 구어 낸 건빵이 훨씬 맛이 있을 것이다. 또 건빵은 우리 집 파수꾼인 '토미'의 간식꺼리로도 안성맞춤일 테니 더욱 좋으리라는 생각이었다.

사온 건빵 3봉지 가운데 하나를 풀어 여남은 개를 집어 들고 마당에 나섰다. 벌써 참새들이 감나무 가지에서 바삐 오가며 아는 척을 한다. 건빵을 앞니로 잘근 부수어 보도에 뿌려 준 뒤 다른 곳으로 몸을 피했다. 녀석들은 겁이 많아 작은 소리에도 도망을 쳐 버리기 때문이다. 문득 법정(法頂) 스님의 에세이에서 읽은 한 대목이 떠오른다. '참새들은 가까이에서 모이를 주는데도 도망갈 생각 없이 천연덕스럽게 쪼아 먹고 있더라' 하는. 나는 스님같이 속진을 털어내지 못해서일까. 모이를 2년이나 정성스럽게 주었는데도 참새들은 나를 피하고 멀리한다.

지금 녀석들은 좁쌀이 건빵으로 바뀐 사연을 모르는가 보다. 또 안들 뭐 하랴. 열댓 마리의 참새가 삽시간에 달려들어 여기 종종 저리 종종, 이리 핼끔 저리 핼끔대며 잘게 부순 건빵을 먹어치운다. 얼른 보면 참새들은 그들의 관계가 원만하고 평화로워 보이지만, 먹이를 앞에 두고는 상황이 달라진다. 힘이 약한 참새는 부리로 쪼여서 쫓겨나기도 하고, 입에 문 먹이조차 빼앗기기 일쑤이다. 때로 저희들끼리 다투기도 한다. 다만 그 다툼은 그리 치열하지 않고 쉽게 끝난다. 사람과 같이 원수를 지어 두고두고 싸우는 것 같지는 않다.

모이를 주면서 볼 수 있는 이색적인 광경이 하나 있다. 바로 건빵 쪼가리를 입에 물고 공중을 나는 모습이다. 은밀한 장소를 찾아 저 혼자 맛있게 먹기 위해서일 테지만 보는 이의 눈에는 여간 신기하지 않다. 회갈색의 작은 몸에 예쁘고 작은 부리, 그 부리로 건빵을 물고 날아오르는 모습은 마치 풍선 껌을 문 어린 천사들이 비상하는 듯하다.

저런 참새들이 잠은 어디서 잘까? 단독주택에서 살며 그들과 벗한 지가 꽤 오래지만, 그들이 잠자는 모습은 단 한 번도 못 봤기에 하는 얘기다. 내가 어렸을 적 고향에서 본 참새들은 초가지붕의 끝자락이나 서까래 언저리에 둥우리를 만들어 잠을 잤었다. 지금도 생각난다. 참새 잡이는 흔히 추운 겨울철 밤에 하게 마련인데, 어느 친구는 무동을 탄 자세로도 둥우리를 용케 찾아내어 맨손으로 참새를 잡는 것이었다.

그런데 지금은 짚으로 엮은 초가지붕도 없고, 흙과 서까래로 만든 추녀도 없지 않은가. 그럼 나뭇가지 위에서 자는 걸까. 우리 집 정원에는 수령이 40년에 이른 모과나무 살구나무도 있고 30년생의 후박나무도 있지만, 나무 가지에서 잠자는 참새를 아직은 보지 못

했다. 도대체 참새들은 어디서 자는 것일까.

지난달 하와이의 마우이(Maui) 섬을 방문한 적이 있다. 맏딸 윤정의 결혼식에 참석하기 위해서였다. 마우이에도 참새는 있었다. 그러나 그곳의 참새는 아주 다른 모습이었다. 덩치는 우리 집 뜰 안의 참새보다 곱빼기나 컸고, 생김새도 곱상치 않아 귀엽거나 사랑스런 맛은 없었다. 부리는 왜 그리 길고 두툼한지, 또 회갈색 등에 검은 줄은 무엇 때문에 나 있는지 알 수 없었다. 게다가 성질도 몹시 거칠고 버르장머리가 없었다. 식당 밖 노천에서 밥을 먹다가 한 눈이라도 팔면 쏜살같이 달려들어 음식을 채가는 무례를 저지르는 것이었다. 눈치를 보며 핼끔거리는 우리 집 정원의 겁쟁이 참새들과는 딴판이었다.

마우이의 참새도 평생 집 없이 지낼까. 문득 의문이 떠오른다. 그 해답을 임영석의 시에서 듣는다.

> 참새는 제가 살 집은 짓지 않는다
> 집을 지어도 제 새끼를 키우기 위한 것으로
> 마지막 지붕은 제 몸을 얹어 완성한다
> 제 새끼에게 어미의 온기만 주겠다는 것이다.
> 머리 위 은하수 별빛을 맘대로 바라보고
> 포롱 포로롱 하늘을 날아가는 꿈을 주고 있다.
> (후략)

이제 쌍둥이 딸 가운데 선둥이인 윤정이 결혼함으로써 1남 2녀 아이들은 아비 어미의 곁을 모두 떠났다. 30년 넘게 지내 오던 둥지를 벗어난 것이다. 과연 나는 어미 참새와 같이 그들에게 '은하수 별빛을 맘대로 바라보고 포롱 포로롱 하늘을 날아가는 꿈'을 주었을까.

건빵 봉지를 들고 현관문을 여니 참새들이 나뭇가지 위에서 짹짹거린다. "어서 모이를 달라"고. "빨리, 건빵을 달라"고.

2011. 7

"영원히는 못살아"

'기부(寄附)'란 무엇인가? '공적인 일이나 남을 돕기 위해 돈이나 물건을 내놓는 행위'를 가리킨다고 국어사전은 풀이한다. 기부의 궁극적 가치는 어디에서 찾을 수 있나? 경제적 이익을 혼자서 보유하거나 축적하는 게 아니라, 사회에 되돌려 줌으로써 '나눔의 문화'를 실천하는 데서 찾을 수 있다. 그러므로 기부 또는 기부문화는 한 국가의 성숙도를 가늠할 수 있는 척도의 하나로 꼽히기도 한다.

한국의 기부문화는 역사가 길지 않다. 1950년대부터 1980년대까지는 경제를 일으키고 발전시켜야 한다는 대전제 때문에 복지에는 등한할밖에 없었다. 1990년대 들어 장학 사업이나 문화 활동에 관심을 가진 기업이 점차 늘기 시작하더니, 비자금사건이 터지고부터는 기업의 사회에 대한 공헌 활동과 책임이 본격적으로 거론되기 시작했다.

그러나 실제로 기부문화가 사회적인 현상으로 자리 잡기 시작한 것은 국민소득이 지속적으로 1만 불 이상을 달성했던 2000년대라고 봐야 될 것 같다(한국은 1995년에 국민소득 11,432달러를 이룩해 냈지만 IMF의 곤욕을 치르던 1988년에는 7355달러로 뚝 떨어졌다). 이때부터 우리 사회는 기업의 사회적 책임과 사회 공헌에 대한 공감대가 이루어졌고, 덩달아 개인의 기부문화에도 영향을 미치게 된 것이다.

기부문화가 가장 먼저 발달한 나라는 어디일까? 미국이다. 주목할 게 하나 있다. 미국은 어느 나라보다 기부문화가 발달했을 뿐 아니라 오늘날에도 계속 발전하고 있다는 점이다. 많이 벌어 많이 기부한다는 그들의 철학은 어디에 뿌리를 두고 있는가? 바로 '사회 지도층의 도덕적 책무'라는 '노블레스 오블리주(Noblesse Oblige)'가 뿌리요 바탕이다.

노블레스 오블리주. 이 책임의식은 전쟁이 일어날 때 원로원 의원부터 적과 맞서 싸우고 노예의 참전은 배제했던 고대 로마나, 영국과 프랑스가 백년전쟁을 벌일 때 시민들을 대신해서 기꺼이 목숨을 바치려했던 프랑스 칼레의 최고 부호나 시장, 법률가 등의 거룩한 희생정신과 맥을 같이 한다.

우리에게도 노블레스 오블리주는 있었는가. 물론 있었다. 1794년 제주에 흉년이 들자 전 재산으로 쌀을 사서 식량난에 허덕이던 섬사람들을 구한 조선 정조(正祖) 때의 거상 김만덕(金萬德)이나, '4방 100리 안에 굶어 죽는 사람이 없게 하라'는 가훈을 지킨 경주 최 부잣집의 얘기는 분명 사회지도층의 도덕적 책무를 따른 사례로 볼 수 있다. 그러나 미국의 것과는 종류, 횟수, 또는 규모면에서 비교가 되지 않는다.

미국에서는 가장 명예롭게 여기는 직업이 '레인 메이커(rain

maker)'이다. 레인 메이커의 본래 뜻은 인공 강우를 연구하는 과학자나 전문가이지만, '사회에 단비를 내리는 사람' 혹은 '자선 사업자'를 가르킨다. 6만여 개에 이르는 미국의 자선 재단 재원의 70%가 보통사람들의 호주머니에서 나온다니 놀라지 않을 수 없다.

엊그제, 김영삼(YS) 전 대통령이 전 재산을 사회에 환원키로 했다 해서 화제다. 김 전 대통령은 새해 인사차 상도동 자택을 방문한 한나라당 안상수 대표에게 "죽으면 끝나는 것이고 영원히 못 산다"며 "자식에게 물려주지 않고 재산을 환원하는 게 좋을 것 같다는 생각을 했다"고 말하더라는 것이다.

YS의 재산은 거제에 있는 생가와 주변의 땅, 임야 그리고 상도동의 사저 등으로 50억 원에 이른다. YS 측에 따르면 거제도 생가와 주변의 땅 등은 거제시에 이미 기부해 소유권이 넘어갔고, 상도동 자택과 거제의 임야 등은 사단법인 '김영삼 민주센터'로 소유권을 이전하는 등 등기 절차가 진행되고 있다 한다. YS의 이런 조치에 대해 가족들은 "이미 상의된 일"이고 "환영한다"는 반응이다. 또 고향인 경남 거제시민들도 "지역 출신 원로로서 걸맞은 행동"이라는 평가이다. "김 전 대통령은 노블레스 오블리주를 몸소 실천했다. 이런 문화가 확산되고 많은 정치인들이 동참하는 계기가 되기를 기대한다"고 말한 정치인도 있다.

하지만, 비판적인 의견도 없지 않다.

"진정한 기부는 투명성에서 나오는 건데 '김영삼 민주센터'가 과연 국민들이 납득할 만큼 제대로 돈을 사용하겠느냐"는 얘기를 비롯해서 "김영삼민주센터를 통한 업적 쌓기가 아니냐", "차라리 사회적으로 소외된 계층과 불우한 이웃들을 위해 투명성이 확보된 봉사단체에 기부했더라면 더 좋았을 것"이라는 의견까지 다양하다.

재산을 사회에 환원하겠다는 기부행위를 두고 비판을 받은 최고위 공직자가 YS만은 아니다. 이명박 대통령은 집권 2년차인 2009년 자택과 일부 동산을 제외한 대부분의 재산인 331억 4천 200만 원을 재단에 출연했는데, 이는 대선 후보로 있을 때인 2007년 12월에 밝힌 약속이었다.

"우리 내외가 살 집 한 채만 남기고 전 재산을 사회에 내놓겠다. 이것은 '남의 도움을 구하기보다 남을 도울 궁리를 하라'는 어머니의 말씀을 실천하는 것이다. 대통령 당락에 관계없이 반드시 약속을 지키겠다"는 것이 요지였다. 당시 중앙선관위에 신고한 이 후보의 재산은 353억 8000원이었다.

이에 대해 다른 정당의 대변인들은 "수천억 원의 차명재산은 숨겨두고 실명재산만 내놓겠다는 거냐?" "작은 세금조차 탈세한 마당에 전 재산을 헌납하겠다니 진정성이 의심된다." 혹은 "위장 환원이다. 선거 이벤트일 뿐이다"라는 등 토를 달았던 것이다.

퇴임 직전인 2003년 1월 당시 아태재단과 재단 소유의 자료와 건물을 연세대에 기증한 김대중(DJ) 전 대통령은 더욱 노골적으로 비판을 받았다. "재단 해체와 같은 최악의 상황을 피하려는 선택이었다"는 것이다. 그 근거로 "아태재단은 기업으로부터 돈을 받아내는 등 끊임없이 구설수에 올랐고, 부 이사장이자 실질적 운영 책임자였던 아들 김홍업 씨가 구속되는 등 재단이 위기를 맞고 있어

위상정립이 불가피하다"는 점을 든 것이다(연세대는 DJ로부터 기부 받은 건물과 자료를 정리해 '김대중 도서관'을 설립했다).

아무리 좋은 뜻으로 기부한다 해도 받는 쪽에서 탐탁찮게 여기거나 색안경을 끼고 본다면 얼마나 괘씸스러울 것인가. 또 반대로 아무리 푸짐한 기부를 한 대도 그 기부가 기부자 자신을 위한 위장술에 지나지 않다면 받는 쪽이 얼마나 꺼림칙하고 허탈할 것인가. 기분 좋게 기부하고 감사히 받으며, 우리가 사는 공동사회를 더 훈훈하게, 더 아름답게 만들 기부문화는 없을까.

바람직한 기부문화를 만들기 위해서는 무엇보다 기부를 생활의 한 부분으로 생각하는 가치관을 심어주어야 할 것이다. 남을 제치고 1등을 차지하기보다 공동체가 지니는 이익의 중요성을 알게끔 하는 교육도 필요하다.

둘째, 기부를 장려하는 사회적 분위기가 이루어져야 한다. 또 기부한 사람에게는 박수를 쳐주는 아량도 있어야 할 것이다.

셋째, 즉흥적이고 감성적이며 1회적인 기부를 체계적이고 이성적이며 지속적인 기부로 바뀌야 한다.

넷째, 기부는 남을 위한 시혜(施惠)가 아니라, 다른 사람의 고통을 내가 함께 한다는 인식에서 출발되어야 한다.

다섯째, 모금 단체의 전문성과 투명성을 높여 기부자들로부터 신뢰를 받아야 한다.

끝으로 세금 공제 폭을 확대시킬 필요가 있다.

헌데, 지금까지 과연 나는 얼마나 기부를 했을까. 애써 기억하려

해도 짚이는 것이 없다. 부끄럽고 한심하다. 기부하겠다고 어느 개인 어느 단체를 찾아본 바도 없고, 연말이면 자주 만났던 자선냄비에도 "난 몰라라" 하지 않았나. 아니다. 한 가지 있기는 있다. ARS 전화를 건 기억이 난다. TV의 자선 프로그램을 시청하면서 몇 번 기부를 했었지.

돈의 액수는 별것 아니지만 부끄러워할 게 뭐 있겠나. 아쉬운 점이 있다면 ARS 전화나마 지속적으로 이용하지 않았던 것일 테지만.

마침 오늘은 공영방송 KBS의 자선 프로그램 '사랑의 리퀘스트'가 방송되는 날. 그래, 적은 돈이면 어떠랴. 당당히 ARS전화를 걸자.

2011. 1

'가스등(燈)'의 폴라

'가스등(Gaslight)'.

아주 오래 전에 봤던 영화이다. 조지 큐커(Ceorge D. Cukor)가 감독을 맡았던 멜로드라마이다. 이 영화에서 열연한 잉그리드 버그만은 1954년에 아카데미 여우주연상을 받았다.

영화의 구성은 비교적 단출하다. 유산을 노리는 남편 그레고리(찰스 보이어 분)와 심리적인 공포에 휩싸인 아내 폴라(잉그리드 버그만 분)가 주인공으로 출연하고 경시청의 브라이언 경위(조셉 코튼)가 비중 있는 역을 담당한다. 미스터리물답게 전반적인 분위기는 어두울 정도로 칙칙하다.

안개가 자욱한 영국의 런던, 세계적인 오페라가수가 자신의 집에서 살해되는 것으로 영화는 시작된다. 이 집을 조카딸인 폴라가 상속받는다. 그녀는 이탈리아에서 성악공부를 하던 중 그레고리라는 한 미남 청년을 만나 결혼한다. 그리고 다시 런던으로 돌아와 신혼살림을 차린다. 10년 전 폴라가 유산으로 받았던 그 집에서….

그런데 문제가 이때부터 발생한다. 그레고리는 교활한 속임수를 써서 폴라가 자주 물건을 잃어버리게 만든다. 뿐만이 아니다. 그레고리는 폴라가 특정한 사실을 기억해 내지 못하게 함으로써 정신 이상자로까지 몰고 간다.

"폴라, 당신은 왜 있지도 않은 사실을 진실이라고 믿고 있지?"

이렇게 남편이 윽박지를 때마다 폴라는 혼란에 빠진다. "혹시 남편의 말이 맞는 것은 아닐까?" 하면서.

영화에서는 이런 장면도 있다. 남편이 잔뜩 화를 낸다. 그리고 꾸짖는다.

"왜, 거실의 그림을 치워 버린 거요? 내게 아무런 상의도 없이?"

폴라가 펄쩍 뛴다.

"난 그림에 손도 안 댔어요."

대답을 마치고 계단을 내려가다가 폴라는 구석에서 그림과 맞닥뜨린다. '이게 어떻게 된 일이지? 난 모르는 일이야. 우연이겠지…' 라고 입 속으로 말하지만, "정말 내가 그림을 치운 것은 아닐까?" 하고 머리를 갸웃한다.

폴라는 남편 그레고리에게 애원한다.

"밤만 되면 천정에서 이상한 소리가 나고 가스등이 작아져요. 제발 함께 있어 줘요."

하지만 남편은 냉담한 반응을 보인다. 그녀의 정신 상태를 비난하면서….

지금 나는 영화 '가스등'의 큰 줄거리와 몇몇 대목을 소개하고 있지만 정작 하고 싶은 얘기는 따로 있다. 분명하고 확실한 사실인데도 불구하고 다른 사람에 의해 부정되거나 묵살될 때의 기막히고 황당한 경우와 그 폐해를 말하고 싶어서이다.

바로 어제였다. 대학원 친구들과 신년회를 가졌다. 1차로 모임을 끝냈으면 얼마나 좋을까만 2차도 모자라 3차까지 간 것이다. 술이 술을 먹은 탓일까, 거나한 가운데 씩둑거리다가 한 가지 시비가 벌어졌다. 동석한 L 군이 10년 전 강원지역에서 현역장교로 근무할 때 K 군이 같이 갔느냐를 두고 의견이 둘로 갈린 것이다. "갔다"느니 "안 갔다"느니 하면서…. 내가 전자인 반면에 나머지 3명은 후자였다. 차를 타고 방문하는 과정에서 K 군과 나눴던 얘기를 예화로 들어도 그들은 막무가내였다. 더욱 기막힌 것은 당시 주인으로 맞았던 L 군조차 "K는 오지 않았다"고 하지 않는가? 그것도 "안 온 것 같다"고 미적지근하게 말한 게 아니고, 딱 잘라 "안 왔다"고 단호히 표현했으니 내 꼴이 얼마나 우습게 되었겠나. 나중에는 나조차 "그날 K 군이 L 군의 집에 안 간 것은 아닐까?" 하는 생각이 드는 것이었다.

귀가하여 그 얘기를 아내에게 전하자 "그날 나도 동행했는데 무슨 얘기냐?"면서 "그분들이 착각했을 했을 것"이란다. 그날 밤 나는 아주 찜찜하고 불쾌한 기분이었다. '분명한 사실'이 말 한 마디에 일축되는 것을 경험하면서 나는 '가스등'의 폴라 심정을 이해할 수 있을 것 같았다.

다음날 아침.

어젯밤 술자리를 함께 했던 두 사람에게 확인 전화를 걸었다.

아무리 작은 일이라도 마음에 걸리는 것은 즉시 풀어야 된다는 생각도 들었거니와, 술이 다 깬 지금에야 옳게 기억을 하리라고 판단했기 때문이다.

그러나 이런 낭패가 있나? 그들의 얘기는 어젯밤과 똑 같았다. 아니다. 더 심했다. "한 살이라도 나이가 적은 내 기억이 옳지 않겠느냐?"는 식이었다. 어쩌면 그 말은 맞을지 모른다. 그래도 이번 경우는 다르지 않는가. 저들에게는 거증할 만한 게 전혀 없는 대신 나는 뚜렷한 근거를 확보하고 있잖은가? L 군의 집에 도착해서 K 군이 말했던 우스개 소리 등…. 그런데도 나이 든 사람의 기억력이 어쩌고저쩌고 하다니? 그들은 어젯밤 내가 얼마나 바보가 됐었는지를 전혀 모르는 눈치였다. 그렇다면 좋다. 꼭 밝혀내마. 슬그머니 오기까지 솟았다. 그 때 마침 K 군으로부터 전화가 걸려왔다. 어제 신년회 모임에서 그의 얼굴이 보이지 않아 안부전화를 걸었는데 그에 대한 답전 같았다. 다짜고짜 물어봤다.

"강원도에서 L 군이 근무할 때 혹시 그 집에 간적 있소?"

"있죠. 아무개의 차를 타고 같이 가지 않았습니까? 그런데 무슨 일이 있나요?"

더 묻고 자시고 할 필요가 없었다. 내 기억이 옳았던 대신 그들은 착각했던 것이다. 그래도 그들이 끝내 고집을 부린다면 할 말은 없다. L 군 집을 오가면서 사진 한 장 찍지 않았으니 무엇으로 사실여부를 가려낼 수 있으랴. 그러나 이를 빌미로 해서 서로 불신이 자라나고 우정에 금까지 벌어진다면 문제가 아니겠나? 그야말로 아주 대수롭지 않은 일이 큰 일로 번져갈 수도 있을 것이다.

나는 그들이 일부러 나와 의견을 달리 했다고는 믿지 않는다. 그들에게는 그럴 하등의 이유가 없기 때문이다. L 군을 방문하자고 처음 제의한 사람이 나였던 것은 분명하지만, 그게 무슨 서로의 기억이 엇갈릴 이유가 되랴.

영화 '가스등'에서는 "가스등이 작아지고 있다"고 아내 폴라가 말하자 남편은 그녀를 정신 이상자로 몰아붙인다. 폴라는 정신적으로 너무 정상인데도…. 런던 경시청의 브라이언 경위도 의문을 표시한다.

"가스등이 왜 희미해지죠?"

이 말에 폴라는 감격에 겨워 소리치듯 말한다.

"당신도 봤군요. 그렇죠? 나는 내 착각인 줄 알았어요."

'가스등'은 앞에서도 말했지만 미스터리가 얽힌 범죄 드라마이다. 그러나 복잡한 이 사회에서 분명하고 확실한 사실이 묵살되는 예가 얼마나 많은가. 또 그것이 빌미가 되어 인간관계를 소원하게 만드는 예도 여간 많지 않을 것이다. 침소봉대(針小棒大)했다고, 작은 일을 부풀려 말했다고 말하지 마라. '폴라'와 같은 피해자가 달리 생겼겠는가?

2011. 2

침 뱉는 아이들

참으로 안 볼 것을 본 것 같다. 아무리 어린 나이라고는 하나 학생의 신분으로 어찌 그럴 수 있을까. 그것도 많은 사람들이 오가는 큰길에서….

녀석들의 몹쓸 짓거리를 생각자면 지금도 괘씸한 생각이 들고 분노가 치민다. 좀 더 따끔하게 혼찌검을 내 줬어야 했는데 바쁜 나머지 어물쩍 현장을 떠난 것이 무척 후회가 된다. 할 수만 있다면 지금이라도 달려가 잘못된 점을 짚어주고 회초리를 쳐주고 싶다. "다시는 그러지 않겠다"는 다짐을 받아내면서. 하지만, 이미 뺑소니친 그 녀석들을 어디 가서 찾겠나? 천하에 고이 한 놈들 같으니라고!

대체, '큰길'에서 무슨 일이 있었던 것인가? 또, '녀석들'은 누구를 두고 하는 얘기인가?

오늘 오후 소포 하나를 부치려고 우체국에 가는 길이었다. 집 근처의 초등학교 앞에서 막 건널목을 지나가다가 이상한 광경을 목격

했다. 책가방을 등에 짊어진 학생 둘이 전봇대 기둥에 침을 뱉는 것이었다. 전봇대는 내가 건너가려는 길 맞은편에 있었다. 그것도 한두 번이 아니라 번갈아 가며 연신 뱉어댄다. '재미있어 죽겠다'는 듯 저희들끼리 키득거리고 웃기도 한다. 쇠로 만든 기역(ㄱ)자 꼴의 전봇대 끝에는 신호등이 매달려 있었다. 저 멀쩡해 보이는 철제 전주에 아이들은 왜 침을 뱉을까. 혹 바퀴벌레나 말벌 같은 독충이라도 앉은 걸까. 그래서 그걸 떼어낼 목적인가. 침이 떨어지는 위치가 일정하니 그럴지도 모르겠다는 생각이 들기도 했다.

신호는 잠시 뒤 바뀌었다. 건널목을 건넜다. 그리고 마침내 침 뱉는 이유를 알아내고 깜짝 놀랐다. "원 세상에 저리 기막힌 일도 있을까?" 탄식과 더불어 불끈 화가 솟았다. 녀석들은 전주에 가설되어 있는 시각장애인용 음향신호기에 침을 뱉고 있었던 것이다. 앞 못 보는 사람들의 안전과 편의를 위해 설치한 것이 바로 음향신호기이다. 벨을 누르면 귀뚜라미 소리를 내서 언제 길을 건너야 하는지를 알려준다. 신호기에 따라서는 신호등의 변화와 주변지리에 관한 정보를 안내하기도 한다.

따라서 음향신호기는 시각 장애를 가진 사람들에게는 정상인의 '눈'과 같은 역할을 해주고 있는 것이다. 이렇듯 중요한 기물에 어쩌자고 퉤! 퇴! 침을 뱉는단 말인가? 이런 개망나니 짓이 오늘 한 번에만 그치지 않은 것을 증명이라도 하듯 음향신호기와 그 주변은 침이 덕지덕지 묻어 있었다.

"너희 놈들 뭣 하는 짓이냐!" 나도 모르게 소리를 버럭 질렀다. 이 소리에 놀란 녀석들이 줄행랑을 치기 시작한다. 보행이 자유스럽지 않은 몸이라 그들을 쫓아가 잡는 것은 엄두를 낼 수 없었다. 또 붙잡은들 어떻게 할 것인가. 다만, 그들이 무슨 잘못을 저질렀고, 그 잘못이 남에게 어떤 피해를 줄 것인가를 단단히 일러주지 못한 게 아쉽다.

장난스럽고 호기심이 가득한 나이에는 짓궂고 심술스런 행동을 많이 하게 마련이다. 엉뚱한 행동으로 남을 골탕 먹이기도 한다. 학원명랑소설의 대표 격이라 할 조흔파의 ≪얄개전≫을 보면 복도에 초를 칠해 선생님을 꽈당! 넘어뜨리게 하거나, 책상 서랍에 개구리를 넣어 기절초풍하게 만드는 장면이 나온다. 그러나 이 소설이 추구하는 메시지는 친구와의 우정이요, 학원생활의 건전성이다.

마크트웨인의 명작인 ≪톰소여의 모험≫도 마찬가지이다. 개구쟁이의 대명사로 알려진 톰소여 소년은 공부하기를 싫어할 뿐만 아니라 어른의 말씀도 잘 듣지 않는 말썽꾸러기이다. 그러나 톰은 모험심과 유머가 넘쳐나는 어린이로 남에게 손해를 끼치거나 괴롭히는 일은 하지 않는다. 오히려 세상의 부정을 미워하고 약한 사람을 도우려고 애쓴다. 특히 ≪얄개전≫과 ≪톰소여의 모험≫에 등장하는 주인공들은 신체적으로 딱하고 측은한 사람에게 해를 입힌다거나 골탕을 먹이는 짓은 결코 하지 않는다.

시각장애인들을 위해 마련한 음향 신호기에 침을 뱉는 어린이에게서 우리는 과연 무엇을 기대할 수 있을까. 그런 녀석들에게도 힘없는 사람을 돕는다거나 친구끼리의 우정 같은 것이 가슴에 남아 있을까. 그들의 의식에 똬리를 틀고 있는 것은 부정(否定)이고 반항이며 미움이 아닐는지.

지난달에는 10대 여중생이 6세 초등학생의 정강이를 발로 걷어차는 등 폭력을 휘둘러 앞니 두 개를 부러뜨리는 장면이 방송 TV에 잡혀 시청자를 놀라게 했다. 문제는 '로우킥(low kick)'으로 알려진 이 폭력 행사가 한 번에 그치지 않고 여러 군데서 잇따라 발생하고 있다는 점이다. 그렇다고 로우킥에 특별한 목적이나 이유가 있는 것도 아니다. 쓰러진 아이를 보고 손뼉 치며 웃는 것이 목적이고 이유였다면 참으로 너무 하지 않은가.

비단 로우킥이 아니라도 우리 사회는 청소년들의 갖가지 비행으로 넘쳐난다. 폭력, 가출, 금품 갈취, 왕따 만들기, 심지어는 학교 선생님에게 폭행을 가하거나 폭언을 퍼붓는 일도 흔하다. 특히 군사부(君師父)일체라며 스승을 어버이 이상으로 살뜰하게 대했던 전래의 풍조는 두엄더미에 빠진지가 오래 되었다.

며칠 전에는 강릉의 한 중학교에서 여교사의 꾸지람에 남학생이 달려들어 목을 조른 사건이 있었는가 하면, 어느 초등학교에서는 담임 여교사에게 남학생이 폭행을 저지르는 것도 모자라 침까지 뱉었다고 한다. 뿐만이 아니다. 어느 인터넷 포털 사이트에 올라온 동영상에서는 중학생으로 보이는 남녀 학생들이 여교사에게 성희롱을 하는 충격적인 모습도 볼 수 있었다. 여교사에게 서슴없이 첫 키스, 첫 경험 등을 묻거나, "누나, 한 번 사귀자"라고 말하는 이들에게서 우리는 분노보다 더한 두려움을 느낀다. 그들은 분명 학생이 아니라 추악한 어린짐승에 다름 아닐 것이다.

아리스토텔레스는 말한다. "어린이를 가르치는 사람은 그 어린이를 낳은 사람보다 존경을 받아야 한다"고. 이는 곧 "식물은 재배에 의해 성장하지만, 사람은 교육에 의해 성장한다"는 루소의 얘기와 맥을 같이하는 것으로, 지식을 전수하고 품성과 체력을 길러주는 교육의 중요성을 말해 준다. 특히 품성 또는 인성교육은 학교나 사회에 앞서 가정이 중심 역할을 맡아야 한다는 생각이다. 무릇 한 개인의 태도와 가치관은 그가 몸담고 있는 가정에서 무슨 가르침을 어떻게 받고 자랐는지에 따라 형성을 달리한다고 보기 때문이다.

하지만 오늘날의 가족 형태는 핵가족화 되어 있고, 그 핵가족조차 해체되는 위기에 있어 무척 염려스럽다. '침 뱉는 아이들'을 보면서 나는 혹시 그들이 비행(非行)소년으로 발전하지 않을까 하는 노파심을 갖는다.

그나저나 침으로 얼룩진 저 음향신호기는 누가 닦아 낼는지.

"에잇, 괘씸한 놈들 같으니라고!"

2010. 12

제7부

징더전(景德鎭) 도자기

징더전(景德鎭) 도자기

징더전(景德鎭).

중국의 장시성(江西省) 북동부에 자리 잡고 있는 도시이다. 면적 5천 248㎢에 인구는 150만을 헤아린다. 대전직할시의 인구와 맞먹지만 땅의 넓이는 그보다 10배나 크다. 여섯 개의 산(황산, 구화산, 무이산, 여산, 삼청산, 용호산)과 두 개의 호수(천섬호, 파양호) 사이에 자리 잡은 징더전은 산수가 뛰어나서 관광의 명소로 알려져 있다. 중국여행에서 외국인이 가 볼 만한 50개의 도시 가운데 하나로 뽑힌 사실이 이를 증명한다.

하지만 징더전이 유명한 까닭은 무엇보다 우수한 도자기를 대량으로 만들어 판매함으로써 '도자기의 도시'라는 별칭을 얻어냈기 때문일 것이다. 이곳 징더전 도자기는 한대(漢代)에 시작하여 오늘날까지 2000년이 넘는 장구한 역사를 자랑한다. 본래 신핑(新平)이나 창난(昌南)이라 불린 이 도시가 징더전으로 바뀐 유래도 흥미롭다. 북송(北宋)은 1004년부터 1007년까지 징더(景德)라는 국호를 사용했는데, 황제 진종(眞宗)이 어용도자기를 감독하는 관리로 하여금 검사에 통과한 모든 도자기 밑바닥에 '景德年制(경덕년제)'라는 글자를 쓰게 한 뒤부터 자연 도시이름도 징더전이 되었다는 것이다.

징더전은 전국의 내로라하는 도공들이 몰려드는 곳이다. 도시인구만 해도 60%가 도자기 산업에 종사한다. 이곳에서 만든 도자기는 해외 40여개 국가로 수출해 옥처럼 하얗고(白如玉), 종이처럼 얇으며(薄如紙), 거울처럼 맑고(明如鏡), 옥구슬 같은 소리가 난다(聲如磬)는 최상의 평가를 받고 있다.

징더전, 이름만 들어도 왠지 반갑고 황홀해지는 것 같다. 그러나 실제로 나는 얘기만 들었을 뿐 아직 가보지는 못했다. 자그마치 중국을 10번이나 여행했는데도…. 다만, 징더전에서 구워낸 도자기는 꽤 갖고 있다. 개수로만 친다면 누구 못지않을지도 모른다.

나는 1983년 성곡언론문화재단이 지원한 언론인 유학생에 선발되어 홍콩대학교에서 1년간 중국어수업을 받았다. KBS에서 근무할 때였다. 당시 우리나라는 중국과 수교를 맺지 않은 상태라, '죽(竹)의 장막'으로 불리던 '중공'에 대해서는 캄캄 절벽이나 매한가지였다. 문화, 특히 도자기 분야라고 다를 리 없었다. 그러던 차에 중국어 교재를 통해 류리창(琉璃廠)과 징더전이라는 지명을 알게 됐고, 징더전에서 만들어낸 제품을 그곳 홍콩에서 접하게 된 것이다.

그러나 골동 도자기에 관해서는 안목도 없으려니와 값도 엄청나게 비싸 감히 엄두를 낼 수 없었다. 홍콩에 머물러 있을 때 징더전 도자기를 사고 싶은데 뭐, 좋은 방법이 없을까. 궁리 끝에 생각해낸 것이 생활도기를 구입하자는 것이었다. 일테면 컵이나 항아리,

접시, 사발 같은…. 그런 종류의 도기라면 값도 그리 비싸지 않고, 일상생활에서도 자주 쓸 수 있으니 여러 모로 좋을 것 같다는 판단이었다.

그러다가 '중공백화점'(당시 교민사회에서는 중국산 물품만을 취급하는 백화점을 그렇게 불렀다)에서 눈에 띈 것이 작은 도자기 항아리였다. 키와 너비는 각각 15cm. 앙증맞은 모습에다 나무 받침대까지 있어 장식용으로 활용하면 좋을 것 같았다. 같은 디자인에 문양만 다른 것을 골라 6개나 사들였다. 지금 우리 집 응접실의 장식장 맨 위쪽 칸에 자리 잡고 있는 게 그들이다. 파란 바탕에 흰색으로 그려진 매화나무, 우람한 바위 곁의 늙은 소나무, 점박이 붉은 바탕에 萬壽無疆(만수무강)이란 글자가 아로새겨져 있는 항아리들을 보노라면 나는 훅! 중국냄새를 맡는 것 같은 기분이 든다.

어느 날 홍콩 현지교민의 초청을 받아 그 댁에서 저녁식사를 할 때였다. 내온 음식이 모두 중국 자기그릇에 담겨 있었다. 높은 뫼와 자욱한 안개, 그리고 그 아래 아스라이 펼쳐진 바다와 작은 조각배…식기들의 모습이 여간 우아하지 않았다. 똑같은 산수화를 그려 넣은 것으로 보아 한 세트임이 분명했다.

"참 식기가 아름답군요." 찬사가 절로 나왔다.

"징더전 제품이에요. 귀국할 때 한 벌 사 가세요. 유용하게 쓰일 겁니다."

'징더전'이라는 말에 귀가 번쩍 띄었다. 그리고는 정말 귀국할 때 한 세트를 덥석 사버린 것이다. 그러나 그다지 유용하게 사용한 것 같지는 않다. 집에서는 중국요리를 해 먹은 일이 전혀 없었고, 84개 한 세트를 사용할 만큼 거창한 규모의 손님을 접대할 일도 없었기 때문일 것이다. 그때 구입한 식기들은 아직도 대부분이 찬장 안에 진열되어 있다. 하지만, 가치를 인정받아 '잘 보관돼 있는 것'이 아니라, 코닝이나 코렐 등 '잘 깨지지 않는 주방 식기'에 밀려 홀대를 받고 있는 입장이다.

항아리와 식기를 산 뒤 징더전 도자기에 대한 선망이나 소유 갈증은 그런대로 풀렸지만 미진한 점은 여전히 남아 있었다. 기계틀로 마구 찍어낸 것이 아니라 제작자의 혼이 배어 있는, 그야말로 '작품' 하나를 구입하고 싶었던 것이다. 뜻이 간절하면 길도 트이는 걸까? 가치가 높은 징더전 도자기를 갖고 싶은 욕망은 아주 우연한 기회에 이루어져졌다.

홍콩 섬에서 페리보트를 타면 5~6분 뒤에 건너편의 까오룽(九龍)반도 침사추이(尖沙咀)에 닿는다. 그곳에서 몽콕(旺角)쪽으로 방향을 잡고 걷다 보면 조단로(Jordan Rd.)를 만난다. 바로 그 언저리의 한 골동가게에서 우연히 명품을 만난 것이다. 내가 만난 '명품'은 천연색 산수화를 타일에 그려서 구워낸 것으로 물론 징더전 제품이었다. 무엇보다 그림 솜씨가 아주 뛰어난 점에 호감이 갔다. 마치나 이조시대의 화선 정선(鄭敾)이나 장승업(張承業)의 산수화를 대하는 느낌이었다. 특히 그림의 재질이 종이가 아니고 도기라는 점이 이채로웠다. 대뜸 "저건 나를 위해서 만든 것"이라는 생각까지 들었지만 값이 문제가 될 성 싶었다. 딴청을 피우다가 지나가는 말투로 주인에게 물어봤다. 정색을 띄고 묻다간 호되게 값을 부를지도 모르니까.

아닌 게 아니라 값이 조금 비싸기는 했다. 허나 최근의 신작이기 망정이지 골동이라면 그보다 몇십 몇백 배 높은 가격이 매겨질 것이란다. 지닌 돈이 없기에 그날은 빈손으로 돌아왔다. 집에서도 온통 그 집 가게에서 본 도자기 산수화만이 머릿속에 맴돌았다. 밥도 먹히지 않고 공부도 되지 않았다.

다음날. 다시 그 가게를 찾았다. 값이라도 깎을 판인데 나를 알아본 주인이 선수를 친다.

"방금 전에도 손님이 다녀갔소. 좋은 물건이란 자주 나오는 게 아니오. 가격은 깎지 마시오."

내가 사려는 물건을 다른 손님도 보고 갔는지는 불분명하나, "좋은 물건이란 자주 나오지 않는다"는 말엔 분명 설득력이 있었다. 그런데도 물건만 눈으로 쓰다듬었을 뿐 그날도 역시 빈털터리로 돌아왔다. 돈을 준비해 가지 않았으니 당연한 결과였다. 돈이라도 빌려볼까? 아니면, 집에다 송금을 부탁할까? 그러나 귀국을 앞둔 입장이어서 그 모두가 적절치 않다는 판단이었다. 어쩔 수 없이 도자기산수화 구입이 주춤할밖에 없었다. 게다가 학사 일정이 복잡하게 얽히고 교민으로서의 신분 정리 등 부대업무에 밀려 징더전 도자기는 잊은 채 귀국 비행기에 오르고 말았다.

열심히 닭을 쫓다가 놓쳐버린 개의 심정이 이렇지 않을까. 서울에 와서도 징더전의 산수화 도자기는 좀처럼 뇌리에서 떠나지 않았다. 당장이라도 홍콩으로 날아가고 싶었다. 그렇지만 상황이 이토록 바뀌었는데 무얼 어찌하란 말인가. 산수화든 인물화든 물 건너갔다는 생각이었다.

서울에 돌아온 지 2주쯤 됐을 때인가 보다. 뜻 아닌 일이 벌어졌다. 평소 건강이 좋지 않은 손위 처남의 식구들을 대신해서 아내가 홍콩으로 약심부름을 가게 된 것이다. 거의 잊어버렸다 할 징더전 산수화도자기 생각이 꿈틀 되살아나고 말았다. 나는 홍콩 현지의 상점 이름을 적고 지도를 그려 아내에게 건네주며 신신 당부했다. "어떤 일이 있든 그 징더전의 산수화 도자기를 꼭 사 와야 된다"고.

그동안 하도 끌탕을 하는 바람에 아내도 그 물건에 대한 전후 사정은 익히 알고 있는 터였다.

"혹 다른 사람이 사 간 것은 아닐까?" 걱정을 태산같이 하고 있는데 아내로부터 장거리전화가 걸려 왔다.

"그 물건 샀어요. 봐 하니 별 것도 아니구먼."

아내의 평가가 어찌 되었든 나는 그날 밤 너무 기쁘고 흥분된 나머지 제대로 잠을 이룰 수 없었다.

징더전에서 구워 낸 명품 산수화 도자기 네 쪽은 지금 우리 집의 안방에 일렬횡대로 걸려 있다. 전체 액자의 크기는 가로 29cm, 세로가 41cm이나, 그림이 들어 있는 도자기는 가로 18cm, 세로가 25cm이다. 얼핏 보면 소품 같기도 하다. 그러나 크기가 커야 '작품'이 되는 것은 아니지 않겠는가. 2중으로 틀을 만들어 맵시를 더하는 등 한 눈으로 봐도 꽤 신경을 써서 제작했다는 것을 알 수 있다. 춘・하・추・동 네 계절의 풍치를 담아낸 이 그림의 내용을 한 번 살펴보자.

우선 봄. 우락부락 험상궂은 바위산이 보인다. 그 밑자락엔 초막이 한 채 세워져 있다. 그 곁의 매화나무 형상이 그로테스크하다.

꽃빛깔이 노란 걸 보면 황매인 모양이다. 그 앞으로 조용히 흐르는 강. 그 강 위에 떠 있는 낚싯배. 봄볕을 받고 있는 사공의 모습이 한가롭다.

여름. 수직 바위에서 쏟아 내리는 폭포수가 힘차다. 강가의 늘어진 노송 밑에서는 두 사람이 쪽배에 앉아 여름 경관을 즐긴다.

가을. 연봉 허리자락에 안개가 자욱한데 잎 떨어진 버드나무 밑 초막에선 노인 두 사람이 마주 앉아 무언가 대화를 나누고 있다. 저쪽에 낚싯배가 보인다.

끝으로 겨울. 가파른 바위 아래쪽에 한 줄기 강이 흐른다. 그 강 위에는 범선 두 척, 낚싯배 한 척이 떠 있다. 노송은 긴 가지를 드리우고 있는데, 그 사이로 보이는 돌다리를 한 선비가 휘적휘적 걸어간다. 동자와 함께.

벽에 걸린 징더전 산수화 도자기를 보면 왠지 마음이 평안해 진다. 복닥거리는 세상을 살면서 머리가 어지러울 때, 또는 이 일 저 일에 휘둘려 심신이 노곤할 때는 더욱 그렇다. 애써 구입한 산수화 도자기를 더욱 사랑하고 아끼는 이유이다. 참, 이 산수화 도자기를 구입하느라 얼마나 고생이 많았나. 그런 수고가 있기에 더욱 애착을 느끼지 않는가 싶다.

청화(青花), 분채(粉彩), 영롱(玲瓏) 등 다양한 도자기를 제작한다는 징더전. 구릉(丘陵)이 기복을 이루고 삼림으로 둘러싸여 산수가 아름답다는 징더전. 1년에 3억여 개의 도자기를 제작하고 40여 국에 수출한다는 징더전, 도자기로 만든 담장과 도자기로 만든 가로 수도 볼 수 있다는 징더전.

그러니 언젠가 꼭 한 번은 가봐야 할 것 같다.

2011. 10

동포러우(東坡肉)

'동포러우'라고 하면 잘 모르는 사람이 많을 것 같다. 우리말 발음인 '동파육(東坡肉)'으로 고쳐 부르고, 그게 다름 아닌 중국요리 가운데 하나라고 설명해도 "그런 요리가 있는가?" 하고 고개를 갸우뚱하는 사람들이 있을지 모른다. 실제로 동파육은 우리에게는 낯선 음식이어서 가끔 홍보용으로 집에 배달되는 중국 음식의 메뉴 란에도 이름이 빠져 있음을 본다. 모르는 것이 어쩌면 당연하다고 할 수 있겠다.

하지만, 동파육은 중국 현지에서는 널리 알려져 있고, 그만큼 중국인으로 부터 사랑을 받는 요리 가운데 하나이다. 그럼, 오늘은 동포러우 아니 동파육을 주제로 얘기를 엮어 볼까 한다.

소식(蘇軾, 1036~1101)은 중국 북송(北宋) 때의 사람으로 지금의 쓰촨성(四川省)에서 태어났다. 동파거사(東坡居士)란 호를 쓴 까닭에 흔히 소동파(蘇東坡)라 부른다. 아버지 소순(蘇洵), 아우 소철(蘇轍)과 더불어 '당송 8대가'에 오른 이들 3부자를 세상에서는 '3소

(蘇)'라 불렀다. 특히 소동파의 시 적벽부(赤壁賦)는 유명해서 지금도 많은 사람들이 애송한다.

소동파는 시와 문장뿐만 아니라 글씨와 그림에도 조예가 깊고 의학과 정치에서도 뛰어난 역량을 발휘하는 등 다방면에서 놀라운 업적을 이룬 사람이다. 그런데, 놀랄 사실이 하나 더 있다. 음식에서도 일가견을 가졌다는 점이다. 그는 미식가였을 뿐 아니라 그 자신이 손수 음식을 만들어 내기도 했다. 그 가운데서도 가장 유명한 것이 동파육이다. 중국인이라면 이 요리를 모르는 사람이 없고 모두가 즐겨 먹는다.

동파육.

대체 어떤 요리인가. 동파육은 홍소(紅燒) 요리의 으뜸이다. 홍소란 고기를 기름에 볶고 간장에 오래 익혀 검붉은 색깔이 나도록 만드는 전통 중국식 요리법을 말한다. 동파육을 만들기 위해서는 돼지고기를 껍질째 두껍게 잘라 삶아내야 한다. 여기에 간장, 소흥주(紹興酒·중국 소흥지방에서 만든 정종 같은 술. 딸을 낳으면 이 술을 담가 시집가는 날 하객들에게 대접한다)를 곁들이고 소금, 설탕, 대파, 고추, 생강 등을 넣는다. 이것을 센 불에서 국물이 거의 없어질 때까지 조린다. 이를 다시 은근한 불로 푹 고아낸 것을 적당한 크기로 썰어 쪽파로 묶어서 내면 요리가 완성된다. 껍질은 쫄깃하고 고기는 부드러우며 윤기가 반지르르하다. 돼지냄새는 전혀 맡을 수 없다. 입 안에 넣으면 씹을 새도 없이 꿀떡 목구멍을 넘어간다. 환상의 맛을 내는 이 음식은 당초 소동파가 만들었다 해서 동파육이라는 이름을 얻게 된 것이다.

22살 되던 해인 1057년 소동파는 진사에 급제하여 벼슬길에 오른다. 그러나 왕안석(王安石)이 주도하는 개혁파의 신법(新法)에 반대하다가 후베이성(湖北省) 황저우(黃州)로 유배된다. 그의 나이 44세 때였다. 황저우 사람들은 돼지를 많이 길러 고기값이 무척 쌌다. 소동파는 돼지고기를 즐겁게 먹었을 뿐만 아니라 새로운 요리도 개발해 나갔다. 돼지고기를 예찬하는 글도 이때 만든 것이라 한다.

黃州好猪肉(황주호저육)/ 황주의 맛좋은 돼지고기
价賤如泥土(개천여니토)/ 값은 진흙처럼 싸다네
富者不肯吃(부자불긍흘)/ 부자는 거들떠보지 않고
貧者不解者(빈자불해자)/ 가난한 사람은 요리할 줄 모르네
早晨起來打兩碗(조신기래타양완)/ 아침 일찍 일어나 그릇 잔뜩 채워
飽得自家君莫管(포득자가군막관)/ 배불리 먹는 나를 말리지 말게

6년간의 유배생활을 마치고 조정에 돌아온 소동파는 저장성(浙江省)의 항저우(杭州) 태수로 부임한다. 풍광이 수려하고 미인도 많다는 항저우이지만 절경인 서호(西湖)는 잡초가 우거져 폐허로 변해 있었다. 이에 소동파는 백성들을 동원하여 모래를 긁어내고 제방을 쌓는 등 복구에 심혈을 기울인다. 그런 어느 날, 노역자들에게 음식을 대접해야겠다는 생각을 갖는다. 밤낮없이 일에만 열중하는 백성들이 고맙고 안쓰럽게 느껴진 까닭이다.

소동파는 아랫사람을 불러 돼지고기와 여러 가지 양념을 가져오라고 분부한다. 그런데 심부름한 사람은 소동파의 말을 잘못 알아

듣고 돼지고기에 양념을 넣고 삶아서 가져오고 만 것이다. 낭패다 싶었지만 맛이나 볼 양으로 한 점을 입에 넣고 우물대니 맛이 기 막혔다. 그야말로 천하 일미였다. 동파육은 이렇게 해서 생겨났다는 얘기이다. 그럴듯한 내용이지만 설득력은 약해 보인다.

그보다는 서호 관리에 심혈을 기울이는 소동파에 감동한 백성들이 감사의 뜻으로 가져온 돼지고기를 그들과 함께 먹기 위해 소동파가 자신의 방법대로 요리한 것이 동파육의 유래라고 보는 것이 맞을 듯하다.

신비한 존재에는 으레 미심쩍고 아리송한 얘기가 따르는 법이어서 동파육에는 이런 뒷얘기도 있다.

어느 날 한 친구가 소동파의 집을 방문한다. 마침 식사할 무렵이어서 소동파는 돼지고기에 갖은 양념을 하고 술과 간장, 식초를 넣은 솥을 미지근한 불에 올려놓는다. 그리고 둘은 바둑을 두기 시작한다. 바둑에 열중한 나머지 소동파는 깜빡 부엌일을 잊고 만다. 문틈으로 새어든 냄새가 요란해서야 그는 아차! 싶어 부리나케 부엌으로 달려가 솥뚜껑을 열어본다. 독특한 향기가 진동한다. 고깃점 하나를 꺼내 입에 넣어 보니 일찍이 경험해 보지 못한 진미였다. 뜻하지 않은 변고가 복으로 바뀐다는 전화위복(轉禍爲福)은 바로 이를 두고 말하는 것일까. 실수가 결국은 동파육을 낳게 한 계기가 되었다는 것이다.

내가 동파육을 만난 것은 2005년이었다. 아내와 함께 중국의 몇 개 도시를 방문한 적이 있는데, 그 때 항저우에서 처음 그 맛을 보게 된 것이다. 당시의 느낌을 다 기억해 옮겨 적을 수는 없지만,

빛깔이나 향기, 그리고 맛도 모두 특이했다는 점은 확실하다. 말로만 듣던 동파육을 바로 그 요리를 개발한 현장에서 먹은 사실이 지금도 진한 추억으로 남아 있다.

사실 동파육을 시식할 기회는 전에도 자주 있었다. 1983년부터 1년간 홍콩대학교에서 중국어를 배울 때였다. 학우들과 어울리거나 홍콩 현지의 교민들로부터 초청을 받아 식사를 할 경우, 동파육이 가끔 식탁에 오르는 것을 볼 수 있었다. 그러나 내 젓가락은 단 한 번도 그 음식을 건드려 본 적이 없었다. 무엇보다 돼지고기 살점을 덮고 있는 검붉은 빛깔이 너무 섬뜩했고 혐오스럽기조차 했기 때문이다. 하기야 그렇게 느꼈기가 다행인지도 모른다. 동파육의 독특하고 환상적인 맛을 그때 이미 알았다면, 쪼들려 유학생활을 하는 입장이 더욱 난처해졌을 테니까….

동파육은 안주 감으로도 십상이어서 으레 독한 중국술을 곁들이게 마련이다. 그런 생활을 지탱하려면 살림도 쉬 거덜 났을 테고, 학업 태도도 불성실했을지도 모른다.

듣자니 서울 마포구 연남동에 동파육을 잘 하는 음식점이 있다고 한다. 한 번 방문해서 동파육의 황홀한 맛에 빠져보고 싶다. 홍콩과 중국 본토에서 가졌던 옛날의 아스라한 추억도 떠올릴 겸 해서.

소동파가 이 세상을 떠난 지도 900년이 훨씬 지났다. 그런데도 그의 시문(詩文)은 여전히 찬란한 빛을 뿜어내고, 손수 개발했다는 동파육 또한 변함없는 사랑을 받아가며 식도락가들의 미각을 자극하고 있다. 헌데, 소동파보다 다섯 살이나 더 오래 살고 있는 나는 무엇인가. 아무리 털고 찾아 봐도 남겨 전할 게 없으니….

2010. 12

낙화암 · 고란사 · 백마강

역사적 사실이란 결코 생선가게의 좌판 위에 놓인 생선 같은 것이 아니다. 오히려 사실이란 때때로 근접할 수도 없이 넓은 바다 속을 헤엄쳐 다니는 물고기 같은 존재이다. 역사가가 무엇을 잡느냐 하는 것은 우연도 작용하겠지만, 대부분은 그가 바다의 어디쯤에서 낚시질을 하느냐, 어떤 낚시도구를 쓰느냐에 따라 다르다.

- E. H. 카의 ≪역사란 무엇인가≫ 중에서

좋은 아침이었다.

맑게 갠 날씨에 하늘은 투명했고 공기는 신선했다. 아침상을 물리자마자 티셔츠에 면바지. 벙거지에 조깅 화, 그리고 점퍼 차림으로 집을 나섰다.

오전 8시 30분. 덕수궁 대한문 앞에는 벌써 여남은 교우(校友)들이 나와 버스를 기다리고 있었다.

"어이쿠, 이게 누구야!"

"오랜만일세. 건강하지?"

건네는 인사말이 저마다 따뜻하고 각별했던 것은 오랜만에 만난 친구가 반가운 탓도 있겠지만, 모처럼의 바깥나들이로 마음이 들뜨고 신바람이 난 때문일 것이다.

기다리던 버스가 오자 교우들은 우르르 차에 올랐다. 이미 다른 정거장에서 승차한 교우들과 인사를 나누느라 차 안은 잠시 시끌벅적했다. 지하철 잠실역 부근에서 버스는 잠시 정차했다. 그곳에는 주행 코스를 바꾸어 도착한 다른 버스가 우리를 기다리고 있었다.

먼저 인원 점검을 했다. 우리 일행은 교우와 가족 모두를 합해 63명이었다. 술과 음료수 그리고 간식거리를 실은 뒤, 두 대의 전세버스는 이윽고 경부고속도로에 들어서 속도를 내기 시작한다. 목적지 부여를 향해.

뒷자리에서는 술판이 벌어졌는가 보다. 권커니 잣거니 제법 시끄럽고 호탕한 웃음이 끊이지 않는다. 일상에서 탈출한다는 것은 우리의 영혼을 얼마나 살찌우게 하는가. 소풍이 별것이랴. 내 몸이 자연에 놓이고 가까운 친구가 곁에 있으니 어찌 즐겁고 유쾌하지 않겠나. 게다가 향기 높은 술까지 마련돼 있음에랴.

2011년 5월 25일 수요일, 고려대학교 법과대학 61학번 동기회의 정기 총회 겸 야유회는 이렇게 시작되었다.

입하(立夏)를 맞은 지 2주가 가까운 고속도로변의 나무들은 어느새 연둣빛에서 초록색으로 변해가고 있었다. 특히 연두와 초록의 나무들이 제각기 무리를 짓고, 그 위를 둥실 뭉게구름이 떠가는 먼 산 풍경은 한 폭의 그림 그대로였다. 산 밑 자락에 희끗희끗 보이는 것은 아마도 아카시아 꽃일 터, 창문이라도 열면 그 진한 꽃냄

새가 쏟아져 들어올 것만 같다.

모내기를 기다리는 못자리엔 물이 흥건하다. 2~3일 뒤엔 저 무논에서도 이앙가(移秧歌)가 울려 퍼지리라.

어기야 어기여루 상사듸야
월출 동녘 달 떠오르고, 일락 서산 해 떨어지네
어기야 어기여루 상사듸여
풍년일세 풍년일세 금년에도 풍년일세

이제 버스는 천안을 지나 논산 인터체인지를 휘돌아 빠지더니 부여로 들어선다. 부여는 전에도 와 봤던 곳이다. 1990년대 초였던가. 직장에서 여름휴가를 받아 공주시 금성동 송산언덕에 있는 백제 무령왕릉을 보러 가는 길에 부여를 들러 낙화암과 고란사를 들러 본 것이다. 꽤 오래 전의 일인데다 방문한 시각조차 땅거미가 지고 어둑한 때라 부여에 대한 기억은 희미하다. 낙화암이나 고란사도 기억에 또렷하지 않다. 이번 모임을 은근히 기다렸던 것은 그때의 아쉬움을 채우기 위해서일 듯싶다. 아니다. 나라 잃은 백제의 한을 되짚어보고 싶은 마음이 불쑥 들었던 때문일 것이다. 왠지는 모르나….

하지만 버스에서 처음 내린 장소는 어느 식당 앞이었다. '금강산도 식후경'이란 말이 있지만, 실제로 배가 고프기도 했다. 옥호가 '백제의 집'이던가. 이 식당의 주 메뉴는 '연밥'이란다. 연잎에 싼 오곡밥을 상추쌈에 얹어 먹고 된장찌개를 떠먹는 맛은 그런대로 괜찮았다.

부소산(扶蘇山)에 오른 때는 오후 한 시가 좀 넘어서였던가.

부여읍의 쌍북리, 구아리, 구교리에 걸쳐 있는 이 산은 해발 106m. 오히려 구릉이란 표현이 더 어울릴 성싶어 보였다. 동과 북의 두 봉우리 가운데 남쪽은 산세가 완만해서 시가지를 이룬 반면에, 북쪽은 가파른 절벽으로 금강(백마강)과 맞닿아 있다. '부소'는 백제시대의 언어로 소나무라는 뜻을 담고 있다고 한다. 그러니 부소산이란 소나무가 많은 산이라는 의미일 것이다. 그래 그런가. 다른 어느 나무보다 소나무가 많이 눈에 띈다.

부소산을 소개하면서 빼놓을 수 없는 것이 부소산성이다. 국가사적 제5호인 부소산성은 백제의 수도 사비(泗沘 : 지금의 부여)를 방어하기 위해 부소산에 쌓아 올린 성이다. 축조방식은 머리띠를 두르듯 산봉우리를 중심으로 쌓은 테뫼식과 산의 능선이나 골짜기의 자연지형을 따라 쌓는 포곡식(包谷式)이 복합되어 있다. 전체 둘레가 2.2km, 면적은 74만㎡에 이르고 있다.

웅진(熊津 : 지금의 공주)에서 사비로 수도를 옮기던 백제 성왕 16년(538)에 성을 쌓은 것으로 보이나, 동성왕 22년(500)경에 이미 존재했던 테뫼식 산성을 무왕 6년(605)경에 지금의 모습으로 완성한 것 같다는 것이 사가들의 일반적인 견해이다.

어쨌든 부여산성은 538년 웅진에서 사비로 도읍을 옮긴 뒤 멸망할 때까지 123년 동안 국도를 수호한 중심 산성이었다. ≪삼국사기≫의 '백제본기(百濟本紀)'에는 사비성 또는 소부리성(所扶里城)으로 기록되어 있지만 산성이 위치한 지명을 따서 부소산성으로 부르고 있다. 성 안에는 군창지(軍倉址), 영일루(迎日樓), 반월루(半月樓), 사자루, 낙화암(落花巖), 고란사(皐蘭寺), 궁녀사(宮女祀) 등이 있다.

오늘의 모임을 이끈 회장단은 부소산문 부근의 삼충사(三忠祀)와 낙화암, 고란사를 방문하고 백마강에서 유람선을 즐기는 것으로 방문일정을 제한할 것이란다. 일행의 규모가 작지 않은데다 70 고령들이라는 점 등을 고려한 조치일 것이다.

삼충사는 매표소가 있는 부소산문에서 멀지 않은 곳에 있었다. 백제말의 세 사람 충신인 성충(成忠), 홍수(興首) 그리고 계백(階伯)의 영정과 위패를 봉안한 곳이다. 의열문과 충의문을 지나면 단청이 깨끗한 삼충사가 나온다. 영정은 그 안에 모셔 있었다. 중앙에는 홍수가, 그 좌우에는 성충과 계백이 앉은 모습으로 내방객을 맞고 있다. 그런데 왜 하필이면 모두 앉아 있는 모습들일까. 계백 장군 정도는 말 탄 모습에 장검을 비껴들려도 좋지 않았을는지.

성충은 의자왕 때 좌평(佐平)을 지낸 사람이다. 그는 왕이 주색에 빠져 나라의 기강이 해이해지고 국운까지 위태해지자 이를 바로잡으려 애쓰다가 옥에 갇혀 죽었다. 옥중에서도 식음을 전폐하며 왕에게 간언을 했을 정도였다니 그 충정과 기백이 짐작된다.

홍수도 비슷한 인물이다. 성충이 죽은 뒤에도 나라가 계속 무질서해지자 그는 죽음을 무릅쓰고 왕에게 충언하다가 유배를 당한다. 귀양살이를 하는 중에 신라와 당나라의 연합군이 쳐들어오자 홍수는 “탄현(炭峴)과 백강(금강 하류)을 사수하면 전쟁에서 이길 수 있다”고 강력히 주장한다. 그러나 조정 간신들의 모략으로 이 의견은 묵살되었다. 결국 김유신이 이끈 신라군은 탄현을 넘어 황산벌로 들어왔고, 소정방의 당나라 수군은 백강을 거쳐 사비성으로 들어오고 만 것이다.

계백은 우리가 잘 아는 대로 기울어진 나라를 구하고자 결사대 5000명을 거느리고 황산벌 싸움에 나간 인물이다. 출전하기에 앞서 그는 손수 칼을 뽑아 처자의 생명을 빼앗는다. 그의 비장한 마음과 결연한 행동은 당연히 군사들의 피를 뜨겁게 만들어, 백제군은 김유신의 5만 군사와 싸우면서 4차례 연승을 거둔다. 그러나 그것은 처음의 성과였을 뿐, 결국 중과부적으로 계백은 패하고 장렬한 최후를 맞는다. 어디 그뿐이랴. 오랜 전쟁과 국정의 혼란으로 660년 백제는 멸망하고 만다. 조준구의 한시가 생각난다.

百濟興亡千有年(백제흥망천유년) /백제의 흥망 천년이 넘었어도
王陵春草正悽然(왕릉춘초정처연) /왕의 무덤에는 봄풀이 처연하구나
當時嘉納忠言諫(당시가납충언간) /당시 충신의 간언을 들었다면
不使行人涕淚漣(불사행인제루연) /길손도 눈물을 흘리진 않았을 텐데

매년 10월 '백제문화제'를 맞을 때마다 삼충제를 올려 세 분의 충절을 기린다지만, 충신도 백제도 가고 없으니 그저 허허롭기만 하다.

부여산성은 백제 왕궁의 후원답게 아름답고 운치가 있었다. 특히 낙락장송의 숲은 품위까지 느끼게 했다. 2002년도이던가? 전국에서 가장 아름다운 숲으로 선정된 이유를 알 것 같다. 이런 날 보슬비라도 내리면 오죽 좋을까. 부소산 8경에 '부소산 모우(扶蘇山

暮雨)'가 있다지 않는가. 허나, 지금은 한 낮, 날씨도 쾌청하니 저녁비를 기대하는 것은 가당치 않으리라.

낙화암은 20년 전에 방문했던 그대로의 모습이었다. 바위틈을 비집고 세운 6각형 백화정(百花亭)도 옛 모습 그대로였다. 참, 다른 게 있기는 있었다. 백화정 일부를 수리하느라 휘장을 쳐놓았으니까.

낙화암에서 고개를 들어 앞을 바라본다. 생각했던 것보다 전망은 별로이다. 숲에 가려 바로 앞의 백마강이나 그 강을 에워싼 풍치도 제대로 볼 수 없기 때문이다. 그나저나 660년 사비성이 나당(羅唐) 연합군에게 유린될 때 3천 궁녀들이 "적군에게 잡혀 치욕스런 삶을 사느니 차라리 푸른 강물에 빠져 죽겠노라"며 백마강에 몸을 날렸다는 얘기는 사실일까. 절개를 생명보다 귀중히 여기던 때였으므로 있을 수 있는 일일 것이다. 그래도 3천명은 당시의 사비성 인구로 보거나, 낙화암의 지형을 고려할 때 과장이라고 보는 사가들이 적지 않다. 하기야 '역사란 승자들의 기록'이란 말도 있잖은가. 지도자의 그릇된 정치를 강조해 침략을 정당화하려는 의도가 '3천 궁녀'를 만든 건 아닌지 모르겠다. 백화정의 '百(백)'을 '千(천)'으로 표기하지 않은 것도 나와 비슷한 생각을 가졌던 때문이 아닐는지.

낙화암에서 돌층계를 따라 내려오면 저 아래로 선착장이 보인다. 그리고 왼쪽 바위절벽 밑에 절 하나가 숨듯이 자리를 잡고 있다. 바로 고란사이다. 일(一)자 집으로 지은 이 절은 암자라고 부르는 게 어울릴 정도로 규모가 작다. 창건연대를 백제 말로 보는 사람이 있지만 확실치는 않다. 원래는 왕들의 정자였다고 말하는 사람이 있는가 하면, 궁 안의 내불전이라고 주장하는 이도 있다. 또 어떤 이는 백제가 망할 때 낙화암에서 몸을 던진 궁녀들의 원혼을 달래기 위해 지어진 것이라고 말하기도 한다. 고란사란 이름은 절 뒤쪽에서 자랐다는 고란초에서 비롯된 것이다.

고란사 종소리 사무치는데
구곡간장 올올이 찢어지는 듯
그 누가 알리요 백마강 탄식을
깨어진 달빛만 옛날 같구나

대중가요 '꿈꾸는 백마강'의 2절 내용이다. 그렇잖아도 고란사의 새벽 종소리 효종(曉鐘)은 부여 8경의 하나가 아닌가. 새벽 종소리를 듣기 위해 줄곧 새벽을 기다릴 수는 없고…아쉬운 마음을 고란약수 한 모금으로 달래본다. 절 오른쪽 뒤에 있는 고란약수는 백제시대 임금님이 즐겨 마셨다는 것으로 유명하다. 한 잔 마시면 3년이 젊어진다던가? 우리 일행 가운데는 한 잔이 아니라 다섯 잔을 거푸 마신 사람도 있었는데, 이 친구가 만약 '고란수가 약발을 받으려면 고란초를 띄워 마셔야 한다'는 얘기를 들었대도 그 많은 양을 마셔댔을까.

이제는 선착장으로 내려가 유람선을 탈 차례. 우리가 탄 배는 배 위에 집을 얹은 듯이 보이는 판옥선이었다. 때마침 4대강 사업이 한창 진행 중인 탓으로 강물은 맑지 않았다. 뿌연 황토빛깔이었다.

"배 왼쪽의 바위를 보세요."

선장이 조룡대(釣龍臺)에 얽힌 슬픈 전설을 소개한다. "당나라의 소정방(蘇定方)이 백제를 침공할 때였습니다. 금강을 건너려는데 갑자기 안개가 끼면서 지척을 분간키 어려운 거예요. 하루도 아니고 여러 날 동안 안개가 계속되었지요. 원인이 뭐냐고요? 강을 지키는 용의 조화였던 겁니다. 이 사실을 뒤늦게 알게 된 소정방은 말을 미끼로 용을 낚아챘습니다. 그러자 안개가 걷히면서 소정방은 강을 건너 백제를 공격할 수 있었습니다." 그때부터 백마강이라는 이름이 붙고 용을 낚은 바위를 조룡대라 불렀다는 것이다. 지금도 그 바위에는 용이 끌려오면서 버티다 생긴 발톱자국이 남아 있단다. 진위야 어찌 됐든 부끄럽고 안타까운 얘기가 아닐 수 없다.

선장은 잠시 후 또 다른 장소를 가리킨다. 백화정 아래 숲이 우거진 곳, 거기엔 '落花巖(낙화암)'이란 글자가 새겨져 있었다. 조선 후기의 학자인 우암 송시열의 글씨라 한다. 배를 타고 바라본 낙화암과 백화정은 더욱 아스라해 보이고 무언가 짚어내기 어려운 아름다움을 느끼게 했다. 그 아름다움에 허전함과 쓸쓸함이 보태지면서 불쑥 독한 술 한 모금이 생각났으니 이 무슨 주착일까. 건강 때문에 술을 먹어선 안 되는 입장인데도….

이어 부여박물관을 들러본 뒤 공주에서 궁중 칼국수를 먹는 것으로 오늘의 일정은 매듭을 지었지만, 패망한 백제의 도읍지 사비성 방문은 내게 다시 한 번 애달픈 추억거리로 남아 있을 것 같다. 좀처럼 지울 수 없는….

2011. 5

흙 쓰나미

굉장한 비였다. 엄청난 폭우였다.

굵고 거센 빗줄기를 흔히 장대비로 표현하는데 이런 비가 연달아 사흘 간 계속된 것이다. 물 폭탄 그대로였다. 이달 26일부터 28일까지 경기 가평에는 703mm의 폭우가 내렸고, 서울과 경기의 북동부 지역에도 500mm 이상의 세찬 빗줄기가 뿌려졌다. 한 해 동안 내릴 비의 절반가량이 사흘 동안에 집중된 것이다. 현대적 기상관측이 시작된 1907년 이래 이런 호우기록을 깬 예는 일찍이 없었다.

중앙재난안전대책본부는 이번의 폭우로 62명이 사망하고 10명이 실종되었다고 공식 발표했다. 또 주택이 침수하거나 산사태 등으로 서울과 경기지역에서만 1만 명이 넘는 이재민이 발생하고, 주택 만여 채와 농경지 978ha가 침수 피해를 입은 것으로 나타났다.

정전과 단수 피해도 만만치 않았다. 서울 강남과 우면산 인근의 아파트 2천 가구에는 전기가 들어오지 않았고, 물이 나오지 않는 곳도 2만 5천여 가구나 되었다.

축산 농가와 수산 시설의 피해도 컸다. 가축 12만 9천 870여 마리와 어선 6척이 유실되고, 상당수의 어망과 산란장이 빗물에 떠내려갔다.

집중 호우는 공공시설에도 막대한 피해를 주었다. 고속도로와 국도 등 도로 261 곳과 철로 18 군데가 유실된 것이다.

이 외에도 폭우로 입은 피해는 많다. 시중 은행의 24개 지점은 영업을 일시 중단해야 했고, 어느 대형마트는 매장 안에 물이 차는 바람에 아예 문을 열지도 못했다.

집중 폭우는 이동통신망에도 장애를 일으켰다. 어느 이동통신사는 예비 전력으로 사용하던 배터리가 방전되는 바람에 3시간 동안이나 가입자들에게 문자메시지와 무선인터넷 연결 등 통신에 큰 불편을 주었다.

시간당 100mm를 기록한 집중 호우는 사적지라 해서 비켜가지 않았다. 이승만 전 대통령의 사저로 사적 제497호인 서울 종로구 이화동의 이화장 화단이 허물어지고 건물 외벽이 파손됨으로써 전시품 150여점이 흙더미에 파묻히는 화를 입은 것이다.

궁과 능의 피해도 있다. 조선 제8대 왕 예종의 원비인 장순왕후 한 씨가 묻힌 공릉(恭陵)의 봉분 일부가 붕괴되었고, 서울 창경궁(사적 제123호)의 외곽 담장인 6m 석축 구간도 무너지고 말았다.

광화문을 비롯해서 국내 대표적 부촌인 강남구와 서초구는 시간당 최대 70mm와 90mm의 집중 폭우가 쏟아짐으로써 도시 기능을 사실상 마비시키기도 했다. 서울 강남역과 양재역 일대는 폭우에 하수도까지 역류해 흙탕물 바다를 만들었고, 허리까지 차오른 물에 차량들은 맥없이 침수되고 말았다.

기상청은 우리나라 북동쪽 사할린 부근의 대기 상공에 자리 잡은 거대한 고기압 세력이 이런 현상을 일으킨 것으로 분석하고 있다. 이 고기압 세력이 남서풍을 타고 유입된 덥고 축축한 공기가 북쪽의 차가운 공기에 부딪치면서 대기가 불안정해졌다는 것이다. 104년만의 폭우가 쏟아지자 어느 기상 전문가는 한국형 스콜(squall · 열대 국지성 호우)이 등장한 것 같다고 말할 정도였다.

어쨌든 지구온난화로 우리나라의 날씨가 아열대 기후로 변해가는 것은 틀림없어 보인다. 최근 10년 간 장마철에 내린 비보다는 장마 이후에 내린 비의 양이 더 많았던 점이 이를 반증한다. 이번과 같은 게릴라성 집중폭우를 예상치 못한 것은 아니나, 방비가 없거나 허술한 탓에 엄청난 피해를 입은 것이다.

특히 27일 새벽에는 강원도 춘천시 소양강댐 인근에서 발생한 산사태로 봉사활동을 나온 대학생 등 13명이 목숨을 잃었고, 같은 날 아침 9시경에는 서울 서초구 우면동 우면산(牛眠山 · 293m)에서 산사태가 발생하여 주민 16명이 숨지는 사고가 발생함으로써 우리를 놀라게 했다.

강원도 춘천시의 산사태 사고는 지난달부터 시작된 긴 장마와 265mm가 넘는 호우로 지반이 약해져 발생했다는 지적이다. 그러나 이 지역에 대한 산사태 경보나 주민에 대한 대피 조치를 취하지 않았다는 점에서 천재(天災)와 인재(人災)가 겹쳤다는 것이 일반적인 시각이다.

그러나 우면산에서 일어난 산사태는 천재가 아니라 인재에 가깝다. 사고가 터진 지역을 보면 산 중턱을 깎아 도로를 내거나 집을 지은 전형적 절개지(切開地)로 오래 전부터 산사태에 취약하다는 지적을 받아 왔다. 산사태는 대부분 경사면이 30~35도에서 집중적으로 발생하는데, 우면산 산사태의 시작점인 정상 부근이 이에 해당한다는 것이다. 또 우면산은 풍화가 심하고 단층이 많은 편마암 지대여서 근본적으로 산사태에 취약하다고 전문가들은 지적하고 있다.

이런 지형적 결점이 많은데도 "서초구는 생태공원을 만든다면서 저수지를 파고, 굴착기를 동원해 마구잡이로 산을 파헤쳤다"고 주민들은 분통을 터뜨린다.

우면산 산사태의 원인은 그뿐이 아니다. 지난해 9월의 산사태로 3000그루의 나무가 뽑혀나가 완충물이 없어졌는데도 당국은 후속조치를 취하지 않은 것이다. 이와 함께 우면산을 통과하는 강남순환도로 공사도 영향을 주었을 것이라는 시각도 있고, 뿌리가 짧은 아카시아 나무가 우면산에 심어진 것이 지적사항으로 꼽히기도 한다.

다른 어느 것보다 산사태의 주된 원인은 지자체와 정부 당국의 예방대책이 없었거나 소홀했던 점에 있을 것이다. 적어도 밀려오는 토사를 막아줄 수 있는 둑이라도 만들었던들 이런 사고를 막지 않았을까 하는 아쉬움이 든다.

홍콩의 예를 들어보자.

나는 1983년부터 1984년까지 홍콩에서 산 적이 있다. 만 1년 동안 거주하면서 좀 특이하게 느낀 것은 산 속에 고급 아파트와 빌라들이 많이 들어서 있다는 점이었다. 흔히 산 속 주택들은 평지에 비해 값이 헐한 게 상식인데 홍콩의 경우는 정 반대라는 점도 이상했다. 더욱 기이한 것은 산사태로 이들 아파트나 빌라들이 피해를 받은 예가 전혀 없다는 점이다. 산사태에 대비해서 인공 배수로와 옹벽을 설치하는 등 사전에 철저한 방지대책을 마련한 결과였던 것이다. 예보시스템의 체계적인 운영은 물론이고.

이번 산사태가 발생한 지역은 한 가지 공통점을 지니고 있다. 산줄기를 잘라낸 절개지가 무너져 내림으로써 그 아래쪽에 지은 펜션이나 전원주택을 덮친 것이다. 현재 정부가 공식적으로 집계한 전국의 '위험 절개지'는 자그마치 1만 4000여 곳에 이른다. 대다수의 절개지가 별다른 대책 없이 무방비로 노출되어 있다.

'제2의 춘천 펜션 사고', '제2의 우면산 산사태'를 막기 위해서도 소방방재청이나 관련 지자체는 그 방지책을 철저히 마련해야 할 것이다. 마련만 해서는 안 된다. 실천에 매진해야 할 것이다.

2011. 7

한자(漢字)를 배우자

전국을 떠들썩하게 만들던 구제역이 잠잠해지는가 싶더니 이번엔 침출수가 수질을 오염시킨다 해서 난리 법석이다. 신문과 방송을 통해 잘 알려진 대로 구제역은 소나 돼지 따위의 동물에게 잘 걸리는 바이러스성 전염병이다. 혀·잇몸·입술·발굽 사이에 물집이 생겨 짓무르는 것이 특징이다. 이 병에 감염되었거나 감염이 의심스러운 동물은 모두 도살한 다음 태워버리거나 땅속에 묻는 것이 상식이다.

침출수란 땅속에 묻은 쓰레기가 썩으면서 생기는 더러운 물을 말한다. 구제역과 관련해서 그 '쓰레기'란 매몰된 동물들이 될 터이다.

구제역을 한자로는 '口蹄疫'으로 쓴다. 낱말을 하나하나 풀어보면 口(입), 蹄(발굽), 疫(돌림병)이 된다. 침출수의 한자 표기는 '浸出水'이다. 浸(스며들다), 出(나오다·나타나다), 水(물)라는 글자가 모여 한 낱말을 이룬다. 그런데 만약 이들 낱말을 한글로 '구제역'과 '침출수'로 쓴다면 어떻게 될까. 어느 누구도 그 뜻을 헤아리기가 쉽지 않을 것이다. 해결할 수 있는 유일한 길은 낱말이 뜻하는 내용을 통째로 암기하는 방법뿐이리라.

다른 예를 들어보자. '山(산)'이라는 한자는 모양부터가 '뫼'를 닮은꼴이다. 읽지 않는다 해도 시각을 통해 그 뜻을 헤아린다. '川(천)'도 매한가지다. 글자의 형상으로 그 뜻을 쉽게 알아낸다. 물이 흘러가는 내나 개울이라는 것을.

이것을 한글로 '산' '천'이라 써보자. 누가 그 의미를 헤아릴 수 있겠나. 소리는 같지만 뜻이 다른 글자가 너무 많아 앞뒤 문장을 살펴봐야 '산'은 평지보다 훨씬 높이 솟아오른 부분이라는 것을 알게 되고, '천'은 곧 내나 하천을 의미한다는 것을 알 것이다. 얼마나 번거로운가? 또 얼마나 불편한가?

그러나 한글전용을 고집하는 사람들은 이렇게 주장한다. "한글만 써도 다 알 수 있는 것을 굳이 한자를 사용할 필요가 있겠느냐"고. 어디 그 뿐인가. 어려운 한자를 배운다는 것은 시간과 에너지를 낭비하는 일이고, 남의 글자는 민족의 주체성을 잃게 하는 것이라고 강변한다. 현실을 모르는 소치이고 맹목적인 애국주의에서 비롯된 주장이다.

물론 한글은 우리 고유의 글이며 자랑거리임에 틀림없다. 세계에는 3천여 개의 언어가 있지만, 문자를 갖고 제 나랏말을 사용하는 국가는 채 30개가 되지 않는다. 특히 영어·불어·독어 등과 같이 로마 글자를 변형하거나 한자에서 따온 일어를 빼고 순수하게 자국어를 가진 나라는 고작 6개이다. 한글의 우수성은 훈민정음이 국보 제70호로 지정되었을 뿐만 아니라, 1977년 유네스코가 세계기록유산에 등재했다는 사실로도 넉넉히 증명된다.

그런데도 한자를 배워야 하는 이유는 무엇인가.

우리말은 아주 오랫동안 우리 글자를 갖지 못했다. 해서 우리 선조들은 몇천 년에 걸쳐 이웃나라 중국의 한자를 빌려 사용할 밖에 없었다. 그 한자들이 오늘날의 우리말이 된 것이다.

그렇다면 전체 우리말 가운데 한자가 차지한 몫이 얼마나 될까. 자그마치 70%에 이른다. 예를 하나 들어보자. 우리나라 헌법의 전문(前文)은 이렇게 시작된다.

> 유구한 역사와 전통에 빛나는 우리 대한민국은 3·1운동으로 건립된 대한민국 임시정부의 법통과 불의에 항거한 4·19민주이념을 계승하고, 조국의 민주개혁과 평화적 통일의 사명에 입각하여 정의·인도와 동포애로써 민족의 단결을 공고히 하고…

이 전문을 보면 순수한 우리말이란 단어와 단어를 연결하는 토씨뿐이라는 걸 금방 알게 된다. 그건 그렇다 치고, 우리 모두가 잘 아는 춘향전은 좀 다르지 않을는지. 한양으로 가는 이 도령과 작별하면서 춘향이가 말하는 대목을 예로 들면 이렇다.

> 애닯다. 나쁜 수작도 오늘밤이 마지막이니 나의 서러운 원정 들어 보오. 육순에 가까운 우리 모친 일가친척 하나 없고 다만 외딸 저 하나라 도련님께 의탁하여 영귀할까 바랐더니 조물이 시기하고 귀신이 방해하여 이 지경이 되었구나. 애고 애고 내 일이야. 도련님

올라가면 나는 누구를 믿고 사오리까. 독수공방 긴긴 밤에 전전반측 어이하리.

역시 한자가 차지하는 비중이 대단하다는 걸 알 수 있다. 물론 헌법과 춘향전이 본보기로서 적당치 않을 수도 있겠다. 그렇지만 어린이가 쓰는 말이나 일상 생활언어를 제외하고는 상황이 비슷하다는 점에 주목할 필요가 있는 것이다. 따라서 한자는 다른 나라의 글자로 배척만 할 게 아니라, 조상들이 긴긴 세월을 거쳐 익숙하게 써 왔던 우리말의 다른 모습이라고 보는 편이 옳다. 따라서 올바른 어문교육은 국한문 혼용으로 가는 것이 바람직하다고 본다. 그것은 곧 우리가 자랑스럽게 알고 있는 한글을 발전시키는 최선의 방안도 될 것이다.

최근 퇴계학연구원과 전통문화연구회의 발표에 따르면 학생들에게 한자를 가르칠 경우 국어 실력이 8.3점이나 높아지는 실험결과를 얻었다고 한다.

왜 한자를 배워야 하는가를 좀 더 구체적으로 정리해 본다.

우선 한자를 익히면 지적인 능력이 높아진다.

약주(藥酒)를 '약 약', '술 주'로 배우면 그 뜻이 약 삼아 마시는 술이란 걸 금방 알 수 있다. 하지만 '약술'이라고 통째로 배우면 '약을 넣은 술', '조금 마시는 술' 또는 '도수가 약한 술'이니 하는 오답을 얻어낸다. 강론(講論), 강의(講義), 담론(談論), 담화(談話)는 그 뜻이 조금씩 다른데, 한글로만 얘기하면 '이야기' 정도로 의미가 두루뭉술해지고 만다. 그러니 한글을 다 깨우쳤다 해도 국어의 실력은 보잘 것이 없게 되는 것이다.

둘째, 교육효과를 향상시킨다.

한자교육은 하나를 가르쳐 열을 알게 한다. 앞에서 말한 약주를 예로 들어보자. '藥'이라는 글자 다음에는 수 십 개의 글자가 붙어 다른 단어를 이룬다. 藥價(약가), 藥鷄(약계), 藥果(약과), 藥局(약국), 藥物(약물) 등과 같이. 또 뒤에 붙어서 낱말을 이루는 경우도 허다하다. 膏藥(고약), 光藥(광약), 禁藥(금약), 奇藥(기약), 試藥(시약) 등이 그것이다. 약(藥)자 하나만 두고도 수십 개의 낱말을 터득하니 이런 효과가 어디 있는가. 이를 한글로 가르친다고 생각해 보자. 일일이 하나하나를 짚어서 설명을 해 주어야 할 것이다.

셋째, 한자교육은 학술발전에 도움이 되고 문화전통을 계승시킨다.

한글만 고집할 경우 우리나라의 고전은 물론이고 동양의 저명한 고전을 제대로 익힐 수 없다. 학술용어가 사라지고 전문 학자조차 찾기 힘든 입장에 어찌 학술의 발전을 기대할 수 있겠나.

문화의 계승도 매한가지다. 지금 국립박물관에서 전시하고 있는 '往五天竺國傳(왕오천축국전)' 등 빼어난 문화유산은 한자로 되어 있는데, 한자를 배우지 않고 무슨 수로 그 내용을 알아 후세에 전하겠는가.

넷째, 한자교육은 국제간의 이해를 증진시킨다.

중국·일본·한국은 다 같이 한자문화권에 속한 나라이다. 만약 우리나라가 한자를 버리고 한글전용정책을 펴나간다면 그 결과가 어떨 것인가. 고립무원의 상황에 빠질 게 틀림없다. 또 한자문화권

국가들과의 기업 거래나 여행, 인적 교류를 원만히 해나가기 위해서도 한자를 사용하는 능력을 갖추는 것이 바람직하다. 한자를 안 배우고 안 쓰는 것이 자주정신이나 민족정신을 지키는 건 아니다. 오히려 시대착오적 망발이란 점을 일러주고 싶다.

가까운 예를 하나 들어 보자. 최근 일본정부는 1981년부터 사용해왔던 상용한자 1945자를 191자나 보완하여 2136자로 확대 개정한다는 '내각 고시'를 발표했다. 이 상용한자는 법령과 공용문서는 물론이고 신문 잡지 방송 등 일반 사회생활에서도 일본어 표기의 기준으로 자리매김할 것이다. 이에 비해 '한글 전용론'과 '한자 혼용론'에 해 질 날이 없는 우리의 현실은 답답하고 안타까울 뿐이다.

요약컨대, 한글과 한자를 함께 배우는 국한문 혼용은 우리가 추구해야 할 최상 최고의 어문교육이라는 점이다. 또 그것은 한글의 가치를 크게 높이는 방법도 될 것이다. 소리글과 뜻글의 절묘한 조화, 그 시너지 효과를 모르는 사람들이 딱하고 안타깝다.

2011. 2

■ 전국한자교육추진총연합회는 2011년 6월 '국어로서의 한자교육'에 관한 공청회를 가진바 있다. 또 이 연합회는 내년 초에는 한자교육을 위한 서명운동의 정식 발대식을 갖고 대통령선거 전까지 1000만 명의 서명을 받을 계획이다. 초등학교 교과에 한자 과목을 별도로 도입하는 것이 아니라 국어 교과서에 한자를 병기함으로써

자연스럽게 한자를 익히자는 취지에서다.

그러나 한자교육의 필요성을 건의해 역대 국무총리 23명의 동의를 얻어냈고, 교육과학기술부 산하 한국교육과정평가원이 2009년 실시한 여론 조사에서도 학부모의 89.1%가 찬성한 한자교육은 아직도 시행되지 않고 있는 게 현실이다.

1000만 명으로부터 서명을 받게 되면 과연 한자교육이 실시될는지? 그리하여 한자를 익히면서 한글의 가치를 더욱 높일 수 있는 제도적 바탕이 마련될 수 있는 것인지 궁금하다.

할아버지와의 약속

동방신기(東方神起).

요즘 인기를 끌고 있는 남성 댄스 음악그룹의 이름이다. 아카펠라(무반주 합창)를 댄스음악에 접목시킨다는 취지로 구성되었다고 한다. 이 그룹은 2004년 초 MBC TV의 음악 프로그램에 데뷔하면서 팬들의 인기를 끌기 시작했다. 여성다운 용모를 갖춘 데다 멋진 화음, 그리고 퍼포먼스가 역동적이어서 일본을 비롯한 중국, 월남, 타일랜드 등 아시아에서는 가히 우상적 존재라는 평가를 받고 있다.

동방신기의 리더는 유노윤호(본명 정윤호). 깨끗한 용모와 신들리듯 무대를 누비는 춤이 장기이다.

솔직히 말해 나는 '동방신기'에 대해서는 큰 관심이 없다. 젊은이들 취향의 음악이나 춤을 잘 모르기도 하려니와 내 정서와도 꽤 빗나가 있는 때문일 것이다. 다만 내가 지금 이 글을 쓰려는 것은 그 그룹의 멤버인 유노윤호가 TV 프로그램에 출연하여 '할아버지와의 약속'을 들려주었고, 그 약속이 나를 감동시켜서이다. 물론, SBS가 제작해서 내보낸 '강심장'은 방금 전에 프로그램이 끝났다. 그런데도 유노윤호가 들려준 얘기로 내 가슴은 아직 더운 그대로여서 이 글을 쓴다.

오늘 '강심장'의 주제는 '약이거나 독이거나'였다. 얘기 순서가 유노윤호로 넘어가자 그가 말한다.

"중3 때 전남 광주에서 서울로 올라왔지만 할아버지와 아버지께서 연예인이 되는 것을 반대하는 바람에 용돈도 받지 못했어요. 심지어 서울역에서 노숙도 했습니다. 감히 부모에게 돈 좀 부쳐달라는 얘기는 입 밖에도 낼 수 없었지요. 열심히 노력해서 무언가를 보여드리는 것을 정답으로 안 겁니다."

그런데 할아버지가 돌아가실 것 같다는 연락을 받았다는 것이다. 동방신기라는 이름으로 첫 녹음을 할 때였다.

"할아버지가 돌아가시다니! 안 돼!"

멍멍해진 가슴을 달랠 겨를도 없이 부랴부랴 고향 광주로 내려갔다. 몸져누우신 할아버지는 손자를 보자마자 싱긋 미소를 지으신다. 평소에는 항상 무뚝뚝하게만 대해 주셨던 할아버지였는데…. 그뿐이 아니었다. 엄지손가락까지 들어 보여주시는 게 아닌가? 그렇지만 그게 끝이었다. 할아버지가 돌아가신 것이다.

할아버지는 왜 엄지손가락을 들어 손자인 나에게 보여 주셨을까. 윤호는 그 뜻을 이렇게 풀이한다. "연예인이 되려면 그 분야에서 최고가 되라"는 할아버지의 간곡한 바람과 따뜻한 격려의 뜻일 것이라고.

"할아버지가 너를 많이 기다리셨다."

아버지의 말씀이었다.

유노윤호는 사흘 밤낮을 울고 또 울었다. 그리고는 결심한다. "앞으로 다시는 울지 않을 것이다. 최고의 자리에 서기 전까지는."

그가 공연을 하면서 가끔 엄지손가락을 들어올리는 모습을 볼 수 있는데, 그건 바로 할아버지와의 약속 아니, 할아버지에게 드렸던 약속을 꼭 지키겠다는 결의의 표시란다. 함께 방송에 출연했던 사람들로부터 우레 같은 박수가 터져 나왔다.

유노윤호가 덧붙인 말은 이랬다.

"나도 사람이기 때문에 울고 싶을 때가 있습니다. 하지만, 아직은 눈물을 보일 때가 아닌 것 같아 꾹 참아왔습니다"

그의 말을 증언이라도 하듯 함께 출연한 최강창민은 "형이 제대로 운 것을 한 번도 본 적이 없다"면서 "어떤 땐 8년 간 리더생활을 하며 눈물을 흘리는 법을 잊어버린 게 아닌가 걱정하기도 했다"고 말을 거들었다.

이에 유노윤호는 "지금은 그저 열심히 노력만 해야 할 때인 것 같다. 올 연말에는 후회 없이 지금까지 참아온 눈물을 흘리고 싶다"고 말해 또다시 힘찬 박수를 받았다. 안방에서 프로그램을 시청하던 나도 가슴이 뭉클해짐을 느꼈다.

그의 얘기는 몇 가지 측면에서 신선한 감동을 준다.

첫째, 무대 위에서 늘 화려하게만 보이던 그에게도 서울역에서 노숙을 할 만큼 고생을 겪었다는 점이다.

둘째, 비교적 짧은 연예인 생활에 상당한 성공을 거뒀음에도 아직 울어야 할 때를 찾지 못한 그의 자세가 겸허했다는 점이다.

셋째, 할아버지에 대한 사랑의 극진함이다.

요즘의 젊은이답지 않게 할아버지를 그리워하고 사랑하는 손자 유노윤호의 마음씨가 아주 진하게 가슴에 와 닿은 것이다. 핵가족화 되고, 그나마도 뿔뿔이 헤어지는 바람에 대부분의 우리는 할아버지의 존재가 먼 전설같이 들리는 세대에 살고 있다. 그런 상황에서 평소 무뚝뚝하기만 하던 할아버지를, 그리고 할아버지가 소망했던 바를 잊지 않고 노력하는 자세가 얼마나 아름다운가. 돌아가신 할아버지가 그 모습을 봤더라면 이번엔 엄지손가락을 들어 보일뿐 아니라 번쩍 들어 무등이라도 태워 주셨을 것이다.

나는 세 살 때 아버지를 잃었다. 해서, 아버지에 대한 기억을 하나도 갖지 못하고 있다. 하물며 그보다 훨씬 이전에 세상을 뜨신 할아버지를 기억할 수 있으랴. 그래도 가끔은 할아버지가 어떤 모습일까를 혼자 머릿속에 그려본다. 엄지손가락을 들어 올리시지 않아도 괜찮으니 할아버지가 살아 계시면 얼마나 좋을까. 이기인의 시 '쌀강정 부스러기'에 등장하는 할아버지가, 무덤덤할 뿐인 그가 내 할아버지였으면 하고 바랄 때도 있다.

잠든 할아버지의 머리맡에 쌀강정 접시가 비워진 채로 있다
조용한 잠이 뒤척일 때마다 쌀강정 부스러기들이 이리로 저리로 뒤척인다
할아버지는 꿈속에서 빈 접시를 들고 이 마을로 저 마을로 느린 걸음을 데리고 다니신다
쿨쿨, 주무시는 동안에 당신의 흰 수염이 수굿하게 자란다

심심한 쌀강정 부스러기들이 잠드신 할아버지 옷에 송사리 떼처럼 붙어 있다
할아버지!

2011. 2

■ 이 글을 마친 이틀 뒤인 2월 17일 아침이었다. 유노윤호가 일본에서 '결혼하고 싶은 한국남자' 가운데 1위로 뽑혔다는 소식을 들었다.

일본의 미용 패션 주간지인 ≪앙앙(an an)≫은 1746호에서 한국의 연예인 특집을 다루면서 설문조사를 한 끝에 이와 같은 결과를 얻었다는 것이다. 이 뉴스가 '할아버지와의 약속'을 잘 지키겠다는 그의 얼굴과 오버랩 되면서 당연한 일로 여겨진 것은 왜일까?

일요일 아침의 함성

- U-17 한국여자월드컵대표팀의 첫 우승

2010년 9월 26일 일요일.

아침 9시(한국 시각)를 조금 넘겼을까. 대서양 카리브 해의 남쪽에 위치한 작은 섬나라 트리니다드 토바고 공화국 포트오브스페인의 해슬리 크로퍼드 스타디움에서는 한 소녀가 가슴을 진정시키느라 안간힘을 다하고 있었다. 그러나 거세게 뛰는 심장을 막아내기란 좀처럼 쉽지 않았다.

"아무래도 괜한 짓을 했나봐."

감독이 시키지도 않았는데 6번 키커 자리를 스스로 택해 줄을 선 것이 순간 후회됐다. 지금까지의 승부차기 스코어는 4-4. 피를 말릴 만큼 팽팽한 접전이었다. 배정된 5명의 선수가 모두 공을 찼으니 이제는 자신이 나서야 할 차례. 어디 도망이라도 치고 싶은 심정이었다.

먼저 일본 팀의 6번 키커인 무라마쓰 도모코가 등장했다. 얼핏 보니 다부지고 당당한 모습이었다. 그러나 그녀가 찬 공은 크로스바를 때리더니 튀어나오고 말았다. 순간, 다행이란 생각이 들었지만, 소녀는 더욱 무거운 책임감을 느껴야 했다. 그가 찰 공이 결국 이 경기의 승패를 좌우할 테니 왜 안 그렇겠나?

소녀의 이름은 장슬기.

16살의 여고 1년생 막내로 수비수였다. 장 선수는 깊게 숨을 들이마셨다. 긴장된 표정이었지만 방금 전의 떨림 현상은 없었다. 천천히 페널티지역 쪽으로 걸어 나와 그라운드 위에 공을 놓았다. 아주 정성스럽게. 돌아서 걸으며 그녀는 지그시 아랫입술을 깨물었다. "반드시 해내고야 말겠다"는 결의의 표시였다. 다시 몸을 돌려 공과 골문을 응시했다.

'삐익!' 주심의 휘슬이 울렸다. 소녀는 망설이지 않았다. 내달리며 묵직한 슈팅을 날렸다. 공은 빨랫줄 같이 곧장 날더니 골네트 위쪽에 꽂혀버렸다. 녹색 그라운드 위에서 펼쳐진 130분간의 감동 드라마가 끝나는 순간이었다. 아울러 그것은 U-17 여자월드컵대회에서 한국 팀이 FIFA대회 역사상 첫 우승의 감격을 누리는 순간이기도 했다. 한국 축구 128년 만의 뜻 깊은 경사였던 것이다.

이날 일본과의 경기는 그야말로 혈전 그대로였다. 전·후반과 연장전 120분도 모자라, 승부차기 까지 벌여야 했던 점이 그를 반증한다. 선제골은 뜻밖에 쉽게 터졌다. 전반 6분 이정은의 과감한 오른발 중거리 슛으로 상대의 골 망을 출렁거리게 한 것이다.

그러나 일본도 만만치 않았다. 전열을 정비하는가 싶더니 전반 11분 나오모토 하카루와 전반 17분 다나카 요코가 중거리 슛을 성공시켜 경기를 역전시키고 말았다.

한국 벤치는 선수를 교체 투입하는 등 실점을 만회하려 애썼으나 좀처럼 추가 골을 얻어내지 못했다. '전반전은 이대 로 끝나는 게 아닌가' 하고 여겨질 때였다. 김아름의 그림 같은 프리킥 골이 터지면서 다시 균형을 이루게 됐다. 이때가 전반 46분, 추가 시간에 일어난 기적이었다.

이어서 후반전.

한국은 시작과 동시에 주전 공격수 김다혜를 투입하여 에이스 여민지와 투톱을 이루게 하면서 번갈아 일본의 골문을 두드렸다. 허나, 수비의 조직이 일순 무너지면서 12분 가토 지카의 골로 다시 역전을 허용했다.

역전 골을 내주면서 최덕주 감독은 승부수를 띄운다. 후반 33분 김나리를 빼고 이소담을 넣은 것이다. 마지막 교체 카드였다. 그리고 1분 뒤. 이소담은 일본 수비수가 헤딩으로 걷어낸 볼을 논스톱 발리슛으로 때려 3-3 동점을 만들어냈다.

5-4로 대미를 장식한 승부차기도 어찌 그리 드라마틱했을까. 추석 연휴가 끝나가는 일요일 아침, 한국 국민은 모두 열광했고 감격하지 않을 수 없었다. 한국 여자 축구의 세계 제패는 가히 기적에 가깝다. 올 8월 현재 여자 축구선수로 등록된 사람은 1450명. 가까운 일본의 경우 17세 이하가 2만 5000명, 18명 이상이 9200명이라는 점과 비교하면 저변이 얼마나 빈약한지를 알 수 있다. 여자 축구의 최강으로 꼽히는 독일은 17세 이하가 24만 명, 18세 이상은 63만 명이나 된다. 특히 우리나라의 경우 17세 이하 대표로 뽑

힐만한 고등부 선수가 345명에 지나지 않는다니, 이번의 우승은 그저 놀라울 뿐이다.

1990년 중국 베이징에서 아시아경기가 열릴 때였다. 당시 나는 합동방송단의 코디네이터 자격으로 현지에 파견되어 37일간 체류한 적이 있었다. 대회는 그 해 9월 22일부터 1월 7일까지 16일간이었으나, 이것저것을 챙기고 마무리할 것이 많아 3주간을 더 머물러야 했기 때문이다. 여자 축구가 정식 종목으로 채택된 것이 바로 그 대회부터였다.

한국은 육상, 하키, 핸드볼 등 전혀 다른 분야의 선수들로 팀을 급조하여 일본과 맞붙어야 했다. 그러니 결과는 참담할 밖에 없었다. 1-13으로 치욕적인 패배를 당하고 만 것이다. 1-3도 아니고 1-13이라니? 한국인인 나보다는 오히려 외국의 신문 방송기자들이 의아해 했다.

그로부터 20년이 지난 지금, 한국의 여자 축구는 눈부신 발전을 거듭했다. 지난 8월 초에 막을 내린 U-20 여자 월드컵에서는 3위에 입상함으로써 세계 축구를 놀라게 하더니, 이번 U-17 여자 월드컵에서는 당당히 우승을 거머쥔 것이다.

열악한 상황 속에서 어찌 그리 짧은 시일에 세계를 제패할 수 있었을까?

여러 가지가 있을 테지만, 나는 그 이유를 이렇게 보고 싶다.

첫째, 오기(傲氣)이다.

"북한과 일본은 우리와 체격조건이 비슷하다. 그런데도 실력은 하늘과 땅 차이가 아닌가. 그래, 해 보는 거다. 우리라고 못 할 게 뭐 있는가?" 하는 스스로의 깨달음과 부추김은 오늘의 영광을 이루는데 밑받침 역할을 했다.

둘째, 체계 있는 조기 교육이다.

2002년 한일 월드컵을 계기로 초등학교에 여자팀이 생겨나기 시작했다. 축구협회 또한 여자 축구에 유소년 상비군제를 도입함으로써 12세 이하와 13세 이하, 16세 이하 등 연령별 대표를 선발하는 일에 관심을 보였다. 이러한 조기 교육을 통해 선수들은 축구 기본기와 전략전술을 높일 수 있었던 것이다.

셋째, 집중적인 투자이다.

2010년 축구협회의 예산 규모는 927억 8천만 원으로, 이 가운데 가장 많은 액수인 252억 원이 유소년 육성사업에 투입되었다. 여자 축구에 쏟는 열의도 그만큼 높아졌으리라는 생각이다.

그러나 우리나라 여자 축구의 현실은 아직도 어둡다. '축구는 남자나 하는 운동'이라는 인식이 여전하고, 이러한 편견은 여자 축구의 발전에 장애요소로 작용하고 있다. 지난 8월 말 현재 축구협회에 등록된 팀의 수를 보면 초등학교 18, 중학교 17, 고등학교 16, 대학교 6, 실업 7, 유소년 클럽 1 등 65개가 전부이다. 특히 초등학교 팀은 올해 4개나 없어졌다. 초등학교의 팀이 해체됐다는 것은 결국 중고등학교 축구의 부실로 이어지지 않겠는가.

많은 사람들이 말한다. 한국 여자 축구의 장점은 무엇보다 뛰어난 중거리 슛과 향상된 골 결정력, 그리고 탁월한 체력이라고. 맞는 말일 것이다. 그러나 이러한 강점을 지켜 나가는 데 반드시 갖춰야 할 것이 바로 풍부한 인력자원이다. 될만한 선수가 바닥나고,

그들을 대체할 선수가 없는데 계속 국제대회에서 승리하기를 바란다는 건 과욕이요, 허욕일 것이다.

아버지와 같이 자애롭고 부드러운 지도력으로 화제가 됐던 U-17 한국 여자 축구팀의 최덕주 감독도 한 인터뷰에서 이런 말을 했다.

"한국 여자 팀은 저변이 약해요."

스포츠는 단지 1회성 이벤트와 다르다. 국가 경쟁력의 상징이다. 적절한 투자와 지원 없이는 성공에 이르지 못한다. 성공이 없는 곳에 벅찬 감동이 없을 것은 너무도 당연하지 않겠나?

2010. 11

그들의 9회 말

초판 인쇄 2012년 07월 15일
초판 발행 2012년 07월 31일

저 자 | 황유성
펴 낸 이 | 김미화
펴 낸 곳 | **인터북스**

주 소 | 서울시 은평구 대조동 221-4 우편번호 122-844
전 화 | (02)356-9903
팩 스 | (02)386-8308
전자우편 | interbooks@chol.com
홈페이지 | http://hakgobang.co.kr
등록번호 | 제311-2008-000040호

ISBN 978-89-94138-31-2 03040

값 : 15,000원

※ 파본은 교환해 드립니다.

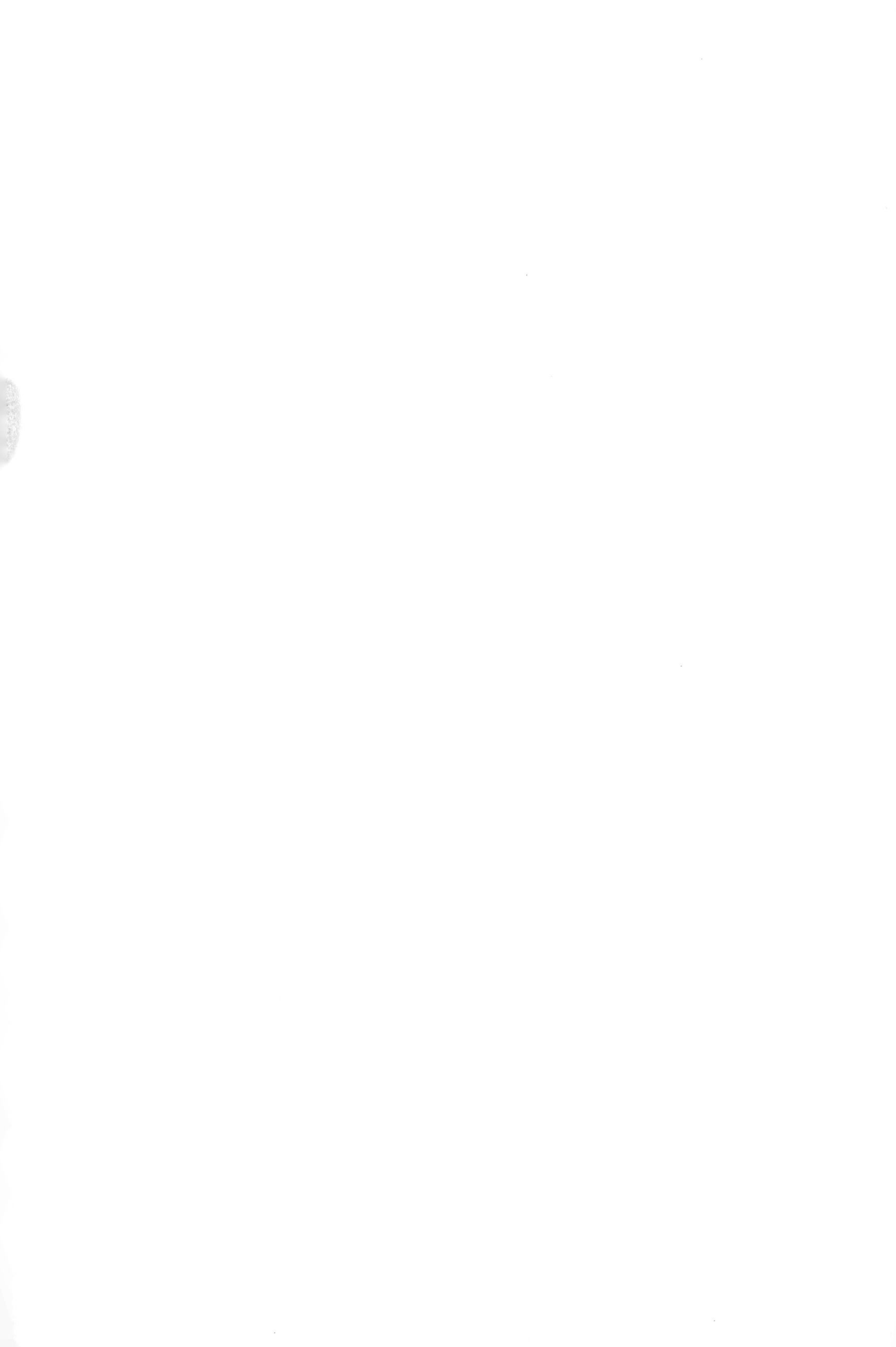